Kohlhammer

Dols/Plate/Schulze

Kommunalrecht Baden-Württemberg

Begründet von

Heinz Dols und Dr. Klaus Plate

bearbeitet und fortgeführt von

Dr. Klaus Plate
Stadtsyndikus a.D.
Stadt Heidelberg

Prof. Charlotte Schulze
an der Hochschule für
öffentliche Verwaltung
Kehl

7. Auflage

Verlag W. Kohlhammer

7. Auflage 2012
Alle Rechte vorbehalten
© 1986/2012 W. Kohlhammer GmbH Stuttgart
Umschlag: Gestaltungskonzept Peter Horlacher
Gesamtherstellung: W. Kohlhammer Druckerei GmbH + Co. KG Stuttgart
Printed in Germany

ISBN 978-3-17-020947-3

Vorwort zur 7. Auflage

Seit dem Erscheinen im Jahr 1976 als Leitfaden zum Gemeinderecht war es das Bestreben der Verfasser, allen in der Ausbildung zu einem Verwaltungsberuf Stehenden, den Stadt- und Gemeinderäten, aber auch den Praktikern in den Kommunen ein Werk zur Verfügung zu stellen, das sie befähigt, sich möglichst schnell und zuverlässig über das Gemeinderecht zu informieren.
Dass dieses Bemühen gelungen ist, zeigt die Tatsache, dass sich der ursprüngliche „Leitfaden zum Gemeinderecht" nach Erweiterung um das Landkreisrecht inzwischen zu einem allgemein anerkannten Lehrbuch zum „Kommunalrecht Baden-Württemberg" in der jetzt vorliegenden 7. Auflage entwickelt hat.

Auch bei dieser Neuauflage wurden Aufbau und Darstellungsweise der vorherigen Auflagen beibehalten. Die kommunalverfassungsrechtlichen Änderungen seit der im Jahr 2004 erschienenen 6. Auflage sind in der Neuauflage berücksichtigt. Sie beachtet die Gesetzgebung, die Rechtsprechung und das Schrifttum bis Juni 2011.
Das Lehrbuch umfasst die ganze Bandbreite des Kommunalrechts (ohne das kommunale Wirtschaftsrecht) und hat sich – nicht zuletzt durch die Konzentration auf das Wesentliche – zu einem bedeutenden Lehrbuch für Auszubildende, Studenten und Gemeinderäte zur schnellen und korrekten Einarbeitung in das Kommunalrecht entwickelt. Durch die zahlreichen Beispiele und die umfangreichen Hinweise auf die verwaltungsgerichtlichen Entscheidungen ist es auch ein kompetentes Nachschlagewerk für alle, die in ihrer beruflichen Praxis in Verwaltung, Beratung, Verbänden, Unternehmen, Gemeinden und Landkreisen mit dem Kommunalrecht Baden- Württemberg arbeiten.

Heidelberg, im August 2011   Die Verfasser

Unser Dank gilt Herrn Professor Dr. Jürgen Fleckenstein, Hochschule Kehl, für die begleitende Unterstützung.

Inhaltsverzeichnis

		Seite
Vorwort		V
Inhaltsverzeichnis		VII
Abkürzungsverzeichnis		XVII
Literaturverzeichnis		XXI

Rn.

Erster Teil: Wesen und Aufgaben der Gemeinde

A.	Geschichte der Gemeinde	1
I.	Mittelalter	2
	1. Dörfer	3
	2. Stadt	4
II.	Absolutismus	5
III.	Neuzeitliche Selbstverwaltung	6
	1. Stein'sche Städteordnung	7
	2. Grundtypen der Gemeindeverfassung	8
	a) Magistratsverfassung	9
	b) Bürgermeisterverfassung	10
	c) Ratsverfassung	11
	d) Bürgerausschussverfassung	12
	3. Deutsche Gemeindeordnung	13
	4. Entwicklung des Gemeinderechts im jetzigen Baden-Württemberg	14
B.	Begriff der Gemeinde	15
I.	Wesen der Gemeinde	16
	1. Stellung im Staat	17
	2. Aufgaben	18
	a) Örtlicher Bezug	19
	b) Allzuständigkeit	20
	3. Form der Gemeindeverwaltung	21
II.	Rechtsform	22
	1. Gebietskörperschaft	22
	2. Juristische Person des öffentlichen Rechts	23
	a) Rechtsfähigkeit	24
	b) Geschäftsfähigkeit	25
	c) Parteifähigkeit	26
	d) Prozessfähigkeit	27
	e) Deliktsfähigkeit	28
	f) Dienstherrnfähigkeit	29

Inhaltsverzeichnis

C.	**Selbstverwaltungsrecht der Gemeinde**	30
I.	Inhalt des Selbstverwaltungsrechts	31
	1. Allzuständigkeit	31
	2. Autonomie	32
	3. Eigenverantwortliche Verwaltung	33
	4. Finanzhoheit	34
	5. Personalhoheit	35
	6. Planungshoheit	36
	7. Volksvertretung	37
II.	Verfassungsrechtlicher Schutz	38
	1. Schutz durch Verfassungsgerichte	39
	2. Institutionelle Garantie	40
III.	Einschränkungen	41
	1. Kernbereich	42
	2. Übergeordnetes öffentliches Interesse	43
IV.	Europarecht	44
D.	**Wirkungskreis der Gemeinde**	45
I.	Aufteilung	46
II.	Aufgabenarten	47
	1. Weisungsfreie Aufgaben	48
	a) Freiwillige Aufgaben	49
	b) Pflichtaufgaben ohne Weisung	50
	2. Weisungsaufgaben	51
	3. Sonderfall: Bundesauftragsangelegenheiten	52
E.	**Satzungsrecht der Gemeinde**	53
I.	Allgemeines	53
	1. Satzungsbegriff	54
	2. Ermächtigung	55
	3. Vorrang des Gesetzes	56
II.	Geltungsbereich	57
	1. Sachlicher Geltungsbereich	57
	2. Räumlicher Geltungsbereich	58
	3. Zeitlicher Geltungsbereich	59
	a) Inkrafttreten	60
	b) Rückwirkung	61
	c) Außerkrafttreten	65
III.	Satzungsarten	66
IV.	Verfahren	67
	1. Verfahren vor Beschlussfassung	67
	2. Beratung und Beschlussfassung	68
	3. Ausfertigung	69
	4. Bekanntmachung	70
	5. Änderung und Aufhebung von Satzungen	71

V.	Durchsetzung und Bewehrung	72
	1. Mittel des Verwaltungszwangs	72
	2. Bewehrung	73
VI.	Nachprüfung von Satzungen	74
	1. Vorbeugende Rechtskontrolle	74
	a) Anzeige	74
	b) Vorlage	75
	c) Genehmigung	76
	2. Gerichtliche Kontrolle	77
	a) Abstrakte Normenkontrolle	78
	b) Konkrete Normenkontrolle	79
VII.	Heilung von Verfahrens- und Formfehlern	80
F.	**Einzelne Satzungen der Gemeinde**	**81**
I.	Hauptsatzung	81
II.	Satzung über die Form der öffentlichen Bekanntmachung	82
	1. Bekanntmachungsformen	83
	a) Einrücken in das eigene Amtsblatt	83
	b) Einrücken in eine Zeitung	84
	c) Anschlag an der Verkündungstafel	85
	2. Ersatzbekanntmachung	86
	3. Notbekanntmachung	87
	4. Ortsübliche Bekanntgabe	88
III.	Satzung über Anschluss- und Benutzungszwang	89
	1. Wesen	90
	a) Anschlusszwang	90
	b) Benutzungszwang	91
	2. Voraussetzungen	92
	a) Öffentliche Einrichtung	92
	b) Einrichtung der Volksgesundheit	93
	c) Öffentliches Bedürfnis	94
	d) Satzungserfordernis	95
	3. Zulässigkeitsgrenzen	96
IV.	Satzung über „Hand- und Spanndienste"	97
G.	**Name, Bezeichnung und Hoheitszeichen der Gemeinde**	**98**
I.	Namen und Bezeichnungen	98
	1. Allgemeines	98
	2. Namensschutz	99
	a) Im Privatrechtsverkehr	100
	b) Im öffentlich-rechtlichen Bereich	100
	3. Sonstige Bezeichnungen	100
	a) Stadt	101
	b) Weitere Bezeichnungen	102
	4. Benennung von Gemeindeteilen und Straßen	103

Inhaltsverzeichnis

II.	Hoheitszeichen	104
	1. Wappen und Flaggen	105
	2. Dienstsiegel	106
III.	Gemeindearten	107
	1. Stadtkreis	108
	2. Große Kreisstadt	109

H.	**Gemeindegebiet**	110
I.	Umfang	111
II.	Gemeindefreie Grundstücke	112
III.	Innere Gebietsgliederung	113
IV.	Gebietsänderungen	114
	1. Voraussetzungen	114
	2. Arten der Gebietsänderung	115
	3. Verfahren bei Gebietsänderungen	116
	a) Freiwillige Gebietsänderung	117
	b) Gebietsänderung kraft Gesetzes	127
	c) Gebietsänderung durch Rechtsverordnung	128
	d) Rechtswirkung	129
	e) Rechtsschutz	130

I.	**Bewohner der Gemeinde**	131
I.	Einwohner	132
	1. Begriff	132
	2. Rechte und Pflichten	134
	3. Öffentliche Einrichtung	135
	a) Begriff	135
	b) Errichtung	136
	c) Zulassungs- und Benutzungsanspruch	137
	d) Benutzungsgebühren/Entgelte	138
II.	Bürger	139
	1. Begriff	139
	2. Rechte und Pflichten	142
	3. Ehrenbürgerrecht	144
	4. Nutzbürgerrecht	145
III.	Ehrenamtliche Tätigkeit	146
	1. Begriff	146
	2. Formen ehrenamtlicher Tätigkeit	147
	3. Bestellung	148
	4. Ablehnung	149
	5. Beendigung	150
	6. Pflichten	151
	a) Uneigennützige und verantwortungsbewusste Geschäftsführung	152
	b) Verschwiegenheitspflicht	153
	c) Vertretungsverbot	154

Inhaltsverzeichnis

		7. Befangenheit	155
		a) Unmittelbarer Vor- oder Nachteil	156
		b) Möglichkeit	157
		c) Ausnahme vom Mitwirkungsverbot	158
		d) Verfahren	159
		e) Rechtsfolgen	160
		8. Entschädigung	161
J.		**Mitwirkung der Bürgerschaft in den Formen unmittelbarer Demokratie**	163
	I.	Unterrichtung der Einwohner	164
	II.	Bürgerversammlung	165
		1. Einberufung	166
		2. Verfahren	167
		3. Bürgerversammlung in Gemeinden mit Bezirks- und Ortschaftsverfassung	168
	III.	Bürgerantrag	169
		1. Voraussetzungen	170
		2. Entscheidung über die Zulässigkeit	171
	IV.	Bürgerentscheid	172
		1. Voraussetzungen	173
		2. Verfahren	174
		3. Wirkung	175
	V.	Bürgerbegehren	176
		1. Voraussetzungen	177
		2. Verfahren	178

Zweiter Teil: Verfassung und Verwaltung der Gemeinde

		K. Gemeinderatsverfassung	179
	I.	Süddeutsche Ratsverfassung	179
		1. Verwaltungsorgane	181
		a) Abgrenzung der Zuständigkeiten	182
		b) Verbindungen	183
		c) Gegenseitige Kontrollfunktionen	184
		2. Kommunalverfassungsstreitverfahren	185
		a) Begriff	186
		b) Rechtsgrundlage	187
		c) Parteifähigkeit	188
		d) Klageart	189
	II.	Der Gemeinderat	190
		1. Rechtsstellung	190
		2. Zuständigkeit	191
		3. Zusammensetzung	194

Inhaltsverzeichnis

	4.	Rechtsstellung der Gemeinderäte	195
	5.	Wahl des Gemeinderats	198
		a) Materielles Wahlrecht	199
		aa) Wahlberechtigung	199
		bb) Wahlsystem	203
		cc) Wahlgebiet	208
		dd) Amtszeit	210
		b) Formelles Wahlrecht	211
		aa) Wahlbezirke	212
		bb) Förmliche Wahlvoraussetzung	213
		cc) Ermittlung und Feststellung des Wahlergebnisses	215
	6.	Gemeinderatssitzung	220
		a) Geschäftsordnung	221
		b) Fraktion	222
		c) Ältestenrat	223
		d) Einberufung	224
		e) Öffentlichkeit	232
		f) Verhandlungsleitung	236
		g) Teilnahme sonstiger Personen	240
	7.	Beschlussfassung im Gemeinderat	243
		a) Beschlussfähigkeit	244
		b) Beschlüsse	246
		c) Wiederholte Behandlung desselben Verhandlungsgegenstandes	251
		d) Änderung, Aufhebung, Überprüfung von Beschlüssen	252
		e) Verletzung von Verfahrensvorschriften	253
		f) Niederschrift	254
III.	Ausschüsse des Gemeinderats		256
	1.	Beschließende Ausschüsse	256
		a) Bildung	257
		b) Zusammensetzung	259
		c) Zuständigkeit	260
		d) Geschäftsgang	261
	2.	Beratende Ausschüsse	262
		a) Bildung	262
		b) Zusammensetzung	263
		c) Zuständigkeit	264
		d) Geschäftsgang	265
		e) Rechtsfolgen bei fehlerhafter Vorberatung in Ausschüssen	266
		f) Jugendgemeinderat	267
IV.	Bürgermeister		268
	1.	Organstellung	268
	2.	Beamtenrechtliche Stellung	269
		a) Wahlbeamter auf Zeit	269
		b) Besoldung, Versorgung	270
	3.	Wahl	271

	4.	Amtszeit	275
	5.	Rechtsstellung	278
		a) Stellung im Gemeinderat	279
		aa) Vorsitz	280
		bb) Widerspruch	281
		cc) Eilentscheidungsrecht	282
		dd) Ersatzbeschlussrecht	283
		ee) Unterrichtungspflicht	284
		b) Leiter der Gemeindeverwaltung	285
		aa) Organisationsrecht	286
		bb) Geschäfte der laufenden Verwaltung	287
		cc) Vom Gesetz oder Gemeinderat übertragene Aufgaben	288
		dd) Weisungsaufgaben	289
		ee) Beamtenrechtliche Zuständigkeiten	290
		ff) Personalentscheidungen	291
		gg) Sonstige Aufgaben	292
		c) Gesetzlicher Vertreter	293
V.	Stellvertretung des Bürgermeisters		294
	1.	Ehrenamtliche Stellvertreter	295
	2.	Beigeordnete	298
		a) Wahl und Rechtsstellung	299
		b) Ständige Sondervertreter	304
		c) Ständiger allgemeiner Stellvertreter	305
		d) Allgemeine Stellvertreter im Verhinderungsfalle	306
	3.	Amtsverweser	307
	4.	Beauftragung, Vollmacht	308
	5.	Verpflichtungserklärungen	310
L.	Gemeindebedienstete		311
M.	Zwischengemeindliche Zusammenarbeit		313
I.	Zweckverbandsrecht		315
	1.	Zweckverband	316
		a) Arten	316
		b) Rechtscharakter	317
		c) Bildung	318
		d) Organe	319
		e) Aufgaben	320
		f) Finanzierung	321
		g) Personal	322
		h) Änderung, Auflösung	323
	2.	Öffentlich-rechtliche Vereinbarung	324
II.	Verwaltungsgemeinschaft		325
	1.	Allgemeines	326
		a) Entstehung	326
		b) Organisationsziele	327
		c) Verfassungsrechtliche Zulässigkeit	328

Inhaltsverzeichnis

	d) Arten	329
	2. Gemeindeverwaltungsverband	330
	a) Rechtscharakter	330
	b) Bildung	331
	c) Organe	332
	d) Aufgaben	337
	e) Finanzierung	341
	f) Änderung	342
	g) Auflösung	343
	3. Vereinbarte Verwaltungsgemeinschaft	344
III.	Bürgermeister in mehreren Gemeinden	347
IV.	Nachbarschaftsverbände	348
V.	Regionalverbände	349
VI.	Kommunale Spitzenverbände	350
N.	**Besondere Verwaltungsformen**	**351**
I.	Bezirksverfassung	351
	1. Bildung	352
	2. Örtliche Verwaltung	353
	3. Bezirksbeiräte	354
	4. Aufgaben	355
	5. Bezirksvorsteher	356
	6. Aufhebung	357
II.	Ortschaftsverfassung	358
	1. Bildung	359
	2. Örtliche Verwaltung	360
	3. Ortschaftsrat	361
	4. Aufgaben des Ortschaftsrats	365
	5. Ortsvorsteher	368
	6. Aufgaben des Ortsvorstehers	372
	7. Aufhebung	374
O.	**Aufsicht über die Gemeinde**	**375**
I.	Rechtsaufsicht	376
	1. Umfang	377
	2. Rechtsaufsichtsbehörden	378
	3. Mittel der Rechtsaufsicht	379
	a) Informationsrecht	380
	b) Beanstandungsrecht	381
	c) Anordnungsrecht	382
	d) Ersatzvornahme	383
	e) Bestellung eines Beauftragten	384
	4. Weitere Rechte	385
	a) Mitwirkungsrechte	385
	b) Vorlagepflichtige Vorgänge	386
	c) Besondere Befugnisse	387

Inhaltsverzeichnis

II.	Fachaufsicht	388
	1. Umfang	389
	2. Bundesauftragsangelegenheiten	390
	3. Fachaufsichtsbehörden	391
III.	Rechtsschutz	392
	1. Maßnahmen der Rechtsaufsicht	392
	2. Formlose Rechtsbehelfe	393
	3. Maßnahmen der Fachaufsicht	394

Dritter Teil: Landkreisrecht

P.	Grundlagen des Landkreises	395
I.	Geschichte	395
	1. Württembergischer Raum	395
	2. Badischer Raum	396
	3. Entwicklung nach dem 2. Weltkrieg	397
	4. Entwicklung des Landkreisrechts in Baden-Württemberg	398
II.	Begriff, Rechtsstellung	399
	1. Wesen der Landkreise	399
	2. Gebietskörperschaft	400
	3. Garantie der Selbstverwaltung	401
	4. Landratsamt	402
	5. Wirkungskreis	404
	6. Satzungen	411
	7. Name, Sitz, Wappen, Siegel	412
	8. Gebiet	413
	9. Kreiseinwohner	414
Q.	Organe des Landkreises	415
I.	Kreistag	416
	1. Rechtsstellung	416
	2. Zuständigkeit	417
	3. Zusammensetzung	418
	4. Rechtsstellung der Kreisräte	419
	5. Wahl des Kreistags	420
	a) Wahlrecht	421
	b) Wahlsystem	422
	c) Einteilung des Wahlgebiets in Wahlkreise	423
	d) Ermittlung und Feststellung des Wahlergebnisses	424
	6. Kreistagssitzung	427
II.	Ausschüsse	428
III.	Landrat	429
	1. Organstellung	429
	2. Beamtenrechtliche Stellung	430
	a) Wahlbeamter auf Zeit	430

Inhaltsverzeichnis

	b)	Besoldung, Versorgung	431
	3.	Wahl	432
	4.	Stellung im Kreistag und in den Ausschüssen	433
	5.	Leiter des Landratsamts	434
	6.	Gesetzlicher Vertreter	435
IV.	Stellvertretung des Landrats		436
R.	Aufsicht		437

	Seite
Stichwortverzeichnis	177

Abkürzungsverzeichnis

a. A.	anderer Ansicht
Abs.	Absatz
a. F.	alte Fassung
AG	Ausführungsgesetz zum nachfolgend genannten Gesetz
AO	Abgabenordnung
BauGB	Baugesetzbuch
BauR	Baurecht
BaWüVBl.	Baden-Württembergisches Verwaltungsblatt
BayVbl.	Bayerische Verwaltungsblätter
BayVerfGH	Bayerischer Verfassungsgerichtshof
BayVGH	Bayerischer Verwaltungsgerichtshof
BBauG	Bundesbaugesetz
BGB	Bürgerliches Gesetzbuch
BGBl.	Bundesgesetzblatt
BGH	Bundesgerichtshof
BGHZ	Entscheidungen des Bundesgerichtshofs in Zivilsachen
BSHG	Bundessozialhilfegesetz
BStatG	Beamtenstatusgesetz
BVerfG	Bundesverfassungsgericht
BVerfGG	Bundesverfassungsgerichtsgesetz
BVerwG	Bundesverwaltungsgericht
BWGZ	Die Gemeinde, Zeitschrift des Gemeindetags Baden-Württemberg
BWVPr.	Baden-Württembergische Verwaltungspraxis
bzw.	beziehungsweise
DGO	Deutsche Gemeindeordnung
d. h.	das heißt
DÖV	Die öffentliche Verwaltung
DVBl.	Deutsches Verwaltungsblatt
DVO	Durchführungsverordnung
E	Amtliche Sammlung der Entscheidungen des zuvor genannten Gerichts
EG	Europäische Gemeinschaft
EGBGB	Einführungsgesetz zum BGB
EigBG	Eigenbetriebsgesetz
EKBW	Entscheidungssammlung zum Kommunalrecht Baden-Württemberg von Seeger/Füsslin/Vogel
Erl.	Erläuterung/Erlass
ESVGH	Entscheidungssammlung des Hessischen und des Baden-Württembergischen Verwaltungsgerichtshofs

Abkürzungsverzeichnis

EU	Europäische Union
evtl.	eventuell
FAG	Gesetz über den kommunalen Finanzausgleich
f./ff.	folgende/fortfolgende
GABl.	Gemeinsames Amtsblatt
GBl.	Gesetzblatt für Baden-Württemberg
GBO	Grundbuchordnung
GemHVO	Gemeindehaushaltsverordnung
GemO	Gemeindeordnung für Baden-Württemberg
GewStG	Gewerbesteuergesetz
GG	Grundgesetz
GKZ	Gesetz über kommunale Zusammenarbeit
grds.	grundsätzlich
GrStG	Grundsteuergesetz
GVBl.	Badisches Gesetz- und Verordnungsblatt
HessVGH	Hessischer Verwaltungsgerichtshof
h. M.	herrschende Meinung
i. d. F.	in der Fassung
i. d. R.	in der Regel
insbes.	Insbesondere
i. S.	im Sinne
i. V. m.	in Verbindung mit
JuS	Juristische Schulung
JZ	Juristenzeitung
KAG	Kommunalabgabengesetz für Baden-Württemberg
KomWG	Kommunalwahlgesetz
KStZ	Kommunale Steuer-Zeitschrift
LKomBesG	Landeskommunalbesoldungsgesetz 2010
LBG	Landesbeamtengesetz
LBO	Landesbauordnung
LG	Landgericht
LKJHG	Kinder- und Jugendhilfegesetz für Baden-Württemberg
LKrO	Landkreisordnung
LNRSchG	Landesnichtraucherschutzgesetz
LOWiG	Landesordnungswidrigkeitengesetz
LplG	Landesplanungsgesetz
LTDS	Landtagsdrucksache
LV	Verfassung des Landes Baden-Württemberg
LVG	Landesverwaltungsgesetz
LVwVfG	Landesverwaltungsverfahrensgesetz

Abkürzungsverzeichnis

MDR	Monatsschrift für Deutsches Recht
m. w. N.	mit weiteren Nachweisen
NJW	Neue Juristische Wochenschrift
Nr.	Nummer
NRW GemO	Nordrhein-Westfälische Gemeindeordnung
NVerbG	Nachbarschaftsverbandsgesetz
NVwZ	Neue Zeitschrift für Verwaltungsrecht
NVwZ-RR	NVwZ-Rechtsprechungs-Report
OLG	Oberlandesgericht
OVG	Oberverwaltungsgericht
OVGE	Entscheidungen der OVGe NRW und Lüneburg
OVG NRW	Oberverwaltungsgericht Nordrhein-Westfalen
OVG Rh. Pf.	Oberverwaltungsgericht Rheinland-Pfalz
OVG NDS	Niedersächsisches Oberverwaltungsgericht
PolG	Polizeigesetz
RdErl.	Runderlass
Rdnr.	Randnummer
RegBl.	Regierungsblatt
RGBl.	Reichsgesetzblatt
RVO	Reichsversicherungsordnung
S.	Seite
SGB	Sozialgesetzbuch
sog.	sogenannte
StBauFG	Städtebauförderungsgesetz
StGB	Strafgesetzbuch
StGH	Staatsgerichtshof von Baden-Württemberg
StT	Städtetag
StPO	Strafprozessordnung
Urt.	Urteil
u. a.	und andere/unter anderem
URP	Umwelt- und Planungsrecht
u. U.	unter Umständen
VBlBW	Verwaltungsblätter Baden-Württemberg
VerfGH	Verfassungsgerichtshof
VersR	Versicherungsrecht
VerwPrax	Verwaltungspraxis
VerwRspr.	Verwaltungsrechtsprechung
VG	Verwaltungsgericht
VGH BW	Verwaltungsgerichtshof Baden-Württemberg
vgl.	vergleiche
VO	Verordnung

Abkürzungsverzeichnis

VwGO	Verwaltungsgerichtsordnung
VwV	Verwaltungsvorschrift
VwZG	Verwaltungszustellungsgesetz für Baden-Württemberg
WGZ	Württembergische Gemeindezeitung
z. B.	zum Beispiel
Ziff.	Ziffer
ZKF	Zeitschrift für Kommunalfinanzen
ZPO	Zivilprozessordnung
z. T.	zum Teil

Hinweis: Soweit im Text Paragraphen ohne Gesetzesangabe angeführt werden, handelt es sich immer um solche der Gemeindeordnung für Baden-Württemberg.

Literaturverzeichnis

Ade, Klaus — Gemeindeordnung für Baden-Württemberg, Loseblatt-Kommentar in: Praxis der Kommunalverwaltung, Stand: November 2010

Faiß, Konrad — Kommunalwahlgesetz Baden-Württemberg mit Kommunalwahlordnung, Loseblatt-Kommentar in: Praxis der Kommunalverwaltung, Stand Mai 2009

Faiß, Konrad — Landkreisordnung für Baden-Württemberg, Loseblatt-Kommentar in: Praxis der Kommunalverwaltung, Stand: November 2010

Kunze/Bronner/Katz — Gemeindeordnung für Baden-Württemberg, 4. Auflage, Loseblatt-Kommentar, Stand: Juli 2008

Metzger/Sixt — Die Ortschaftsverfassung in Baden-Württemberg, 6. Auflage, 2009

Püttner, Günter — Kommunalrecht Baden-Württemberg, 3. Auflage, 2005

Seeger/Füsslin/Vogel — Entscheidungssammlung zum Kommunalrecht Baden-Württemberg (EKBW), Stand: August 2007

Sixt, Werner — Kommunalwahlrecht in Baden-Württemberg, 7. Auflage, 2009

Waibel, Gerhard — Gemeindeverfassungsrecht Baden-Württemberg, 5. Auflage, 2007

Waibel, Gerhard — Gesetz über kommunale Zusammenarbeit, Loseblatt-Kommentar in: Praxis der Kommunalverwaltung, Stand: November 2010

Erster Teil: Wesen und Aufgaben der Gemeinde

A. Geschichte der Gemeinde

Die geschichtliche Entwicklung der Gemeinde von einem *Zusammenschluss der an einem Ort lebenden Menschen zum politischen Gemeinwesen* ist im Wesentlichen durch zwei miteinander ringende Kräfte geprägt: die freie „Genossenschaft" der Gemeindebewohner und die „Herrschaft" über die Gemeinde. Grundsätzlich schließen sie sich gegenseitig aus, stehen aber dennoch häufig in einem wechselseitig wirkenden Verhältnis.
Drei Entwicklungsabschnitte lassen sich unterscheiden:
- Mittelalter
- Absolutismus
- Neuzeitliche Selbstverwaltung

I. Mittelalter

Im Mittelalter zeigt die frühe Entwicklung örtlicher Gemeinschaften eine außerordentliche Vielfalt der Erscheinungsformen. Für die ersten örtlichen Gemeinschaften ist der genossenschaftliche Charakter wesensbestimmend. Die Genossenschaft, verbunden mit dem gemeinsamen Grundbesitz, der Mark (Allmende), sind die Wesensmerkmale der sich entwickelnden Gemeinden, die heute noch im Rechtsbegriff der Gebietskörperschaft enthalten sind:
- der räumliche (Gemarkung) und
- der personale (Genossenschaft) Bezug.

1. Dörfer

Die Dörfer kann man sich in ihrer ursprünglichen Form als freie genossenschaftliche Vereinigungen ihrer Einwohner vorstellen. Mit der Ausbildung des grundherrlichen Lehnswesens wird diese genossenschaftliche Ordnung jedoch durch das Herrschaftsrecht des Lehnsherrn überlagert.

2. Stadt

Vom 9. und 10. Jahrhundert an entwickelt sich die Stadt als besondere Form des Gemeinwesens. Ihre Blütezeit erlebt sie vom 12. bis 16. Jahrhundert.
Drei Merkmale verleihen einer mittelalterlichen Ansiedlung Stadtcharakter:
- Der **Markt** als wirtschaftliche Grundlage städtischen Lebens (viele Städte sind aus Kaufmannssiedlungen – Wik – entstanden).
- Das **Stadtrecht,** das die Städte zu Sonderrechtsbezirken werden lässt. Sie grenzen sich vom übrigen Gebiet ab, wo ausschließlich das Landrecht gilt. In den Städten herrschen dauernder Markt- und Burgfrieden. Die Bürger sind frei von den Verpflichtungen gegenüber einem Grundherrn *(Stadtluft macht frei).*

- Die **Stadtmauer,** die den städtischen Sonderrechts- und Friedensbezirk sichtbar nach außen abgrenzt und schützt. Sie ist für die Stadtbewohner Sinnbild einer privilegierten Lebensweise.

Vor allem die rechtliche Sonderstellung der Städte gibt die Möglichkeit einer weitgehend freien und genossenschaftlichen Eigenverwaltung, die sich allerdings sehr unterschiedlich ausprägt (z. B. erhebliche Besonderheiten bei den Freien Reichsstädten).

II. Absolutismus

5 Mit dem landesherrlichen Absolutismus verlieren die Städte im 17. Jahrhundert ihre Sonderstellung und ihr auf genossenschaftlicher Basis entwickeltes Recht der Eigenverwaltung. Nach dem Dreißigjährigen Krieg sind die Städte nur noch unselbstständige Verwaltungseinheiten im absolutistischen Fürstenstaat.

III. Neuzeitliche Selbstverwaltung

6 Die Entwicklung der neuzeitlichen Selbstverwaltung beginnt in Deutschland im 19. Jahrhundert nach der Fremdherrschaft Napoleons.

Der Begriff der Selbstverwaltung bezeichnet zunächst das Spannungsverhältnis zwischen Staats- und Kommunalverwaltung, nimmt also insoweit grundsätzlich einen Gegensatz an. Im demokratischen Rechtsstaat ist dafür kein Platz mehr. Es gibt nur *eine* vom Volk ausgehende Staatsgewalt. Selbstverwaltung bedeutet hier, dass bestimmte öffentliche Aufgaben durch unterstaatliche Träger öffentlicher Verwaltung selbstständig und unter eigener Verantwortung wahrgenommen werden.

1. Stein'sche Städteordnung

7 In Preußen bemüht sich **Freiherr vom Stein** um den Neuaufbau des Staates, dessen Kräfte zu *größerer Selbsttätigkeit* angespornt werden sollen. Die Städte werden von der uneingeschränkten Herrschaft des absolutistischen Landesherrn befreit. Die Untertanen sollen wieder Bürger sein, ihr Gemeingeist soll geweckt werden (Art. XI, § 184 Verfassung des deutschen Reiches vom 28. März 1849 – Paulskirchen-Verfassung).

Mit der **Stein'schen Städteordnung von 1808** werden folgende Grundsätze verwirklicht:
- Die Städte regeln die Angelegenheiten ihres eigenen Wirkungskreises durch Ortsstatut (Autonomie).
- Die Bürger wählen ihre Vertretungsorgane selbst:
    An die Stelle der von den Zünften oder anderen Städtischen Verbänden bestimmten Vertreter treten die Stadtverordneten, die von der stimmfähigen Bürgerschaft gewählt werden.
    – An die Stelle des Magistrats, der vom Landesherrn abhängig ist, tritt ein Magistratskollegium, das von der Stadtverordnetenversammlung gewählt wird.

- Die wichtigen Verwaltungsaufgaben werden von Deputationen besorgt, die sich aus Magistratsmitgliedern, Stadtverordnungen und Bürgern zusammensetzen.
- Die Städte erhalten die Steuerhoheit.
- Die Staatsaufsicht wird beschränkt.

Die Stein'sche Städteordnung beeinflusst in der Folgezeit auch die Entwicklung der Gemeinden außerhalb Preußens. Im Entwurf einer Reichsverfassung von 1849 wird ein Grundrecht der Gemeinden gegen zu starke Einflussnahme des Staates gefordert.
Nachdem in der 2. Hälfte des 19. Jahrhunderts das Rechtsinstitut der gemeindlichen Selbstverwaltung gefestigter Bestandteil der Verfassungsordnungen geworden ist, wird die Entwicklung der Gemeinden geprägt von der Notwendigkeit, ständig neue und zusätzliche Aufgaben übernehmen und lösen zu müssen. Charakteristisch ist, dass ehrenamtlich tätige „Beamte" zunehmend durch Fachbeamte ersetzt werden.

2. Grundtypen der Gemeindeverfassung

Bis zur Zeit der Weimarer Republik entwickeln sich die folgenden Grundtypen der Gemeindeverfassung: **8**

a) **Magistratsverfassung.** Die Magistratsverfassung geht auf die Stein'sche Städteordnung von 1808 zurück. Es bestehen **zwei Kollegien,** die Stadtverordnetenversammlung als Beschlussorgan und der Magistrat als oberstes Verwaltungsorgan (sog. unechte Magistratsverfassung). **9**

b) **Bürgermeisterverfassung.** Die unter napoleonisch-französischem Einfluss entstehende (französische Mairie-Verfassung), aber auch auf rheinische Tradition zurückgehende Bürgermeisterverfassung (Rheinische Städteordnung von 1856) ist ebenfalls dualistisch ausgeprägt. **10**
Der Bürgermeister ist als Ratsvorsitzender verantwortlich für die Führung der Verwaltungsgeschäfte. Es gibt nur ein kollegiales Gemeindeorgan (Rat), das unmittelbar von den Bürgern gewählt wird.

c) **Ratsverfassung.** Dieser Verfassungstyp hat seinen Ursprung in Bayern und Württemberg. Ein Kollegium, der Stadt- oder Gemeinderat, ist zugleich beschließendes und ausführendes Organ. Der Bürgermeister handelt nicht kraft eigener Organbefugnis, sondern im Namen und Auftrag des Rates. **11**

Süddeutsche Ratsverfassung: Sie entsteht im Laufe des 19. Jahrhunderts in Bayern, Württemberg und Baden. Die Süddeutsche Ratsverfassung ist durch die unmittelbare Volkswahl des Bürgermeisters geprägt. Dieser leitet als Organ nicht nur die Gemeindeverwaltung, sondern ist zugleich (mit Stimmrecht) Vorsitzender des Gemeinderats.

Norddeutsche Ratsverfassung: Sie beruht auf englischen Rechtsvorstellungen (Besatzungszeit, nach 1945) und ist im Grunde monistisch ausgeformt. Dem gewählten Gemeinderat (Vorsitz Bürgermeister) als Hauptorgan steht ein von ihm eingesetzter Gemeindedirektor gegenüber. Dieser hat als Leiter der Gemeindeverwaltung zuarbeitende, vollziehende und geschäftsführende Funktion.

12 d) **Bürgerausschussverfassung.** In dem in Baden und Hamburg entstandenen Verfassungstyp bestehen **zwei Kollegien,** der Gemeinderat und der Bürgerausschuss. Gemeinderat und Bürgermeister führen die Verwaltungsgeschäfte. Der Bürgerausschuss ist Zustimmungsorgan für bestimmte Beschlüsse.

3. Deutsche Gemeindeordnung

13 Als Deutschland 1919 eine Republik wird, verstärken sich die Bestrebungen, das zersplitterte Gemeindeverfassungsrecht zu vereinheitlichen. Das Recht der Gemeinden auf Selbstverwaltung wird in der Weimarer Reichsverfassung ausdrücklich verankert (Art. 127 Verfassung des deutschen Reiches vom 11. August 1919).
Erst im Jahr 1925 liegt der Entwurf einer Reichsstädteordnung vor. Es kommt jedoch nicht zu einer gesetzlichen Regelung. Dies geschieht erst 1935. **Die Deutsche Gemeindeordnung** von 1935 verwirklicht das Ideengut des Dritten Reiches. In der Gemeindeverfassung wird das Führerprinzip durchgesetzt. An der Spitze der Gemeinde steht der Bürgermeister als Gemeindeleiter. Er untersteht unmittelbar der Reichsverwaltung.
Nach dem Zusammenbruch 1945 und dem staatlichen Neubeginn ist die frühere kommunalverfassungsrechtliche Vielfalt in den neu geschaffenen Bundesländern wiedererstanden. Da das Gemeinderecht in der Zuständigkeit der Länder liegt, wird sich daran grundlegend nichts ändern. Auch wenn viele gemeinsame Grundlagen bestehen und sich unterschiedlich formale Rechtsstrukturen in der Praxis Länder übergreifend in ähnlicher Weise inhaltlich ausprägen, bleiben landesrechtliche Besonderheiten.

4. Entwicklung des Gemeinderechts im jetzigen Baden-Württemberg

Baden	Württemberg
1760 Baden-Durlach, Communordnung	1758 Württemberg, Communordnung
1831 Badisches Gemeindegesetz	1822 Edikt über die Verwaltung der Gemeinden, Stiftungen und Oberämter 1906 Gemeindeordnung
1921 Badische Gemeindeordnung	1930 Württembergische Gemeindeordnung

1935 Deutsche Gemeindeordnung (DGO) vom 30.1.1935 (RGBl. I. S. 49)

Baden	Württemberg-Baden	Württemberg-Hohenzollern
1948 Badische Gemeindeordnung vom 23.9.1948 (GVBl. S. 177)	Revidierte Fassung der DGO. 1947 Gesetz Nr. 328 über Neuwahl der Gemeinderäte und Bürgermeister vom 23.10.1947 (RegBl. S. 102)	1947 Gemeindeordnung für Württemberg-Hohenzollern vom 14.3.1947 (RegBl. 1948 S. 1)

Baden-Württemberg

1953 Gesetz zur vorläufigen Angleichung des Kommunalrechts vom 13.7.1953 (GBl. S. 97)
1955 Gemeindeordnung für Baden-Württemberg vom 25.7.1955 (GBl. S. 129)

Die vom Landtag von Baden-Württemberg am 21.7.1955 verabschiedete neue
- **Gemeindeordnung für Baden-Württemberg vom 25. Juli 1955 (GBl. S. 129)**

trat am 1.4.1956 in Kraft und hat damit für alle Gemeinden des Landes einheitliches Recht geschaffen. Die Gemeindeordnung ist inzwischen durch zahlreiche Gesetze, insbesondere im Zuge der Gemeindereform geändert worden. Ihre wesentlichste Novellierung geschah Ende 1975 (sog. Demokratisierungsnovelle). Wiederholt wurde die Gemeindeordnung in der geltenden Fassung neu bekannt gemacht, zuletzt unter dem 24.7.2000
- **Gemeindeordnung für Baden-Württemberg (Gemeindeordnung – GemO)** i. d. F. vom 24. Juli 2000 (GBl. S. 581; berichtigt S. 698), zuletzt geändert durch Gesetz v. 9.11.2010 (GBl. S. 793).

Nach dieser Bekanntmachung der Neufassung ist die GemO wiederum mehrfach geändert worden, zuletzt durch Gesetz vom 9.11.2010 (GBl. S. 793)
Die Gemeindeordnung wird ergänzt durch die
- **Verordnung des Innenministeriums zur Durchführung der Gemeindeordnung für Baden-Württemberg (DVO GemO) vom 11. Dezember 2000** (GBl. 2001 S. 2) zuletzt geändert am 14.10.2008 (GBl. S. 313).

Die lange Jahre anwendbare Verwaltungsvorschrift des Innenministeriums zur Gemeindeordnung für Baden-Württemberg (VwV GemO) vom 1. Dezember

1985 (GABl. S 1113), geändert durch VwV vom 17.5.1988 (GABl. S.530) und 24.11.1989 (GABl. S. 1276) ist zum 31.12.2005 außer Kraft getreten, kann aber nach wie vor als Auslegungshilfe dienen.

B. Begriff der Gemeinde

15 In der GemO ist – ebenso wie in den vorangegangenen Gemeindeordnungen in Baden-Württemberg – der Begriff der Gemeinde nicht definiert.
Nach dem Preußischen Gemeindeverfassungsgesetz vom 15.12.1933 ist die Gemeinde eine „vom Staat als solche anerkannte, geschichtlich gewordene und zur Einheit gewachsene Zelle räumlichen Zusammenlebens einer Vielfalt von Familien und örtlichen Zusammenschlüssen von Einrichtungen, Anlagen und Werken".
Es ist auch nicht notwendig, die begrifflichen Einzelmerkmale der Gemeinde normativ festzulegen. Die GemO geht davon aus, dass bei den bestehenden Gemeinden die Merkmale „der Gemeinde" vorhanden sind. Lediglich Neubildung, Umbildung und Auflösung von Gemeinden werden geregelt (§ 8).

I. Wesen der Gemeinde

16 Die GemO kennzeichnet die wesentlichen Merkmale der Gemeinde in dreifacher Hinsicht:
– durch ihre Stellung im Staat (§ 1 Abs. 1),
– durch ihre Aufgaben (§ 1 Abs. 2),
– durch die besondere Form ihrer Verwaltung (§ 1 Abs. 3).

1. Stellung im Staat

17 Die Stellung der Gemeinde im Staat ist in § 1 Abs. 1 mit dem Grundsatz umschrieben:
Die Gemeinde ist Grundlage und Glied des demokratischen Staates. In dieser Formulierung zeigt sich der gesetzgeberische Wille, Demokratie von unten nach oben aufzubauen. Demokratisch organisierte Gemeinden als unterste Stufe der örtlichen Verwaltung sind wesensbestimmend für den Staatsaufbau. Daneben ist wesentlich, dass die Gemeinden als Träger öffentlicher Verwaltung in gleicher Weise wie die staatlichen Behörden die alleine vom Volk ausgehende und damit aus einheitlicher Wurzel stammende Hoheitsgewalt ausüben. Sie führen kein isoliertes Leben neben der staatlichen Verwaltung und stehen zu ihr auch nicht in einem Gegensatz. Die Gemeinden sind keine *Menge kommunaler Republiken*, sondern Glieder eines Ganzen, des demokratischen Staates.
Die GemO kennt **keine unterschiedlichen Arten** von Gemeinden. Auch die Gemeinden, die die Bezeichnung „Stadt" tragen, haben kommunalverfassungsrechtlich dieselbe Rechtsstellung wie alle Gemeinden.

2. Aufgaben

Aufgaben und Wirkungskreis der Gemeinden werden in § 1 Abs. 2 programmatisch genannt. Grundlage ist das Recht der Selbstverwaltung, d. h. *die selbstständige Verwaltung aller örtlichen Angelegenheiten durch die* Gemeinde unter eigener Verantwortung. **18**
In der Formulierung des § 1 Abs. 2 deutet sich die später in § 2 vollzogene Aufteilung des gemeindlichen Wirkungskreises an in
- **Weisungsfreie Aufgaben**
  - Freiwillige Aufgaben
  - Pflichtaufgaben
- **Weisungsaufgaben.**

Für den gemeindlichen Aufgaben- und Wirkungskreis ist wesentlich:

a) **Örtlicher Bezug.** Die Gemeinde ist als Organisation der örtlichen Gemeinschaft grundsätzlich auf Aufgaben mit diesem örtlichen Bezug beschränkt (BVerwG EKBW GG Art. 28 E 57 „Fernwasserversorgung"). **19**

Die Gemeinde ist, abgesehen von Weisungsaufgaben, grundsätzlich in ihrer Aufgabenwahrnehmung frei, soweit die Aufgaben in der örtlichen Gemeinschaft versehen oder einen speziellen Bezug auf die örtliche Gemeinschaft haben und von dieser eigenverantwortlich und selbstständig bewältigt werden können (BVerfGE 8, 122; BVerfG DVBl. 1989, 300 = EKBW GG Art. 28 E 10). Allein die Verwaltungskraft ist jedoch kein Kriterium für die Annahme einer Aufgabe der örtlichen Gemeinschaft (BVerfGE 110, 399-401).
Das Örtlichkeitsmerkmal ist durch das BVerfG im Zusammenhang mit der Erklärung von Gemeinden hinsichtlich der Stationierung von ABC-Waffen und dem Beitritt zu einem Solidaritätsprogramm zur weltweiten Kernwaffenabrüstung im Sinne eines auch überörtliche Bezüge einschließenden Handlungsrahmens erweitert worden. Die Erklärung des Gemeindegebiets zur „atomwaffenfreien Zone" überschreitet aber die dem kommunalen Selbstverwaltungsrecht gezogenen Grenzen (VGH BW BWVPr. 1984,187 = EKBW GemO § 34 E 6; BVerwG DÖV1991, 607 = EKBW GG Art. 28 E 21; BVerwG DÖV 1991,605 = EKBW GG Art. 28 E 20). Auch bei der Unterbringung von Asylbewerbern hat sich das BVerwG auf den Standpunkt gestellt, dass kein örtlicher Bezug besteht. Die Unterbringung politischer Flüchtlinge ist Aufgabe von Bund und Ländern. Sie ist keine Aufgabe der örtlichen Gemeinschaft. Daher bedurfte es in Baden-Württemberg eines die Gemeinden verpflichtenden Gesetzes (BVerwG DVBl. 990,1066).
Dagegen wird man eine „örtliche Angelegenheit" zum Beispiel dann annehmen können, wenn durch staatliche Fördermaßnahmen, die sich auf einen einzelnen Standort beziehen, die Förderung weiterer grundsätzlich förderfähiger Projekte in anderen Gemeinden gefährdet oder auf lange Zeit ausgeschlossen wird (z. B. Stuttgart 21).
Die Begrenzung des Wirkungskreises der Gemeinden auf die örtlichen Angelegenheiten gilt ebenfalls für deren wirtschaftliche Betätigung.
Auch Eigengesellschaften der Gemeinden haben den örtlichen Bezug zu wahren. Hierfür reicht es nicht aus, dass durch überörtliche, z. B. sogar internationale Aktivitäten von kommunalen Versorgungsbetrieben eine bessere Auslastung gemeindlicher Einrichtungen und deren wirtschaftlicher Erfolg gesichert wird. Argumente wie Sicherung der Rentabilität oder allgemein bessere Auslastung sind kommunalwirtschaftlich zwar verständlich, aber rechtlich nicht vertretbar, wenn damit eine über die Gemeindegrenzen hinausgehende Kompetenzerweiterung verbunden ist, die zwangsläufig zu einer Kompetenzschmälerung einer anderen Gemeinde führt. Grenzüberschreitende Kompetenzerweiterungen müssen, da sie das Selbstverwaltungsrecht anderer Gemeinden berühren, durch Landes-

gesetz geregelt werden. Dabei sind die Grenzen bzw. Interessen der betroffenen Gemeinden unter Berücksichtigung der Rechtsprechung des BVerfG festzulegen (Beachtung der Grundsätze der Güterabwägung und der Verhältnismäßigkeit). Im Unterschied etwa zu Bayern und Nordrhein-Westfalen enthält die GemO hierzu keine Regelung (weitere Einzelheiten bei Kunze/Bronner/Katz, GemO § 102 Rdnr. 36).

20 b) **Allzuständigkeit.** Im Rahmen des örtlichen Bezugs gilt der Grundsatz der Allzuständigkeit *(Universalität)* der Gemeinde (§ 2 Abs. 1).

Grundsätzlich besteht eine umfassende sachliche Kompetenz der Gemeinde für alle Angelegenheiten der örtlichen Gemeinschaft. Der Grundsatz der Universalität ist ein wesentliches Merkmal des deutschen Gemeinderechts. In anderen Ländern, z. B. in England, gilt der Grundsatz der Spezialität. Hier sind die Gemeinden nur zuständig, soweit ihnen bestimmte Angelegenheiten ausdrücklich übertragen sind.

3. Form der Gemeindeverwaltung

21 Die besondere Form der Gemeindeverwaltung wird geprägt durch das Recht und die Pflicht der Bürger auf verantwortliche Teilnahme an der Gemeindeverwaltung (§ 1 Abs. 3), insbesondere durch Übernahme einer ehrenamtlichen Tätigkeit (Rn. 146 ff.).

II. Rechtsform

1. Gebietskörperschaft

22 Die Gemeinde ist ihrer Rechtsform nach eine Gebietskörperschaft (§ 1 Abs. 4). Als eigenständige juristische Person des öffentlichen Rechts unterscheidet sie sich von den rechtlich unselbstständigen staatlichen Verwaltungsbezirken.

Das **Wesen** der Gebietskörperschaften besteht darin, dass ihr Funktionsbereich sich auf eine begrenzte Fläche erstreckt und alle Personen mitgliedschaftlich erfasst werden, die in diesem Gebiet wohnen. Gebietskörperschaften sind außer dem Bund und den Ländern nur die Gemeinden und Landkreise (letztere gleichermaßen Gemeindeverbände).

Gemeinde:

– **Körperschaft**
  Die Zusammenfassung einer Vielzahl von Mitgliedern (Einwohnern und Bürgern) zu einer rechtlichen Einheit.

– **Öffentlich-rechtliche Körperschaft**
  Die Entstehung beruht nicht auf einem Akt des bürgerlichen Rechts sondern aufgrund gesetzlicher Regelung. Die Gemeinde erfüllt öffentliche Aufgaben mit hoheitlichen Mitteln und ist damit Teil der öffentlichen Verwaltung.

– **Gebietskörperschaft**
  Das Gemeindegebiet ist unmittelbares und grundsätzlich ausschließliches räumliches Herrschaftsgebiet der Gemeinde.

2. Juristische Person des öffentlichen Rechts

23 Als Körperschaft des öffentlichen Rechts ist die Gemeinde eine juristische Person. Aus diesem Status ergibt sich die Rechts-, Geschäfts-, Partei-, Prozess-, Delikts- und Dienstherrnfähigkeit.

24 a) **Rechtsfähigkeit.** Die Gemeinde ist rechtsfähig. Sie ist Träger von Rechten und Pflichten. Die Rechtsfähigkeit erstreckt sich nicht nur auf das öffentliche, sondern auch auf das bürgerliche Recht. Die Gemeinde kann z. B. Eigentümer, Inhaber sonstiger dinglicher Rechte oder auch Schuldner sein. Sie ist jedoch als Teil der staatlichen Organisation nicht Träger von **Grundrechten**, kann also auch die Verbürgungen des Art. 14 GG als Grundrecht nicht für sich in Anspruch nehmen (BVerfG NJW 1982, 2173; NJW 1985, 260; NJW 1990, 1783; BVerwG Fundstelle 1997 Rdnr. 60; BVerfGE NVwZ 2008, 778 „Endlager Schacht Konrad"; BVerfGE NVwZ 2007, 1176 f. „Elbbrücke bei Dresden", BVerfGE 61, 82).

Dies hindert die Gemeinde allerdings nicht, alle Rechte aus dem Eigentum geltend machen zu können, die ihr die Rechtsordnung einräumt (OVG NDS DVBl. 1984, 895; VGH BW NVwZ 1985, 432; HessVGH NVwZ 1987, 987; BVerwG NVwZ-RR 1991, 622 f. „Verkehrsflughafen München II"). Es fehlt lediglich die grundrechtliche Absicherung. Der Gemeinde stehen auch Abwehrrechte in entsprechender Anwendung des § 1004 BGB i. V. m. § 823 Abs. 2 BGB, § 185 StGB zu. Dieser Anspruch wird jedoch dem öffentlichen Recht zugeordnet (**Ehrenschutz;** BGH NJW 1983, 1183; HessVGH NJW 1990, 1005).

Die Gemeinde ist **einheitlicher** Rechtsträger. Verschiedene Verwaltungsstellen einer Gemeinde können sich daher z. B. nicht als Prozessparteien gegenüberstehen. Sie sind auch nicht „Behörden" im Sinne des allgemeinen Verwaltungsrechts. Verwaltungsakte werden nach außen von der Gemeinde als solcher, nicht von ihren einzelnen Dienststellen erlassen. Dies gilt auch für die gemeindlichen Eigenbetriebe, die keine eigene Rechtspersönlichkeit besitzen.

Allerdings sind die Organe der Gemeinde trotz grundsätzlicher fehlender Rechtsfähigkeit Träger eigener in der Kommunalverfassung der GemO begründeter Rechte. Insoweit sind sie im *Kommunalverfassungsstreitverfahren* vor den Verwaltungsgerichten partei- und prozessfähig (Rdnr. 185 ff.).

25 b) **Geschäftsfähigkeit.** Die Gemeinde ist geschäftsfähig. Sie kann am öffentlichen und privaten Rechtsverkehr teilnehmen.

Die Gemeinde **handelt dabei durch ihre Organe.** Die Willensbildung erfolgt durch Gemeinderat (Ausschüsse) oder Bürgermeister. Der Vollzug geschieht durch den Bürgermeister als dem gesetzlichen Vertreter der Gemeinde. Er (bzw. sein Stellvertreter, Beauftragter, Bevollmächtigter) gibt nach außen die erforderlichen Willenserklärungen ab und nimmt sie entgegen.

26 c) **Parteifähigkeit.** Die Gemeinde ist parteifähig. Im Verwaltungsprozess kann sie als Kläger, Beklagter, Beigeladener oder sonstiger Beteiligter teilnehmen (§§ 61, 63 VwGO, Beteiligungsfähigkeit). Im Verwaltungsverfahren richtet sich die Beteiligungsfähigkeit nach §§ 11 bis 13 LVwVfG). Als rechtsfähige juristische Person des öffentlichen Rechts kann sie vor einem Zivilgericht klagen und verklagt werden (§ 50 ZPO).

27 **d) Prozessfähigkeit.** Die Gemeinde ist prozessfähig. Sie kann einen Prozess selbst, d. h. durch den Bürgermeister als gesetzlichen Vertreter, führen oder durch einen bestellten Prozessbevollmächtigten führen lassen (§§ 51, 52 ZPO, § 62 VwGO).

28 **e) Deliktsfähigkeit.** Die Gemeinde ist deliktsfähig. Ebenso wie natürliche Personen haftet sie für eigene Handlungen (ihrer Organe) und Handlungen der Personen, derer sie sich zur Erfüllung ihrer Aufgaben bedient. So haftet die Gemeinde beispielsweise für Schäden, die durch falsche Auskunft des Bürgermeisters (OLG Brandenburg NVwZ-RR 2001, 704; BGH Gemeindekasse 2002 Rdnr. 39) oder durch ein zu Unrecht versagtes Einvernehmen im Baugenehmigungsverfahren (BGH Fundstelle 2003 Rdnr. 202). Haftungsfolgen können sich auch aufgrund rechtswidriger Verwaltungsakte ergeben (BGH Fundstelle 2007 III ZR 62/07; BGH 103, 244 f.; BGH, Urteil vom 30.11.2005, III ZR 352/04).

Unterschied:
- **Privatrechtlicher Tätigkeitsbereich:** Vertragshaftung; außervertraglich: §§ 823, 826, 833, 836 BGB; Gefährdungshaftung: § 7 Straßenverkehrsgesetz, Haftpflichtgesetz.
- **Hoheitlicher Tätigkeitsbereich:** Amtshaftung, Art. 34 GG i. V. m. § 839 BGB; von der Deliktsfähigkeit ist die **strafrechtliche Verantwortung** zu trennen. Strafbar machen können sich nur natürliche Personen (Besonderheiten bei Ordnungswidrigkeiten).

29 **f) Dienstherrnfähigkeit.** Die Gemeinde besitzt Dienstherrnfähigkeit (§ 2 Nr. 1 BeamtStG). Sie ist Anstellungskörperschaft für ihre Beamten, ebenso wie für ihre sonstigen Bediensteten (§ 56).

C. Selbstverwaltungsrecht der Gemeinde

30 Das Recht der Selbstverwaltung gibt der Gemeinde die Befugnis, alle Angelegenheiten der örtlichen Gemeinschaft im Rahmen der Gesetze eigenverantwortlich, mit eigenen Mitteln und unter Beteiligung einer demokratisch gewählten Volksvertretung zu regeln.

BVerfGE 11, 266, 275: „Kommunale Selbstverwaltung – wie sie heute verstanden wird – bedeutet ihrem Wesen und ihrer Intention nach Aktivierung der Beteiligten für ihre eigenen Angelegenheiten, die die in der örtlichen Gemeinschaft lebendigen Kräfte des Volkes zur eigenverantwortlichen Erfüllung öffentlicher Aufgaben der engeren Heimat zusammenschließt mit dem Ziel, das Wohl der Einwohner zu fördern und die geschichtliche und heimatliche Eigenart zu wahren. Die örtliche Gemeinschaft soll nach dem Leitbild des Art. 28 GG ihr Schicksal selbst in die Hand nehmen und in eigener Verantwortung solidarisch gestalten."

I. Inhalt des Selbstverwaltungsrechts

Für das Selbstverwaltungsrecht der Gemeinde ist wesensbestimmend:

1. Allzuständigkeit

Die gesetzliche Formulierung „*alle*" Angelegenheiten der örtlichen Gemeinschaft gibt den Gemeinden die Allzuständigkeit *(Universalität;* BVerfG DVBl. 1989, 300 = EKBW GG Art. 28 E 10). Die Allzuständigkeit ist grundsätzlich nicht sachlich sondern nur örtlich begrenzt. Diese Regelzuständigkeit gilt nicht ohne Ausnahmen (staatliche Sonderbehörden im örtlichen Bereich). Dennoch ist das Ziel die **Einheit der Verwaltung** auf der Ortsstufe, die unmittelbar mit dem Universalitätsprinzip verknüpft ist. **31**

Auch die **Landkreise** haben die Allzuständigkeit. Sie ist jedoch beschränkt auf öffentliche Aufgaben, die die Leistungsfähigkeit der Gemeinden übersteigen und zugleich der einheitlichen Versorgung und Betreuung der Einwohner des Landkreises oder eines größeren Teils davon dienen (§ 2 LKrO; **subsidiäre Universalität**).

2. Autonomie

Die Gemeinde hat die Befugnis, in den Angelegenheiten der örtlichen Gemeinschaft eigenes objektives Recht zu setzen (Autonomie, Satzungsgewalt; StGH VBlBW 1956, 88 = EKBW LV Art. 71 E 1; BVerwG DÖV 1958, 581 = EKBW GemO § 4 E 1). **32**

3. Eigenverantwortliche Verwaltung

Den Gemeinden ist zugesichert, dass sie ihre Aufgaben grundsätzlich ohne Einflussnahme des Staates nach eigenen Zweckmäßigkeitsüberlegungen durchführen können. Die Kommunalaufsicht beschränkt sich dementsprechend auf die **Rechtsaufsicht**. Durch die Übertragung von Pflicht- und Weisungsaufgaben wird der Grundsatz der eigenverantwortlichen Verwaltung allerdings eingeschränkt. **33**

Die LV bestimmt in Art. 71 Abs. 4, dass die Gemeinden und Gemeindeverbände oder ihre Zusammenschlüsse rechtzeitig zu hören sind, bevor durch Gesetz oder Verordnung allgemeine Fragen geregelt werden, die sie berühren. Dieses Mitwirkungsrecht der Kommunen hat seit Dezember 1997 eine wesentliche Verbesserung erfahren. Der Landtag hat in seiner Geschäftsordnung festgelegt, dass den Kommunalen Landesverbänden auf ihr Verlangen in jedem kommunalrelevanten Fall Gelegenheit zur mündlichen Stellungnahme vor dem entsprechenden Ausschuss zu geben ist.
Vor Entscheidungen über den kommunalen Finanzausgleich verlangt der StGH zum Schutz der kommunalen Selbstverwaltung ein Beteiligungsverfahren, das über diese reine Anhörung hinausgeht (Rdnr. 34).

Die eigenverantwortliche Verwaltung umfasst auch die **Organisationshoheit** (BVerwG NVwZ 2006, 1404 f.; BVerfGE 91, 128). Sie gibt den Gemeinden das Recht, die **innere Gemeindeorganisation** nach ihren Vorstellungen zu regeln

(Aufbau der Verwaltung, Einrichtung der Ausschüsse, Eigenbetriebe, vereinbarte Verwaltungsgemeinschaft, Ortschaftsverfassung, Sachausstattung, Geschäftsverteilung u. Ä.).
Beschränkungen der Organisationshoheit durch Gesetz sind zulässig. Die Selbstverwaltungsgarantie schützt zwar einen Kernbestand kommunaler Organisationshoheit, enthält jedoch nicht ein Prinzip der Eigenorganisation der Gemeinde, demgegenüber jede staatliche Vorgabe einer spezifischen Rechtfertigung bedürfte. Dem Gesetzgeber sind aber bei der Ausgestaltung der gemeindlichen Organisation in doppelter Hinsicht Grenzen gesetzt: Zum einen sind Regelungen verboten, die eine eigenständige organisatorische Gestaltungsfähigkeit der Gemeinden im Ergebnis ersticken würden. Zum anderen muss der Gesetzgeber den Gemeinden eine Mitverantwortung für die organisatorische Bewältigung ihrer Aufgaben einräumen. Er hat den Gemeinden einen hinreichenden organisatorischen Spielraum bei der Wahrnehmung der einzelnen Aufgabenbereiche offenzuhalten (BVerfG BWGZ 1995, 43; BVerwGE 104, 60, 65 ff.; BVerwG NVwZ 1999, 67, 70).

4. Finanzhoheit

34 Die Finanzhoheit gibt den Gemeinden das Recht zu einer eigenen Einnahmen- und Ausgabenwirtschaft im Rahmen eines gesetzlich geordneten Haushaltswesens. In Art. 73 LV ist die Sicherung der finanziellen Leistungsfähigkeit besonders hervorgehoben. Das Land hat für eine Finanzausstattung der Gemeinden zu sorgen, die ihnen eine angemessene und kraftvolle Erfüllung ihrer Aufgaben erlaubt und nicht durch Schwächung der Finanzkraft zu einer Aushöhlung des Selbstverwaltungsrechts führt.

Die in Art. 28 Abs. 2 GG garantierte Entscheidungsfreiheit, zu der u. a. die Finanzhoheit zählt, gestattet jedenfalls bei Einrichtungen ohne Benutzungszwang die Gewährung eines auf die Einwohner beschränkten Zuschusses zu den – einheitlich festgesetzten und kalkulierten – Benutzungsgebühren, wenn dadurch das (landesrechtliche) Kostenüberschreitungsverbot und der Äquivalenzgrundsatz nicht verletzt und keine indirekte Subventionierung der einheimischen Benutzer durch die Auswärtigen bewirkt wird (BVerwG VBlBW 1997, 418 = EKBW GemO § 10 E 80; VGH EKBW GemO § 10 E 87; BVerfGE 112, 216; VGH BW, Urteil vom 6.3.2006, 1 S 2490/05).
Es verstößt deshalb nicht gegen den allgemeinen Gleichheitsgrundsatz des Art. 3 Abs. 1 GG, wenn in einer kommunalen Satzung für den Besuch einer – nicht kostendeckend betriebenen – Musikschule von Einheimischen eine um einen Zuschuss der Gemeinde abgesenkte Gebühr erhoben wird, während auswärtige Benutzer die nicht bezuschusste Gebühr bezahlen müssen.
Ebenfalls zulässig ist es, Kindergartengebühren nach dem Familieneinkommen zu staffeln (BVerfG NJW 1998, 2128).
Das Recht auf kommunale Selbstverwaltung ermöglicht auch eine Gebührengestaltung zur Bildung spürbarer Anreize zur Abfallvermeidung (BVerwG DVBl. 1998, 1224).

Die Finanzhoheit ist durch Ergänzung des Art. 28 Abs. 2 GG um einen Satz 3 seit 1994 (BGBl. I S. 3146) ausdrücklich garantiert:
„Die Gewährleistung der Selbstverwaltung umfasst auch die Grundlagen der finanziellen Eigenverantwortung."

In Ergänzung der Rechtsprechung des BVerfG zur Finanzhoheit der Gemeinden und Gemeindeverbände – BVerfGE 52, 95 (117); 71, 25 (36 f.) und 83, 363 (386) – wurde das in Art. 28 Abs. 2 Satz 1 GG begründete Recht der Kommunen, ihre Angelegenheiten „in eigener Verantwortung" zu regeln, um das Merkmal der „finanziellen Eigenverantwortung" erweitert und diesem ein ausdrücklicher Stellenwert in der Verfassung eingeräumt. Ziel dieser Vorschrift ist es, die kommunale Selbstverwaltung in Zeiten zunehmender Beschneidung der Finanzspielräume und wachsender Belastungen bei der Aufgabenerfüllung durch normative Vorgaben zu stärken.
Das Selbstverwaltungsrecht der Gemeinden erfuhr durch diese Ergänzung des Art. 28 Abs. 2 GG keine inhaltliche Änderung, sondern lediglich eine Hervorhebung des Stellenwerts der finanziellen Eigenverantwortung der Gemeinden.
Um die finanzielle Eigenverantwortung der Gemeinden abzusichern, wurde nicht nur die Umsatzsteuerbeteiligung verfassungsrechtlich verankert (Art. 106 Abs. 5a GG), sondern auch ein Recht auf eine wirtschaftsbezogene Steuerquelle mit Hebesatzrecht eingeräumt. Durch die Ergänzung des Art. 28 Abs. 2 Satz 3 GG soll die kommunale Finanzautonomie mittels der Bestandsgarantie einer Steuerquelle wie der Gewerbeertragsteuer oder einer anderen aus der Wirtschaftskraft der am Wirtschaftsleben in der Gemeinde Beteiligten anknüpfenden Steuer gewährleistet werden.

Ob darüber hinausgehend auch eine angemessene Finanzausstattung der Gemeinden oder jedenfalls eine finanzielle Mindestausstattung verfassungsrechtlich garantiert ist, hat das BVerfG bisher offengelassen (BVerfGE 28, 244). Landesrechtlich ist dies durch Art. 73 Abs. 1 LV gesichert (vgl. StGH VB1BW 1994, 52 = EKBW LV Art. 71 E 18). Diese Garantie verpflichtet das Land aber nicht, den Gemeinden eine zweckgebundene Finanzausstattung in bestimmter Höhe im Sinne einer „freien Spitze" zu sichern. Der Gesetzgeber hat den Gemeinden die zur Erfüllung ihrer Aufgaben erforderlichen Finanzmittel zur Verfügung zu stellen. Wie das Land diesem Verfassungsgebot nachkommt, hat der Gesetzgeber zu entscheiden, dem dabei ein weiter Gestaltungsspielraum zusteht. Dieser findet seine Grenze, wo der Anspruch der Gemeinden auf eine finanzielle Mindestausstattung verletzt und damit das Selbstverwaltungsrecht ausgehöhlt würde. Diese wäre der Fall, wenn es den Gemeinden unmöglich gemacht würde, freiwillige Selbstverwaltungsaufgaben wahrzunehmen (vgl. hierzu StGH BWGZ 1999, 530 = EKBW LV Art. 71 E 21). In diesem Urteil stellt der StGH auch fest, dass der Schutz der Finanzgarantie des Art. 71 Abs. 1 Satz 1 i. V. m. Art. 73 Abs. 1 LV ein Verfahren zur Abstimmung vor Entscheidungen über den kommunalen Finanzausgleich voraussetzt. Daraufhin hat das Land mit den kommunalen Spitzenverbänden eine – nach Zustimmung des Landtags am 13.4.2000 in Kraft getretene – „Vereinbarung über die Bildung einer Finanzverteilungskommission zur Gewährleistung prozeduralen Schutzes der kommunalen Selbstverwaltung" geschlossen (GABl. 2000, 128).

Durch Art. 106 Abs. 6 GG sind den Gemeinden die **Grundsteuer** und die **Gewerbesteuer** sowie die **örtlichen Verbrauch- und Aufwandsteuern** garantiert, soweit sie nicht nach Maßgabe der Landesgesetzgebung den Gemeindeverbänden zustehen (z. B. Grunderwerbsteuer). Nach Art. 106 Abs. 6 Satz 4 GG können Bund und Länder am Gewerbesteueraufkommen durch eine **Umlage** beteiligt werden. Nach § 6 Abs. 3 KAG können die Gemeinden eigene örtliche Verbrauch- und Aufwandsteuern erheben, solange und soweit sie nicht bundesgesetzlich geregelten Steuern gleichartig sind, vom Land erhoben werden oder den Stadt- und Landkreisen vorbehalten sind (**Steuerfindungsrecht**). Bei der Besteuerung der Inanspruchnahme von Wohnraum in einer Gemeinde (Erstwohnungssteuer)

wurde der Charakter einer Aufwandsteuer i. S. von Art. 105 Abs. 2a GG abgelehnt (BVerwG DÖV 1991, 489).
Kommunale **Verpackungssteuern** auf die Verwendung von Einwegverpackungen, in denen Speisen und Getränke zum Verzehr an Ort und Stelle verkauft werden, sind wegen Verstoßes gegen Art. 74 Abs. 1 Nr. 24 GG i. V. m. dem Kreislaufwirtschafts- und Abfallgesetz des Bundes verfassungswidrig (BVerfG NJW 1998, 2341).

Beispiele für örtliche Steuern:
– Vergnügungssteuer (BVerfG EKBW GG Art. 28 E 38),
– Getränkesteuer,
– Speiseeissteuer,
– Zweitwohnungssteuer (BVerwG BWVPr. 1989, 154).

Damit allein ist jedoch die erforderliche Finanzausstattung nicht gesichert. Wesentliche Bedeutung hat daher der **Anteil** der Gemeinden **an der Einkommensteuer** (Art. 106 Abs. 5 GG) und **an der Umsatzsteuer** (Art. 106 Abs. 5a GG) sowie das Recht der Gemeinden auf **Beteiligung an den Einnahmen des Landes** (Art. 73 LV). Diese Beteiligung erfolgt in erster Linie über einen Steuerverbund mit der Einkommen-, Körperschaft- und Umsatzsteuer (§ 1 FAG), soweit das Aufkommen der Einkommensteuer und der Umsatzsteuer den Gemeinden nicht bereits unmittelbar zugewiesen ist. In Art. 71 Abs. 3 LV ist ferner bestimmt, dass ein Kostenausgleich zu schaffen ist, wenn die Übertragung bestimmter öffentlicher Aufgaben zu einer Mehrbelastung der Gemeinden führt (BW StGH VBlBW 1999, 294. Sog. Konnexitätsprinzip).

In der Praxis geschieht dies regelmäßig durch die Festlegung der Zahlungen im Rahmen des Finanzausgleichs. Es ist allerdings umstritten, ob dies den Verfassungsauftrag erfüllt (vgl. VerfGH Rh. Pf. KStZ 1978, 173; DÖV 1992, 706).

Kein Ausgleich ist nach der Verfassung notwendig bei einer Aufgabenverschiebung im kommunalen Bereich, z. B. zwischen Gemeinde und Landkreis. Bei Übertragung von Aufgaben auf die Gemeinden ist jedoch Kostendeckung zu gewährleisten, wenn vorher ein anderer Träger die Zuständigkeit für die übertragene Aufgabe hatte (VGH BW DÖV 1999, 667).

5. Personalhoheit

35 Die Personalhoheit beinhaltet die Befugnis, in eigener Verantwortung die Zahl und das Rechtsverhältnis der Personen (Beamte, Angestellte, Arbeiter) zu bestimmen, die zur Erfüllung der öffentlichen Aufgaben der Gemeinde benötigt werden, insbesondere sie anzustellen, zu befördern und zu entlassen. Dieser Bestandteil des Rechts der Selbstverwaltung ist vor allem hinsichtlich der Beamten durch die staatliche Gesetzgebung eingeschränkt.

6. Planungshoheit

36 Die Planungshoheit der Gemeinde umfasst vor allem die Raumplanungshoheit auf Ortsebene (Bauleitplanung, Schaffung von Einrichtungen zum Wohl der Einwohner). Vorgaben der überörtlichen Planung (Landes-, Regional- und Fachplanung) führen zu schwierigen verfassungsrechtlichen Abgrenzungsfragen. Einschränkungen örtlicher Planungshoheit sind nur zulässig, soweit schutzwürdige überörtliche Interessen es erfordern (BVerfG NJW 1981, 1659; OVG Münster NWwZ 2007, 442, 443 „Gebietsentwicklungsplan").

Die Planungshoheit verleiht einer Gemeinde dann Abwehransprüche gegen eine fremde Fachplanung auf dem eigenen Gemeindegebiet, wenn das Vorhaben eine bestimmte (hinreichend konkretisierte) gemeindliche Planung nachhaltig stört oder wegen seiner Großräumigkeit wesentliche Teile des Gemeindegebiets einer durchsetzbaren gemeindlichen Planung entzieht oder gemeindliche Einrichtungen erheblich beeinträchtigt (VGH BW Fundstelle 1995 Rdnr. 668 = EKBW GG Art. 28 E 35; EKBW GG Art. 28 E 39; BWGZ 1998, 30 = EKBW GG Art. 28 E 37/1; VBlBW 1998, 350 = EKBW Sonstige Vorschriften 3 E 30; BVerwG NVwZ 2001, 1280).

Die Aufgabe zum Schutz von Leben und Gesundheit der Gemeindeeinwohner gibt der Gemeinde keine eigene Rechtsposition, auf die sie die Rüge der Verletzung eigener Rechte durch eine Anlagengenehmigung stützen kann. Die Gemeindeeinwohner müssen vielmehr ihre Rechte selbst geltend machen (VGH BW Fundstelle 2000 Rdnr. 59 = EKBW GG Art. 28 E 43).

§ 1 Abs. 3 BauGB verpflichtet die Gemeinde zur Aufstellung eines Bebauungsplans, sobald und soweit dies aus städtebaulichen Gründen erforderlich ist. Der Gesetzgeber bringt damit zum Ausdruck, dass sich das planerische *Ermessen* einer Gemeinde zu einer Planungspflicht verdichten kann. Dies ist mit der Garantie der kommunalen Selbstverwaltung vereinbar (BVerwG Fundstelle 2004, Rdnr. 178).

7. Volksvertretung

Die Verwaltung der Gemeinde erfolgt unter Beteiligung einer gemäß Art. 28 Abs. 1 Satz 2 GG gewählten Volksvertretung, dem Gemeinderat.

II. Verfassungsrechtlicher Schutz

Das Recht der Selbstverwaltung ist den Gemeinden in Art. 28 Abs. 2 GG und – im Einzelnen über das GG hinausgehend – in Art. 71 LV garantiert.

1. Schutz durch Verfassungsgerichte

Beim Recht der kommunalen Selbstverwaltung handelt es sich nicht um ein Grundrecht, sondern um eine Institutionelle Garantie. Dennoch verleiht sie ein subjektives Recht zur Abwehr von Eingriffen in den Garantiebereich. Die Gemeinden können bei Verletzung ihres Rechts auf Selbstverwaltung die Verfassungsgerichte anrufen:
– Verfassungsbeschwerde zum BVerfG (Art. 93 Abs. 1 Nr. 4b GG, § 91 BVerfGG),

Nach § 91 Satz 2 BVerfGG ist gegen Landesgesetze die Verfassungsbeschwerde beim BVerfG unzulässig, wenn nach dem Recht des Landes die Beschwerde beim Landesverfassungsgericht erhoben werden kann. In Baden-Württemberg ist diese Beschwerdemöglichkeit (Anrufen des Staatsgerichtshofs, Art. 76 LV) gegeben. Das BVerfG entscheidet jedoch z. B. über Verfassungsbeschwerden gegen eine landesrechtliche Rechtsverordnung, wenn das Landesverfassungsrecht seine Prüfung wie in Baden-Württemberg auf formelle Landesgesetze beschränkt (BVerfG DVBl. 2003, 919).
Nach Art. 93 Abs. 1 Nr. 4b GG, § 91 BVerGG kann die Kommunalverfassungsbeschwerde nur gegen Rechtsnormen, nicht gegen Urteile erhoben werden (BVerfG NVwZ

1994, 58). Das Zulässigkeitserfordernis unmittelbarer Betroffenheit verwehrt es den Kommunen jedoch gegen ein Gesetz vorzugehen, das noch der Konkretisierung durch eine untergesetzliche, ihrerseits mit der Kommunalverfassungsbeschwerde angreifbare Rechtsnorm bedarf. Dies kann auch eine Satzung sein (VerfGH NRW DVBl. 2003, 394).

– Anrufung des StGH (Art. 76 LV, § 8 Gesetz über den StGH)
Nach Art. 76 LV können Gemeinden und Gemeindeverbände den Staatsgerichtshof mit der Behauptung anrufen, ein Gesetz verletze die Vorschriften der Art. 71–75 LV.
Dabei kommt über den Wortlaut des § 23 Abs. 1a des Gesetzes über den StGH hinaus auch denjenigen Urteilen des StGH Gesetzeskraft zu, welche die Nichtvereinbarkeit einer landesgesetzlichen Norm mit der LV feststellen, ohne diese für nichtig zu erklären (StGH EKBW LV Art. 71 E 22).

Im Unterschied zur kommunalen Verfassungsbeschwerde gegen Bundesgesetze ist die Anrufung des StGH nach Art. 76 LV bei „untergesetzlichen" Rechtsvorschriften nicht zulässig (StGH DÖV 1977, 744 = EKBW LV Art. 76 E 4). Die Zulässigkeit der kommunalen Normenkontrolle nach Art. 76 LV setzt voraus, dass die antragstellende Gemeinde geltend machen kann, durch die angegriffene Norm unmittelbar wegen einer Verletzung der Art. 71–75 LV beschwert zu sein. An dieser Unmittelbarkeit fehlt es z. B. bei der kommunalen Normenkontrolle kreisangehöriger Gemeinden gegen einen gesetzlich angeordneten Sonderlastenausgleich, der kraft Gesetzes durch Umlage bei den Kreisen refinanziert wird, dessen weitere Abwälzung auf die Gemeinden im Wege der Kreisumlage jedoch von der autonomen Entscheidung des jeweiligen Kreistags in seiner Haushaltssatzung abhängt (StGH VBlBW 1998, 295 = EKBW LV Art. 71 E 19).

Generell gilt für den verfassungsrechtlichen Schutz der Grundsatz der Subsidiarität der Verfassungsbeschwerde. Sie kann erst nach Erschöpfung des Rechtswegs erhoben werden, soweit dieser eröffnet ist (VerfGH Thüringen NVwZ-RR 2003, 249), was insbesondere der Fall ist, wenn das Selbstverwaltungsrecht durch Maßnahmen der Aufsicht verletzt wurde.

2. Institutionelle Garantie

40 Die Institutionelle Garantie der gemeindlichen Selbstverwaltung besteht im Rahmen der Gesetze (Art. 28 Abs. 2 GG). Einschränkungen durch Gesetz sind zulässig.
Die Garantie des Selbstverwaltungsrechts bezieht sich auf die gemeindliche Selbstverwaltung als Institution, nicht auf die einzelne Gemeinde. Für sie geben Art. 28 Abs. 2 GG und Art. 71 LV keine Bestandsgarantie.

Grundsatz: Die Gemeinde ist institutionell, nicht aber individuell geschützt. Dennoch entfaltet Art. 71 LV einen individuellen Bestandsschutz, wenn auch relativiert durch Art. 74 LV. Nur „Gründe des öffentlichen Wohls" rechtfertigen eine Gemeindeneugliederung, z. B. eine Eingemeindung (StGH VBlBW 1968, 9 = EKBW LV Art. 71 E 4; DÖV 1975, 385 – Neureut = EKBW LV Art. 74 E 3; BVerfG DÖV 1979, 135).

III. Einschränkungen

41 Aufgrund des Gesetzesvorbehalts kann das Selbstverwaltungsrecht durch Gesetz eingeschränkt, abgeändert und fortentwickelt werden. Der Begriff „Gesetz" in diesem Sinne umfasst außer förmlichen Bundesgesetzen auch Rechtsverordnungen i. S. des Art. 80 GG (BVerfG DÖV 1987, 342) sowie Landesgesetze (StGH DÖV 1977, 144 = EKBW LV Art. 75 E 4).

1. Kernbereich

42 In den Wesensgehalt und Kernbestand des Selbstverwaltungsrechts darf nicht eingegriffen werden. Nach der Rechtsprechung des BVerfG gehört zum Wesensgehalt kein gegenständlich bestimmter oder nach feststehenden Merkmalen bestimmbarer Aufgabenkatalog, wohl aber die Befugnis, sich aller Angelegenheiten der örtlichen Gemeinschaft, die nicht durch Gesetz bereits anderen Trägern der öffentlichen Verwaltung übertragen sind, ohne besonderen Kompetenztitel anzunehmen („Rastede"-Entscheidung, Universalität des gemeindlichen Wirkungskreises – BVerfG DVBl. 1989, 300 = EKBW GG Art. 28 E 10).

Die Institution der gemeindlichen Selbstverwaltung als solche darf weder beseitigt noch in ihrem Wesensgehalt durch Entziehung von Aufgaben, übermäßige Einflussmöglichkeiten der staatlichen Aufsicht oder Entzug der finanziellen Basis beeinträchtigt werden (StGH VBlBW 1956, 168; StGH VBlBW 1999, 294).
Damit ist der Kernbereich des kommunalen Selbstverwaltungsrechts, also der Bereich „der nicht entfernt werden kann, ohne dass Wesen und Typus der Gemeinde verändert werden", gegen jede Beeinträchtigung gesichert.

Geschützt ist der Wesensgehalt der gemeindlichen Selbstverwaltung, wie er sich historisch entwickelt hat. Alle herkömmlichen Beschränkungen sind daher in der Form der oben genannten Kriterien rechtmäßig.

Beispiele:
– Kommunalaufsicht,
– Genehmigungsvorbehalt bei bestimmten Satzungen.

2. Übergeordnetes öffentliches Interesse

43 Ein übergeordnetes öffentliches Interesse muss die Einschränkung erforderlich machen, zumindest jedoch nach sachgemäßer Abwägung rechtfertigen. Insbesondere greifen zeitlich und sachlich begrenzte, durch das übergeordnete öffentliche Wohl erforderlich gewordene Einschränkungen grundsätzlich in den Wesensgehalt des Selbstverwaltungsrechts noch nicht ein (StGH DÖV 1975, 58 = EKBW LV Art. 71 E 8). Der Gesetzgeber darf den Gemeinden eine örtliche Aufgabe nur aus Gründen des übergeordneten Gemeininteresses, vor allem also dann entziehen, wenn anders die ordnungsgemäße Aufgabenerfüllung nicht sicherzustellen wäre und wenn die den Aufgabenentzug tragenden Gründe gegenüber dem verfassungsrechtlichen Aufgabenverteilungsprinzip des Art. 28 Abs. 2 Satz 1 GG überwiegen (BVerfG DVBl. 1989, 300 = EKBW GG Art. 28 E 10).

Beispiele:
- StGH VBlBW 1968, 9 = EKBW LV Art. 71 E 4: Technische Verwaltung der Kreisstraßen durch staatliche Behörden (kein Verstoß).
- StGH DÖV 1976, 595 = EKBW LV Art. 71 E 10: Beteiligung einer Gemeinde an einem Gemeindeverwaltungsverband (§§ 59 ff.) gegen ihren Willen (kein Verstoß).
- StGH DÖV 1976, 599 = EKBW LV Art. 71 E 11: Übertragung der Erledigungsaufgaben und der Erfüllungsaufgaben (§ 61 Abs. 3 und 4 i. V. m. Abs. 7) auf die erfüllende Gemeinde einer vereinbarten Verwaltungsgemeinschaft (kein Verstoß).
- VGH BW ESVGH 30, 220 = EKBW LV Art. 71 E 14; VB1BW 1987, 30 = EKBW GG Art. 28 E 7; VB1BW 1993, 26 = EKBW GG Art. 28 E 23; BVerwG NVwZ 1993,786 = EKBW GG Art. 28 E 26: Übertragung der Aufnahme und Unterbringung von Asylbewerbern als Pflichtaufgabe (kein Verstoß).
- StGH BWVPr. 1978, 33 = EKBW LV Art. 71 E 12: Abfallbeseitigung, Übertragung auf Gemeindeverbände (kein Verstoß); BVerfG DVBl. 1989, 300 = EKBW GG Art. 28 E 10 (einschränkend).
- VerfGH NRW DVBl.1979, 668: Zuordnung zu bestimmten Datenverarbeitungszentralen (Verstoß).
- BVerwG DÖV 1984, 548: Übertragung Wasserversorgung auf Verbandsgemeinde in Rheinland-Pfalz (kein Verstoß).
- VGH BW DÖV 1988, 649 = EKBW GG Art. 28 E 8; BVerwG EKBW GG Art. 28 E 11: Bindung an die Vergabegrundsätze der Verdingungsordnung für Bauleistungen (VOB/ Teile A und B) gemäß § 31 Abs. 2 GemHVO (kein Verstoß).
- BVerwG NVwZ 1989, 469: Gewährung von zweckgebundenen Finanzzuweisungen nur bei voller Ausschöpfung der eigenen Einnahmequellen (kein Verstoß).
- VGH BW VB1BW 1994, 233 = EKBW DVO LKrO § 1 E 1: Erlass einer Landschaftsschutzverordnung (kein Verstoß).
- BVerfG BWGZ 1995, 43: Verpflichtung zur Einstellung kommunaler Gleichstellungsbeauftragter (kein Verstoß).
- VGH BW VB1BW 1995, 388 = EKBW GG Art. 28 E 2: Planfeststellung eines Restmüllheizkraftwerks (kein Verstoß).
- BVerwG Fundstelle 1997 Rdnr. 469: Beeinträchtigung der Wirtschaftsstruktur durch Autobahnbau (kein Verstoß).
- VGH BW VB1BW 1998, 383 = EKBW GG Art. 28 E 40: Kindergartenaufsicht (kein Verstoß).
- BVerfG NVwZ 1999, 520 = EKBW GG Art. 28 E 41: Unentgeltliche Nutzungsberechtigung an öffentlichen Verkehrswegen nach § 50 Telekommunikationsgesetz (kein Verstoß).
- BVerwG EKBW GG Art. 28 E 44: Die gemeindliche Selbstverwaltungsbefugnis vermittelt ein Abwehrrecht gegenüber erheblichen Beeinträchtigungen gemeindlicher Einrichtungen.

Ob die Voraussetzungen eines übergeordneten öffentlichen Interesses vorliegen, kann nur nach den Umständen des jeweiligen Einzelfalls geprüft und entschieden werden. Das Eingriffsrecht geht z. B. weiter, wenn Maßnahmen zur raschen Behebung außerordentlicher Notstände erforderlich sind. Eingriffe in das Selbstverwaltungsrecht müssen jedoch auch dann stets auf das zeitlich und sachlich unbedingt Notwendige begrenzt werden (BVerfGE 1, 178).
In der neueren Rechtsprechung findet dies wie folgt Ausdruck:

Die verfassungsrechtliche Garantie der kommunalen Selbstverwaltung gewährleistet den Gemeinden nicht nur einen Kernbereich hinreichend gewichtiger Selbstverwaltungsangelegenheiten, sondern schützt auch vor einem sachlich ungerechtfertigten Aufgabenentzug nach Maßgabe des Verhältnismäßigkeitsgrundsatzes (BVerwG DÖV 1984, 164). Der

Schutzbereich der kommunalen Selbstverwaltungsgarantie wird nicht nur durch den Entzug kommunaler Aufgaben berührt, sondern auch dadurch, dass der Gesetzgeber den Kommunen neue Aufgaben als Auftragsangelegenheiten oder als Pflichtaufgaben zuweist. Ein solcher Eingriff ist nur zulässig, wenn und soweit er durch das Gemeinwohl geboten ist (OVG Rh. Pf. DÖV 2001, 601).

IV. Europarecht

Aus dem Europarecht ergeben sich in immer stärkerem Maße rechtliche Vorgaben für die kommunale Selbstverwaltung.
Am 1.9.1988 ist die von den Mitgliedern des Europarates erlassene *Europäische Charta der kommunalen Selbstverwaltung* (BGBl. II 1987, 65) in Kraft getreten. In dieser Charta wird den kommunalen Gebietskörperschaften in Europa das Recht auf Selbstverwaltung zuerkannt. Die Europäische Kommunalcharta setzt erstmals gemeinsame europäische Maßstäbe für die Grundvoraussetzungen eines „Europa der Bürger". Diese Prinzipien sind in der Bundesrepublik in Art. 28 Abs. 2 GG bereits realisiert. Weitaus größere Bedeutung für die Selbstverwaltung der Gemeinden haben die *Verträge der EG* (insbes. der „Maastrichter Vertrag über die Europäische Union"). Das Gemeinschaftsrecht beeinflusst in immer stärkerem Maße die kommunale Eigenständigkeit und die Grundsätze der kommunalen Selbstverwaltung. Dies geschieht insbes. durch Verordnungen, Richtlinien, Entscheidungen, Empfehlungen und Stellungnahmen der Gemeinschaftsorgane der EU, die z. T. in den Mitgliedstaaten unmittelbar gelten, z. T. durch die Mitgliedstaaten in einer bestimmten Frist in nationales Recht umgesetzt werden müssen.

Beispiele:
- Kommunalwahlrecht für Bürger der EU (hierzu Rdnr. 140).
- Öffentliches Auftragswesen (Europaweite Ausschreibung).
- Kommunale Wirtschaftsförderung (grds. Verbot – erlaubt sind nur noch allgemeine Maßnahmen zur Förderung der Infrastruktur).
- Liberalisierung der Märkte (Verbot der Abschottung gegenüber Energieeinfuhren aus anderen EU-Mitgliedstaaten. Die Umsetzung der Binnenmarkt-Richtlinie Elektrizität der EG vom 19.6.1996 wurde durch das Gesetz zur Neuregelung des Energiewirtschaftsrechts – EnWG – umgesetzt).
- Arbeitnehmerfreizügigkeit und Diskriminierungsverbot (Angehörige der EU-Staaten müssen bei Einstellungen in den öffentlichen Dienst gleichbehandelt werden).

Als vorläufigen Abschluss des Europäischen Reformprozesses verabschiedeten die Staats- und Regierungschefs der 27 EU-Mitgliedstaaten am 13.12.2007 in Lissabon den *„Vertrag von Lissabon zur Änderung des Vertrags über die Europäische Union und des Vertrags zur Gründung der Europäischen Gemeinschaft"*, in dem die „kommunale Dimension in Europa" anerkannt und in verschiedenen Passagen zum Ausdruck gebracht wird. In diesem Vertragswerk wird die kommunale Selbstverwaltung erwähnt und damit als Bestandteil der mitgliedstaatlichen Ordnung (Identität) anerkannt. Weiter ist eindeutig klargestellt, dass sich die Geltung des Subsidiaritätsartikels in der EU auch auf die Kommunen und Regionen erstreckt.

Ob die durch Art. 28 Abs. 2 GG gewährleistete kommunale Selbstverwaltung durch das Gemeinschaftsrecht in Frage gestellt werden kann, ist bisher gerichtlich nicht entschieden.

D. Wirkungskreis der Gemeinde

45 Der Wirkungskreis der Gemeinde (§ 2 Abs. 1) ist gekennzeichnet durch den Grundsatz der **Universalität**, der Allzuständigkeit für alle öffentlichen Aufgaben, die im Gebiet der Gemeinde anfallen und dem damit unmittelbar verbundenen Grundsatz der **Einheit der Verwaltung** auf der kommunalen Ebene. Diese Grundsätze bestimmen das Wesen der Gemeinde und ihr Recht auf Selbstverwaltung (Rdnr. 18 ff., 31). Zum Kernbereich des gemeindlichen Selbstverwaltungsrechts als Recht auf einen grundsätzlich alle Angelegenheiten der örtlichen Gemeinschaft umfassenden Aufgabenbereich gehört daher kein gegenständlich bestimmter oder nach feststehenden Merkmalen bestimmbarer Aufgabenkatalog. Zu ihm gehört aber die als „Befassungskompetenz" bezeichnete Befugnis, sich aller Angelegenheiten der örtlichen Gemeinschaft anzunehmen, die nicht durch Gesetz bereits anderen Trägern öffentlicher Verwaltung übertragen sind (BVerfG DVBl. 2003, 919).

Für den **Landkreis** gilt eine subsidiäre Universalität. Er ist zuständig für alle Aufgaben, die die Leistungskraft der Gemeinde übersteigen.

I. Aufteilung

46 Die Aufgaben der öffentlichen Verwaltung auf Gemeindeebene werden als Einheit angesehen. Es gibt keine Unterscheidung in staatliche und kommunale Aufgaben; unterschieden wird nur nach weisungsfreien und weisungsgebundenen Aufgaben.

Vor Inkrafttreten der GemO galt die herkömmliche Aufteilung der Aufgaben in **Selbstverwaltungs- und Auftragsangelegenheiten**. Nur bei den Selbstverwaltungsaufgaben wurde die Gemeinde unter eigener Verantwortung tätig. Bei den Auftragsangelegenheiten hatte der Staat dagegen stets ein unbeschränktes Weisungsrecht, also neben der Gesetzmäßigkeits- auch die Zweckmäßigkeitskontrolle (Fachaufsicht).
Die Aufteilung in Selbstverwaltungsaufgaben und Auftragsangelegenheiten wird in Baden-Württemberg nicht mehr vorgenommen. In Anknüpfung an den sog. „Weinheimer Entwurf" einer Deutschen Gemeindeordnung von 1948 verließ Baden-Württemberg diesen Aufgabendualismus und führte eine monistische Aufgabenstruktur ein. Grundgedanke hierbei war, dass – im Gegensatz zu verschiedenen anderen Bundesländern (Bayern, Niedersachsen, Rheinland-Pfalz, Saarland) – Staats- und Selbstverwaltung Äußerungsformen derselben demokratischen Ordnung sind. Sie entstammen der einheitlichen Wurzel der vom Volk ausgehenden Staatsgewalt und werden daher als **Einheit** angesehen.

Gemäß § 2 Abs. 1 verwaltet die Gemeinde grundsätzlich alle Aufgaben im Rahmen der Gesetze unter eigener Verantwortung, d. h. ohne Weisungsrecht des Staates. Ausnahmen von diesem Grundsatz bedürfen eines Gesetzes. Verpflichtet der Gesetzgeber die Gemeinde zur Erfüllung bestimmter Aufgaben (Pflichtaufgaben, § 2 Abs. 2), kann darin ein aufsichtsbehördliches Weisungsrecht vorbehalten werden (Weisungsaufgaben, § 2 Abs. 3). Auch bei Pflichtaufgaben, den früheren Auftragsangelegenheiten, besteht daher grundsätzlich kein staatliches Weisungsrecht (Fachaufsicht) mehr. Das Gesetz muss dieses Weisungsrecht ausdrücklich vorsehen und seinen Umfang bestimmen. Die früheren Auftragsangelegenheiten wurden durch § 130 in „Weisungsaufgaben" umbenannt.

II. Aufgabenarten

Die öffentlichen Aufgaben der Gemeinde werden unterschieden in

Weisungsfreie Aufgaben (früher Selbstverwaltungsaufgaben)		Weisungsaufgaben Früher Auftragsangelegenheiten		
Freiwillige Aufgaben (§ 2 Abs. 1 GemO)	Pflichtaufgaben ohne Weisung (§ 2 Abs. 2 GemO)	Pflichtaufgaben nach Weisung (§ 2 Abs. 3 GemO)	Aufgaben der unteren Verwaltungsbehörde (§§ 15–19 LVG)	Bundesauftragsangelegenheiten (einzelne Bundesgesetze, § 129 Abs. 3 GemO)
Gemeindliche Aufgaben		Staatliche Aufgaben		
grds. Zuständigkeit des Gemeinderats (Ausnahmen: Geschäfte der laufenden Verwaltung; vom Gemeinderat auf Ausschüsse oder Bürgermeister übertragene Aufgaben)		grds. Zuständigkeit des Bürgermeisters (Ausnahme: Gemeinderat ist sondergesetzlich bestimmt)		
Satzungsrecht nach § 4 GemO (Generalermächtigung); bei Eingriffe in Freiheit und Eigentum Spezialermächtigung notwendig		Satzungsrecht nur bei Spezialermächtigung		
Rechtsaufsicht (§§ 118 Abs. 1, 119 ff. GemO)		Fachaufsicht (§§ 118 Abs. 2, 129 GemO)		
kein Weisungsrecht		Weisungsrecht (gesetzlich geregelt)	Weisungsrecht (grds. unbeschränkt)	
Klagebefugnis nach § 125 GemO		Grds. keine Klagebefugnis (Ausnahme: Streit um das Bestehen oder den Umfang des Weisungsrechts)		

1. Weisungsfreie Aufgaben

48 Für alle öffentlichen Aufgaben im örtlichen Bereich, gleichgültig, ob ihre Erfüllung im örtlichen oder überörtlichen Interesse liegt, gilt die Vermutung, dass die Gemeinde Art und Umfang der Erfüllung unter eigener Verantwortung bestimmt – Weisungsfreie Aufgaben (Art. 71 LV, § 2 Abs. 1).

Die Aufsicht beschränkt sich hier auf eine reine Gesetzmäßigkeitskontrolle ohne Überprüfung der Zweckmäßigkeit (Art. 75 Abs. 1 LV, § 118 Abs. 1).

Die weisungsfreien Aufgaben sind **Selbstverwaltungsaufgaben** i. S. des Art. 28 Abs. 2 GG. Sie werden unterteilt in freiwillige Aufgaben und weisungsfreie Pflichtaufgaben.

49 a) **Freiwillige Aufgaben.** Aufgrund der genannten Bestimmungen wird weiterhin vermutet, dass es sich um freiwillige weisungsfreie Aufgaben der Gemeinde handelt. Die Gemeinde entscheidet frei darüber, welche Aufgaben sie zur Förderung des gemeinsamen Wohls ihrer Einwohner erfüllen will (§ 1 Abs. 2). Sie entscheidet nicht nur darüber, „*WIE*" sie eine Aufgabe erledigen, sondern auch „*OB*" sie diese Aufgabe überhaupt in Angriff nehmen will.

Beispiele:
- kulturelle Einrichtungen (Bücherei, Museum, Theater, Volkshochschule, Musikschule)
- sportliche Einrichtungen (Hallenbad, Freibad, Sportplatz, Sporthalle)
- soziale Einrichtungen (Jugendhaus, Altenheim, Pflegeheim)
- Erholungseinrichtungen (Wanderweg, Grün- und Parkanlage)
- Versorgungseinrichtungen (Fernwärme, Strom, Gas, Wasser)
- Verkehrseinrichtungen (Flugplatz, Hafen, Personennahverkehr)
- Wirtschaftsförderung (Fremdenverkehr, Industrieansiedlung)
- Städtepartnerschaften

50 b) **Pflichtaufgaben ohne Weisung.** Jeder Ausschluss der eigenverantwortlichen freiwilligen Verwaltung öffentlicher Aufgaben bedarf eines Gesetzes (Eingriff in das Selbstverwaltungsrecht). Um die Erfüllung bestimmter wichtiger Aufgaben in allen Gemeinden sicherzustellen, kann der Gemeinde die Freiheit der Entscheidung darüber genommen werden, ob sie diese Aufgabe in Angriff nehmen will. Die Erfüllung kann zur Pflicht gemacht werden – Pflichtaufgaben (§ 2 Abs. 2). Dabei kann die Verpflichtung **unbedingt** (= Aufgabe muss in jedem Fall erfüllt werden) oder **bedingt** (= Aufgabe ist bei Bedarf und unter bestimmten Voraussetzungen zu erfüllen) sein. Pflichtaufgaben können nur durch formelles Gesetz (also z. B. nicht durch Rechtsverordnung – Ausnahme: § 129 Abs. 4; oder durch eine Verwaltungsvorschrift des Landes VG Stuttgart VBlBW 1999, 154 = EKBW Art. 71 E 18/1) auferlegt werden; ein Weisungsrecht ist damit nicht verbunden. Die Pflichterfüllung kann durch die Kommunalaufsicht mit den Mitteln der **Rechtsaufsicht** erzwungen werden. Dabei behält die Gemeinde die Freiheit über das „*WIE*", also über die Art der Erledigung selbst zu entscheiden. Es handelt sich daher um weisungsfreie Pflichtaufgaben.

Der Einwohner hat jedoch grundsätzlich keinen Anspruch gegenüber der Gemeinde, dass diese ihre Pflichtaufgaben erfüllt (BayVGH BayVBl. 1961, 283). Die Pflicht zur Aufgabenerfüllung schließt die Verpflichtung ein, die erforderlichen Dienstkräfte, Einrichtungen sowie Mittel im Haushaltsplan bereitzustellen.
Werden den Gemeinden neue Pflichtaufgaben auferlegt, sind durch den Gesetzgeber Bestimmungen über die Deckung der Kosten zu treffen. Bei Mehrbelastung ist ein finanzieller Ausgleich zu schaffen (Art. 71 Abs. 3 LV, § 2 Abs. 2). Bestimmungen zur Kostendeckung und zum Mehrlastenausgleich sind aber nur dann erforderlich, wenn den Gemeinden „neue" Aufgaben übertragen werden, d. h. es muss zuvor ein anderer Verwaltungsträger zuständig gewesen sein (BVerfG NVwZ 2008, 183, 185, § 44b SGB II). Wenn vorhandene Aufgaben sich lediglich erheblich verteuern, führt dies zu keinem Mehrlastenausgleich. Auch bei bundesgesetzlicher Übertragung von Aufgaben auf Gemeinden findet der Mehrlastenausgleich des Art. 71 Abs. 3 LV keine Anwendung (StGH VBlBW 1994, 52 = EKBW LV Art. 71 E 18; BWGZ 1999, 530 = EKBW LV Art. 71 E 21). Die Bestimmungen zur Kostendeckung und zum Mehrlastenausgleich sind in sachlichem und zeitlichem Zusammenhang mit der Aufgabenübertragung zu treffen. Diese Bestimmungen sind auf der Grundlage einer Prognose zu treffen; sie sind nicht allein deshalb verfassungswidrig, weil sich eine fehlerfrei erstellte Prognose später nicht bewahrheitet (StGH Die Gemeindekasse 1999 Rdnr. 1 = EKBW LV Art. 71 E 20). Der Gesetzgeber hat einen erheblichen Gestaltungsspielraum (zur Gesamtproblematik: VerfGH NRW DVBl. 1985, 685; StGH VBlBW 1994, 52 = EKBW LV Art. 71 E 18). Er ist z. B. im Rahmen der Kostenausgleichsregelung nicht daran gehindert, ein Kostenerstattungskonzept zu verfolgen, welches Anreize für eine sparsame Aufgabenwahrnehmung gibt und dadurch eine Kosten senkende Wirkung entfaltet (VerfG Brandenburg DÖV 2002, 522).

Beispiele:
- Anlegung von Friedhöfen (§ 1 Bestattungsgesetz)
- Kindergärten (§ 3 Kindergartengesetz)
- Vatertierhaltung (§ 20 Tierzuchtgesetz i. V. m. § 13 TierzuchtDVO)
- Unterhaltung und Ausbau Gewässer zweiter Ordnung (§§ 46, 49, 63 Wassergesetz)
- Einrichtung und Fortführung öffentlicher Schulen, Kostentragung für Lernmittel (§ 48 Schulgesetz)
- Einrichtung und Nutzbarmachung von Archiven (§ 7 Landesarchivgesetz)
- Erhebung der Fehlbelegungsabgabe (Gesetz über den Abbau der Fehlsubventionierung im Wohnungswesen)
- Verwaltung örtlicher Stiftungen (§ 101 GemO)
- Erschließungspflicht (§ 123 BauGB; BVerwG BauR 1982, 33; VGH BW VBlBW 1982, 301; VGH BW Fundstelle 1984 Rdnr. 534; BVerwG NVwZ 1993, 1102)
- Bauleitplanung (§ 2 BauGB)
- Feuerwehrwesen (§ 3 Feuerwehrgesetz)
- Straßenbaulast (§§ 9, 43 ff. Straßengesetz)
- Verkehrssicherung (§ 41 Straßengesetz)
- Bürgeranhörung bei Grenzänderungen (§ 8 GemO)
- Abfallentsorgung für Stadtkreise (§ 6 Landesabfallgesetz)

- Sozial- und Jugendhilfe für Stadtkreise (§§ 3, 97 ff. SGB XII, § 1 LKJHG)
- Aufnahme und Unterbringung von Asylbewerbern (§ 13 FlüAG)
- Einstellung der zur Erfüllung der Aufgaben der Gemeinde erforderlichen geeigneten Beamten, Angestellten und Arbeiter (§ 56 Abs. 1 GemO)
- Prüfung von automatisierten Verfahren zur Abwicklung von Vorgängen der Haushalts-, Kassen- und Rechnungsführung, der Wirtschaftsführung und des Rechnungswesens sowie der Vermögensverwaltung der Gemeinden und ihrer Sonder- und Treuhandvermögen (§ 114a GemO)

2. Weisungsaufgaben

51 Nach § 2 Abs. 3 können der Gemeinde Pflichtaufgaben zur Erfüllung nach Weisung auferlegt werden – Weisungsaufgaben. Sie verliert damit die Möglichkeit, sowohl über das „OB" als auch über das „WIE" selbst zu entscheiden. Die Weisungsaufgaben sind inhaltlich mit den früheren Auftragsangelegenheiten vergleichbar. Im Unterschied zum früheren Recht muss jedoch nunmehr das Weisungsrecht als solches, wie auch sein Umfang gesetzlich festgelegt werden. Die Weisungsaufgaben gehören auch zum gemeindlichen Wirkungskreis. Es handelt sich dabei aber nicht um Selbstverwaltungsaufgaben im herkömmlichen Sinn. Sie werden zwar von der Gemeinde in ihrer Eigenschaft als Träger der kommunalen Selbstverwaltung wahrgenommen, liegen aber außerhalb der institutionell geschützten Selbstverwaltungsgarantie (BVerfGE 78, 331, 341; StGH DÖV 1976, 595 = EKBW LV Art. 71 E 10). Da es sich bei den Weisungsaufgaben ebenfalls um Pflichtaufgaben handelt, können sie gleichermaßen nur durch formelles Gesetz auferlegt werden. Das Gesetz muss den Umfang des Weisungsrechts bestimmen (Ausnahme: § 129 Abs. 3 und 4).

Bei den Weisungsaufgaben steht der Aufsichtsbehörde nicht nur eine Gesetzmäßigkeits-, sondern auch eine Zweckmäßigkeitskontrolle zu (Fachaufsicht Art. 75 LV, § 118 Abs. 2). Auf die Zweckmäßigkeit kann z. B. in Form von allgemeinen oder auch Einzelanweisungen eingewirkt werden. Einzelne Weisungsformen können durch die gesetzliche Regelung des Weisungsrechts ausgeschlossen sein.
Den Einwohnern steht kein Erfüllungsanspruch zu.
Die Bereitstellung des für die Erfüllung der Weisungsaufgaben notwendigen Personals, der Verwaltungseinrichtungen sowie der haushaltsplanmäßigen Mittel bleibt eine weisungsfreie Pflichtaufgabe (HessVGH DÖV 1959, 93).

Auch wenn den Gemeinden neue weisungsgebundene Pflichtaufgaben auferlegt werden, sind durch den Gesetzgeber Bestimmungen über die Deckung der Kosten zu treffen. Dies geschieht üblicherweise durch Verweis auf den Finanzausgleich. Bezifferbare Ansprüche hat die Rechtsprechung den Gemeinden insoweit bisher nicht zugebilligt (StGH VBlBW 1973, 9 = EKBW LV Art. 73 E 1; VerfGH NRW DVBl. 1985, 685; StGH VBlBW 1994, 52 = EKBW LV Art. 71 E 18).
Die Erledigung der Weisungsaufgaben liegt gemäß § 44 Abs. 3 in der ausschließlichen Zuständigkeit des Bürgermeisters, soweit gesetzlich nichts anderes bestimmt ist.

Satzungsrecht der Gemeinde   **52, 53**

Beispiele:
- Aufgaben der Ortspolizeibehörde
- Meldewesen und Statistik
- Mitwirkung bei Wahlen zum Bundes- und Landtag sowie Europäischen Parlament
- Eine besondere Gruppe von Weisungsaufgaben sind die den Stadtkreisen und Großen Kreisstädten übertragenen Aufgaben der Unteren Verwaltungsbehörde (§ 15 LVG). Das Weisungsrecht ist hier unbeschränkt (§ 25 Abs. 3 LVG).
- Auch die allen oder einzelnen Gemeinden übertragenen Einzelaufgaben der unteren staatlichen Verwaltungsebene (z. B. Zuständigkeit als untere Baurechtsbehörde, Aufgaben nach dem Gaststättengesetz, Passgesetz) sind Weisungsaufgaben.
- Eine besondere Gruppe von Weisungsaufgaben sind die vom Landkreis aufgrund gesetzlicher Ermächtigung an kreisangehörige Gemeinden **delegierte Aufgaben**, wie z. B. Aufgaben nach dem SGB XII, die für den Landkreis weisungsfreie Pflichtaufgaben sind.

3. Sonderfall: Bundesauftragsangelegenheiten

Den Begriff der Auftragsangelegenheiten kennt die GemO nicht mehr (Überleitungsvorschrift § 130). Dennoch kann der Bund nach Art. 85 Abs. 1 GG unmittelbar oder über die Länder auf die Gemeinde sog. Auftragsangelegenheiten übertragen (BVerwG DÖV 1982, 826). Bei diesen Auftragsangelegenheiten steht dem Bund ein unbeschränktes Weisungsrecht zu (vgl. auch § 129 Abs. 3). Auch die Bundesauftragsangelegenheiten als Sonderform der „übertragenen staatlichen Aufgaben" unterliegen nicht der institutionell geschützten Selbstverwaltungsgarantie des Art. 28 Abs. 2 GG.
Auf die Übertragung öffentlicher Aufgaben auf Gemeinden und Gemeindeverbände durch Bundesgesetz ist Art. 71 Abs. 3 Satz 3 LV (Finanzieller Ausgleich für Mehrkosten) auch nicht analog anwendbar (StGH VBlBW 1994, 52 = EKBW LV Art. 71 E 18; BWGZ 1999, 530 = EKBW LV Art. 71 E 21).   **52**

Beispiele für in Bundesgesetzen geregelte Aufgaben:
- Wehrerfassung
- Zivilschutz
- Katastrophenschutz

E. Satzungsrecht der Gemeinde

I. Allgemeines

Die Gemeinde kann weisungsfreie Angelegenheiten durch Satzung regeln, soweit die Gesetze keine Vorschriften enthalten. Sie kann auch bei Weisungsaufgaben Satzungen erlassen, wenn dies gesetzlich ausdrücklich vorgesehen ist (§ 4 Abs. 1). Der Gemeinde steht damit das Recht zu, für den örtlichen Bereich Recht im objektiven Sinn zu setzen *(Satzungsautonomie)*. Dieses bereits durch Art. 28 Abs. 2 GG und Art. 71 LV gewährleistete Recht gehört zum Kernbestand des Kommunalen Selbstverwaltungsrechts (VGH BW DÖV 2005, 433, zu Art. 71 LV).   **53**

1. Satzungsbegriff

54 Satzungen sind Rechtsvorschriften, die von einer dem Staat eingeordneten juristischen Person des öffentlichen Rechts im Rahmen der ihr gesetzlich verliehenen Autonomie (Rechtssetzungsbefugnis, Satzungsrecht) mit Wirksamkeit für die ihr angehörigen und unterworfenen Personen erlassen werden (BVerfGE 10, 20, 49 ff.).
Satzungen sind Rechtsnormen, die aus formellen Gesetzen abgeleitet sind. Aufgabe gemeindlicher Satzungen ist es in erster Linie, allgemein geltende Rechtssätze für die Einwohner und Bürger zu schaffen. Insoweit sind sie **Gesetz im materiellen Sinn**. Ausnahmen hiervon sind verwaltungsinterne Organisationsnormen, wie Hauptsatzung und Haushaltssatzung. Letztere hat nur insoweit allgemein verbindliches Recht zum Inhalt, als sie Steuersätze festlegt. Soweit Satzungen kein objektives, Dritte bindendes Recht enthalten, kann man von **Satzungen im formellen Sinn** sprechen.

Daneben können die Gemeinden im Rahmen landesrechtlicher Bestimmungen zum Erlass von Rechtsverordnungen ermächtigt werden (z. B. §§ 10 ff. PolG, §§ 1, 11 GaststättenVO; § 28 Abs. 2 Wassergesetz). **Örtliches Gewohnheitsrecht** (Observanzen), das als ungeschriebenes Recht früher häufig die öffentlichen Pflichten der Einwohner bestimmte, ist heute bedeutungslos.

Die Satzungen, gemeindliche Rechtsverordnungen und gegebenenfalls Observanzen bilden zusammen das **Ortsrecht**. In der für Satzung in der Gemeinde bestimmten Form werden auch Rechtsverordnungen der Gemeinde öffentlich bekanntgegeben (§ 5 VerkG BW). Ortsrecht wird oft in eigenen örtlichen Sammlungen zusammengefasst, dies erleichtert die Übersicht über die geltenden örtlichen Bestimmungen, ist jedoch rechtlich nicht konstitutiv.

2. Ermächtigung

55 Die Ermächtigung zum Erlass von Satzungen steht verfassungsrechtlich unter dem Vorbehalt des Gesetzes (Art. 20 Abs. 3 GG). Durch die Gemeindeordnung (§ 4 Abs. 1) ist diese Ermächtigung allgemein für den Bereich der weisungsfreien Aufgaben (freiwillige Aufgaben und weisungsfreie Pflichtaufgaben) ausgesprochen.
Die generelle Ermächtigung enthält allerdings nicht die Befugnis zu Eingriffen in die Grundrechtssphäre (z. B. in Freiheit und Eigentum); hierzu bedarf es dem Rechtsstaatsprinzip entsprechend vielmehr einer **besonderen Ermächtigungsgrundlage** (Art. 19 Abs. 1 GG, Art. 58 LV; VGH BW VBlBW 1962, 11 = EKBW GemO § 11 E 2; BWGZ 1993, 83 = EKBW LKrO § 3 E 1; BVerfG NJW 1998; 2341; BVerwGE 90, 359, 362 f.; BVerwG NJW 1983, 577).
Das allgemeine Recht zum Erlass von Satzungen gestattet es den Gemeinden auch dann nicht ohne besondere Rechtsgrundlage in Grundrechte ihrer Bürger einzugreifen, wenn nicht spezifisch örtliche, gerade nur diese Gemeinde betreffende Vorgänge geregelt werden (BayVGH DVBl. 1992, 717 – zum Verbot von Einwegverpackungen; BVerwG NJW 1993, 411; BVerwG NVwZ 2006, 691).

Satzungsrecht der Gemeinde **56**

Beispiele für besondere Ermächtigungsgrundlagen:
- Bebauungsplan (§ 10 BauGB)
- Abgabesatzungen (§ 2 KAG)
- Steuerfindungsrecht (§ 9 Abs. 4 KAG)
- Erschließungsbeitragssatzung (§ 132 BauGB)
- Anschluss- und Benutzungszwang (§ 11 GemO)
- Baumschutzsatzung (§ 25 Naturschutzgesetz)
- Besonderes Vorkaufsrecht (§ 25 BauGB)
- Haushaltssatzung (§ 79 GemO)
- Friedhofssatzung (§ 15 Bestattungsgesetz)
- Sondernutzungsgebührensatzung (§ 19 Straßengesetz)
- Reinigungs- und Streupflichtsatzung (§ 41 Abs. 2 Straßengesetz)
- Abfallbeseitigung (§ 10 Landesabfallgesetz)
- Jugendhilfeausschuss (§ 1 LKJHG)
- Abwassersatzung (§ 45b Abs. 4 Wassergesetz)

Eine Ausnahme gilt dann, wenn belastende Satzungsbestimmungen als Annex begünstigender Regelungen erscheinen und so die Begünstigung in ihrem Inhalt und Umfang erst konstituieren und näher ausgestalten (z. B. Bademützenzwang – VGH BW BWVPr. 1975, 227 = EKBW GemO § 10 E 14; DÖV 1978, 569 = EKBW GemO § 10 E 18). Hier reicht die „Generalermächtigung" der Gemeindeordnung (§ 4 Abs. 1).
Für den Bereich der **Weisungsaufgaben** bedarf es stets einer Spezialermächtigung (§ 4 Abs. 1 Satz 2 – z. B. örtliche Bauvorschriften nach § 74 LBO). Nach Art. 80 Abs. 1 Satz 2 GG und Art. 61 Abs. 1 Satz 2 LV sind in der Ermächtigungsnorm zum Erlass von **Rechtsverordnungen** Inhalt, Zweck und Ausmaß der erteilten Ermächtigung anzugeben. Diese Ermächtigungsnormen sind in der Rechtsverordnung ausdrücklich zu nennen (**Zitiergebot**). Beim Erlass von Satzungen sind diese Regelungen nicht – auch nicht entsprechend – anwendbar. Die Ermächtigung der Gemeindeordnung ebenso wie diejenige anderer Gesetze zum Erlass von Satzungen dient nicht der Verwirklichung eines vom Gesetzgeber vorzuzeichnenden „Programms", wie dies bei Rechtsverordnungen der Fall ist. Beim Erlass einer Satzung hat die Gemeinde selbst über Inhalt, Zweck und Ausmaß der zu treffenden Regelung zu entscheiden (BVerwG DÖV 1958, 581 = EKBW GemO § 4 E 1; BVerwG NVwZ 1997, 573, 574; VGH München, Urteil vom 4.4.2006, 4 N 04.2798). Es ist daher z. B. rechtlich unschädlich, wenn die Präambel einer Satzung nicht die richtige oder gar keine Ermächtigungsnorm angibt (**kein Zitiergebot beim Erlass von Satzungen** – BVerwGE 18, 324; VGH BW WGZ 1962, 325 = EKBW GemO § 4 E1/1; BWVPr. 1975, 227 = EKBW GemO § 10 E14; unrichtige Ermächtigungsnorm BayVGH VerwRspr. 15, 596; HessVGH BWVPr. 1980, 65). Unwirksam sind Satzungen allerdings dann, wenn sie ihre Ermächtigungsnorm überschreiten oder sie ohne Ermächtigung ergehen, aber eine besondere Einräumung des Satzungsrechts durch den Gesetzgeber notwendig gewesen wäre (z. B. bei Weisungsaufgaben).

3. Vorrang des Gesetzes

Nach ausdrücklicher Regelung in § 4 Abs. 1 besteht die Befugnis zum Erlass **56** von Satzungen nur, **soweit die Gesetze keine Vorschriften** enthalten. Satzungen dienen also lediglich der Ergänzung und Ausfüllung gesetzlicher „Freiräume".

Unschädlich ist allerdings, wenn gesetzliche Regelungen in Satzungen wiederholt werden, was möglicherweise zur besseren Verständlichkeit sinnvoll sein kann. Derartige Wiederholungen erzeugen jedoch keine besondere satzungsgemäße Verbindlichkeit (BVerwGE 7, 312). Selbstverständlich dürfen Satzungen gegen geltende Gesetze und Verordnungen nicht verstoßen (Vorrang des Gesetzes) (Art. 20 Abs. 3 GG, BVerfGE 40, 348 f.; 111, 330 f.).

II. Geltungsbereich

1. Sachlicher Geltungsbereich

57 Satzungen dürfen nach der Generalermächtigung der Gemeindeordnung nur im **weisungsfreien Bereich** erlassen werden. Für den Erlass von Satzungen im weisungsgebundenen Bereich bedarf es einer Spezialermächtigung (Rdnr. 55). Satzungen können grundsätzlich nur **öffentlich-rechtliche** Rechtsfragen regeln. Ausnahmen bedürfen ebenfalls einer speziellen gesetzlichen Ermächtigung (z. B. §§ 15, 28 und 29 Nachbarrechtsgesetz).
Als Rechtsnorm dürfen Satzungen grundsätzlich auch nur allgemeine Regelungen in abstrakten Tatbeständen enthalten. Nur in Ausnahmefällen können sie auch Einzelfälle regeln (z. B. Bebauungsplan nach §§ 10, 12 BauGB; BVerwG DVBl. 1969, 276).

2. Räumlicher Geltungsbereich

58 Der räumliche Geltungsbereich einer Ortssatzung ist grundsätzlich beschränkt auf das Gemeindegebiet (Gebietshoheit). Das Gesetz über kommunale Zusammenarbeit (GKZ) gibt die Möglichkeit einer Ausdehnung (öffentlich-rechtliche Vereinbarung nach § 26 Abs. 1 GKZ). Sonstige einzelne Sonderfälle sind denkbar. Betreibt eine Gemeinde zum Beispiel am Bodensee einen Sportboothafen als öffentliche Einrichtung aufgrund einer wasserrechtlichen Genehmigung der hierfür zuständigen Behörde, so darf sie zur Sicherstellung der in der Genehmigung enthaltenen Auflagen und Bedingungen die hierfür erforderlichen Regelungen durch eine Satzung auch insoweit treffen, als sich die zur öffentlichen Einrichtung gehörenden Anlagen über das Gemeindegebiet hinaus erstrecken und in den Bodensee als gemeindefreies Gebiet hinein reichen (VGH BW VBlBW 1998, 58 = EKBW GemO § 10 E 83; BVerwG NVwZ 1998, 952; BVerwG NVwZ 2005, 958).
Zulässig ist die Einschränkung der Satzung auf einen Teil des Gemeindegebiets, bestimmte Gruppen von Grundstücken oder bestimmte Einwohnerkreise (z. B. § 10 Abs. 3). Die Beschränkung muss aber in der Satzung selbst geregelt sein und darf nicht gegen das verfassungsrechtliche Gebot der Gleichbehandlung (Art. 3 Abs. 1 GG) verstoßen.

Bei Grenzänderungen gilt das bisherige Ortsrecht – mit Ausnahme der Hauptsatzung – fort, bis es durch neues Ortsrecht ersetzt wird oder aus anderen Gründen außer Kraft tritt. Eine Anpassung hat aber innerhalb von drei bis fünf Jahren zu erfolgen (VGH BW BWVPr. 1976, 250 = EKBW GemO § 4 E 4; BWVPr. 1980, 118).

In der Regel gelten Satzungen für alle natürlichen (Einwohner) und juristischen Personen im Gemeindegebiet. Ihre Rechtswirkungen können sich auf Auswärtige erstrecken, wenn es sich um Tatbestände handelt, die innerhalb des Gemeindegebiets verwirklicht werden (z. B. Regelung der Bestattung Auswärtiger in einer Friedhofsatzung).

Auch die Gemeinde selbst ist an ihre Satzungen gebunden. Sie kann ihre Satzung nicht ohne Durchführung eines Verfahrens zur Aufhebung der Satzung für ungültig erklären (keine *Inzident-Verwerfungskompetenz;* OVG Saarland NVwZ 1990, 172).

3. Zeitlicher Geltungsbereich

Die zeitliche Geltung einer Satzung ergibt sich in der Regel aus der Satzung selbst. **59**

a) **Inkrafttreten.** Aus rechtsstaatlichen Gründen kann eine Satzung, wie jede **60** andere Rechtsnorm auch, erst nach der öffentlichen Bekanntmachung in Kraft treten (§ 4 Abs. 3). Satzungen treten in Kraft
– zu dem gesetzlich bestimmten Zeitpunkt (z. B. § 79 Abs. 3 – Haushaltssatzung),
– zu dem in der Satzung selbst bestimmten Zeitpunkt und
– wenn kein Zeitpunkt bestimmt ist, am Tag nach der Bekanntmachung.

b) **Rückwirkung.** Der rückwirkende Erlass einer Satzung ist bei **begünstigenden** **61** Regelungen unproblematisch.
Der rückwirkende Erlass **belastender** Rechtsnormen ist dagegen aus rechtsstaatlichen Gründen nicht in allen Fällen zulässig.
Von zentraler Bedeutung für die Zulässigkeit ist dabei die Unterscheidung zwischen echter und unechter Rückwirkung.

Eine **echte Rückwirkung** liegt vor, „wenn das Gesetz (die Satzung) nachträglich **62** ändernd in bereits abgewickelte, der Vergangenheit angehörende Tatbestände eingreift" (BVerfGE 57, 361, 391; 68, 287, 306; BVerwG NVwZ 2008, 89).
Nach der ständigen Rechtsprechung des BVerfG sind belastende Gesetze, die abgeschlossene Tatbestände rückwirkend erfassen, regelmäßig unvereinbar mit dem Rechtsstaatsprinzip, zu dessen wesentlichen Elementen die Rechtssicherheit und der Vertrauensschutz gehören (BVerfGE 13, 261, 271 f.; 18, 135, 142; 30, 272, 285; 30, 367, 387; 32, 111, 122 f.; VGH BW KStZ 1985, 94). Insbesondere Abgabengesetze dürfen grundsätzlich nur solche Tatbestände erfassen, die erst nach ihrer Verkündung eintreten oder sich verändern (BVerfGE 30, 392, 401). Ein gesetzlicher Eingriff mit (echter) Rückwirkung ist aber **ausnahmsweise zulässig,** wenn das Vertrauen auf eine bestimmte Rechtslage sachlich nicht gerechtfertigt und daher nicht schutzwürdig ist.

Das ist insbesondere der Fall
– wenn der Bürger nach der rechtlichen Situation in dem Zeitpunkt, auf den der Eintritt der Rechtsfolge vom Gesetz zurückbezogen wird, mit dieser Regelung rechnen musste,

- wenn das geltende Recht unklar und verworren oder lückenhaft ist oder in dem Maße systemwidrig und unbillig, dass ernsthafte Zweifel an seiner Verfassungsmäßigkeit bestehen,
- wenn der Bürger sich nicht auf den durch eine ungültige Norm erzeugten Rechtsschein verlassen darf,
- wenn den Betroffenen durch die rückwirkende Norm kein oder nur ganz unerheblicher Schaden zugefügt wird,
- wenn zwingende Gründe des Gemeinwohls, die dem Gebot der Rechtssicherheit übergeordnet sind, eine Rückwirkungsanordnung rechtfertigen.

Dem entspricht es, dass nach der ständigen Rechtsprechung der Verwaltungsgerichte die rückwirkende Änderung einer Abgabensatzung, insbesondere Erschließungsbeitragssatzung, zulässig ist, wenn die Rückwirkung dazu dienen soll, eine ungültige oder in ihrer Gültigkeit zweifelhafte Satzung zu ersetzen (BVerwGE 50, 2; VGH BW VB1BW 1983, 274; Urteil vom 5.4.1984 – 2 S 45/83 –). Das BVerfG verlangt bei rückwirkenden Abgabensatzungen, dass die Belastung für den Betroffenen voraussehbar, messbar und berechenbar war (BVerfGE 7, 129; BVerfGE 8, 274).

63 Unechte Rückwirkung liegt vor, wenn eine Norm „nur auf gegenwärtige, noch nicht abgeschlossene Sachverhalte und Rechtsbeziehungen für die Zukunft einwirkt und damit zugleich die betroffenen Rechtspositionen nachträglich beeinträchtigt" bzw. „ganz oder teilweise entwertet" (BVerfGE 11, 139, 145 f.; BVerfGE 68, 287, 306 f.; BVerwG NVwZ 2008, 89 „Vergnügungssteuer"). Eine unechte Rückwirkung ist grundsätzlich zulässig. Auch bei der unechten Rückwirkung ist jedoch Voraussetzung, dass der Vertrauensschutz des Betroffenen nicht entgegensteht.

64 Hauptsatzung und Satzung über die öffentliche Bekanntmachung können nicht rückwirkend erlassen werden.
Für das rückwirkende Inkrafttreten der **Haushaltssatzung** und die Festlegung der **Hebesätze für die Realsteuern** gelten die besonderen gesetzlichen Regelungen der §§ 79 Abs. 3 und 82 Abs. 1 i. V. m. den Vorschriften des § 25 Abs. 3 GrStG und § 16 Abs. 3 GewStG.

65 c) **Außerkrafttreten.** In der Regel gilt eine Satzung unbefristet. Sie kann außer Kraft gesetzt werden durch
- Ablauf der im Gesetz oder in der Satzung festgelegten Geltungsdauer (z. B. Haushaltssatzung – § 79 Abs. 3),
- Aufhebung (Aufhebungs- oder Erstreckungssatzung; Erlass neuer, entgegenstehender oder ranghöherer Rechtsnormen),
- nachträgliche Feststellung der Nichtigkeit (abstrakte Normenkontrolle – § 47 Abs. 1 Nr. 1 und 2 VwGO i. V. m. § 4 AGVwGO),
- Wegfall des geregelten tatsächlichen Sachverhalts (z. B. Wegfall einer Gemeinde durch Eingliederung).

War für das Inkrafttreten eine Genehmigung der Rechtsaufsichtsbehörde erforderlich, ist dies für das Außerkrafttreten wiederum erforderlich.

III. Satzungsarten

66 Grundsätzlich liegt es im Ermessen der Gemeinde, ob und inwieweit sie (von der Ermächtigung zum Erlass von Satzungen Gebrauch machen will (**Kannsatzungen**). In gewissen Fällen besteht jedoch nach der GemO und anderen Rechtsnormen eine Verpflichtung zu ihrem Erlass (**Pflichtsatzungen**). Dabei ist zu unterscheiden in Satzungen, die von jeder Gemeinde zu erlassen sind (**unbedingte Pflichtsatzungen**, z. B. Entschädigungssatzung – § 19 Abs. 1, Haushaltssatzung – § 79 Abs. 1, Bekanntmachungssatzung – § 1 DVO GemO) und solchen, die **bedingt**, d. h. nur dann notwendig werden, wenn eine bestimmte Materie zu regeln ist (z. B. Hauptsatzung – in Stadtkreisen unbedingt – § 49 Abs. 1, Bebauungsplan – § 10 BauGB, Erschließungsbeitragssatzung – §§ 127, 132 BauGB, Eigenbetriebssatzung – § 3 EigBG).

IV. Verfahren

1. Verfahren vor Beschlussfassung

67 Die **Initiative zum Erlass** einer Satzung wird regelmäßig von der Verwaltung ausgehen. Aber auch der Gemeinderat, die Rechtsaufsichtsbehörde oder ein Bürgerentscheid können Anlass hierzu geben.

Der **Entwurf** einer Satzung wird in der Regel von der Verwaltung gefertigt. Musterentwürfe der kommunalen Verbände sind oft hilfreich, rechtlich jedoch ohne Verbindlichkeit. Nur ausnahmsweise sind **Mustersatzungen** vorgeschrieben (z. B. Haushaltssatzung – § 145).

2. Beratung und Beschlussfassung

68 Zuständig für den Erlass von Satzungen ist ausschließlich der **Gemeinderat**. Eine Übertragung der Beschlussfassung auf einen beschließenden Ausschuss (§ 39 Abs. 2 Nr. 3), den Ortschaftsrat (§ 70 Abs. 2 Satz 2) oder den Bürgermeister (§ 44 Abs. 2) ist unzulässig. Der konstitutive Akt muss stets durch den Gesamtgemeinderat erfolgen. Die Vorberatung durch einen Ausschuss ist möglich und üblich (§ 39 Abs. 4).

Wenn bei **Beschlussunfähigkeit** des Gemeinderats die Entscheidung des Bürgermeisters anstelle des Gemeinderats vorgesehen ist (§ 37 Abs. 4), ist er jedoch auch zum Erlass einer Satzung befugt.
Ob eine Satzung durch **Eilentscheidung** des Bürgermeisters erlassen werden kann (§ 43 Abs. 4), ist in der Literatur umstritten. In der Praxis wird jedoch der Erlass einer auf Dauer angelegten und für eine Vielzahl von Fällen gedachten Regelungsnorm wie die Satzung wohl nie wirklich unaufschiebbar sein.

Die Beratung und Beschlussfassung hat grundsätzlich öffentlich zu erfolgen (VGH BW VBlBW 1967, 8 = EKBW GemO § 35 E 3). In der Regel genügt für den Satzungsbeschluss die relative Mehrheit (§ 37 Abs. 6 – Ausnahme: Hauptsatzung – § 4 Abs. 2).

3. Ausfertigung

69 Für das Bundes- und Landesrecht wird die Ausfertigung von Gesetzen und Rechtsverordnungen durch Art. 82 Abs. 1 Satz 1 und 2 GG und Art. 63 Abs. 1 und 2 LV vorgeschrieben. In der GemO fehlen solche Regelungen über die Ausfertigung von Satzungen. Eine förmliche Ausfertigung ist aber aus Gründen der Rechtsstaatlichkeit (Art. 20 Abs. 2 GG) erforderlich und im Interesse der Rechtssicherheit unerlässlich. Sie erfolgt durch den Bürgermeister. Durch die Ausfertigung wird die Übereinstimmung der in der Satzung enthaltenen Aussage mit dem Willen des Gemeinderats und die Beachtung des für die Rechtswirksamkeit maßgebenden Verfahrens mit öffentlich-rechtlicher Wirkung bezeugt (VGH BW BWGZ 1986, 88 = EKBW GemO § 4 E 6; VB1BW 1995, 286 = EKBW GemO § 4 E 20). Die Ausfertigung schafft die Originalurkunde, die zugleich Grundlage und Voraussetzung der Verkündung ist. Sie geschieht durch handschriftliche Unterzeichnung des Satzungstextes mit Datumsangabe durch den Bürgermeister. Die Ausfertigung muss nach dem Satzungsbeschluss und vor der öffentlichen Bekanntmachung erfolgen. Bei genehmigungspflichtigen Satzungen darf die Ausfertigung aber erst nach der erteilten Genehmigung vollzogen werden (BayVGH NVwZ 1994, 88).

Bei Bebauungsplänen brauchen die zum Satzungstext gehörenden Lagepläne nicht besonders ausgefertigt zu werden. Es genügt, wenn sie im Satzungstext so eindeutig bezeichnet sind, dass kein Zweifel an der Identität möglich ist (VGH BW EKBW GemO § 4 E 11, 11/1; BVerwG GemO § 4 E 13). Wenn dies der Fall ist, genügt die Unterzeichnung des den Satzungsbeschluss enthaltenden Gemeinderatsprotokolls durch den Bürgermeister für eine ordnungsgemäße Ausfertigung eines Bebauungsplans (VGH BW BWGZ 1995, 217 = EKBW GemO § 4 E 18; EKBW GemO § 4 E 24; VGH BW BWGZ 2000, 77). In der Unterzeichnung der Sitzungsniederschrift durch den Bürgermeister kann auch dann eine ordnungsmäßige Ausfertigung des in dieser Sitzung als Satzung beschlossenen Bebauungsplans gesehen werden, wenn die Bestandteile des Bebauungsplans in der Niederschrift nur mittelbar durch eine Bezugnahme auf die betroffene Gemeinderatsdrucksache bezeichnet sind. Der Umstand, dass die individualisierenden Merkmale in der Niederschrift selbst fehlen, ist unschädlich, da die erforderliche Bezugnahme im Sinn einer „gedanklichen Schnur" durch die Verweisung auf die diese Merkmale enthaltende Gemeinderatsdrucksache hergestellt wird (VGH BW EKBW GemO § 4 E 25; abweichend: BayVGH NVwZ-RR 2003, 669).

Die nachträgliche Ausfertigung und Wiederholung der Bekanntmachung berührt grundsätzlich nicht die materielle Gültigkeit (VGH BW BWGZ 1989, 435 = EKBW GemO § 4 E 9; BVerwG EKBW GemO § 4 E 10). Das Ausfertigungsdatum ist zulässigerweise auch das Datum der Satzung (VGH BW EKBW DVO GemO § 1 E 19). Die Ausfertigung eines Bebauungsplans unter dem Datum seines Inkrafttretens ist jedoch verspätet und führt zu einem Verkündungsmangel (VGH BW EKBW GemO § 4 E 13).

4. Bekanntmachung

70 Zur Wirksamkeit der Satzung ist die öffentliche Bekanntmachung vorgeschrieben (§ 4 Abs. 3 Satz 1). Sie geschieht nach den Regeln der jeweiligen Satzung über die Form der öffentlichen Bekanntmachung (Rdnr. 83 ff.). Jede Satzung ist mit ihrem vollen Wortlaut bekanntzumachen.

Satzungsrecht der Gemeinde

Die Satzung erlangt keine Gültigkeit, wenn sie mit einem Wortlaut öffentlich bekanntgemacht wird, der mit dem Wortlaut der vom Gemeinderat beschlossenen und vom Bürgermeister ausgefertigten Satzung nicht übereinstimmt und die Abweichung zu einer inhaltlichen Diskrepanz führt (VGH BW EKBW DVO GemO § 1 E 28). Sieht eine Hauptsatzung vor, dass auf veröffentlichte Satzungen in der örtlichen Tagespresse hingewiesen wird, ist dies lediglich eine Information der Bürger. Derartige Hinweise sind kein konstitutives Merkmal für das Entstehen von Satzungsrecht (OVG Magdeburg NVwZ-RR 1999, 668, auch hierzu OVG NDS NVwZ-RR 2003, 670).

Die öffentliche Bekanntmachung ist Teil des Rechtssetzungsaktes selbst. Sie wird vom Bürgermeister veranlasst. Über den Vollzug ist daher ein Nachweis zu den Akten zu nehmen (§ 1 Abs. 2 DVO GemO).

5. Änderung und Aufhebung von Satzungen

Für die Änderung und Aufhebung von Satzungen gelten dieselben Regeln wie für ihren Erlass. Es ist also jeweils formal eine neue Satzung notwendig. Dies gilt nicht, wenn Satzungsrecht aufgrund entgegenstehendem Landes- oder Bundesrecht ungültig ist. In Einzelfällen kann jedoch auch hier eine klarstellende Aufhebungssatzung sinnvoll sein.

Sollen lediglich bestimmte Teile (z. B. einzelne Wörter oder Zahlen) in einzelnen Bestimmungen einer Satzung geändert werden, ist es ausreichend, diese einzelne Änderung als neue Regelung zu beschließen (VGH BW EKBW § 4 E 26). Form und Verfahren für den Satzungserlass sind jedoch auch in diesem Fall zu wahren („Satzung zur Änderung der Satzung....").

V. Durchsetzung und Bewehrung

1. Mittel des Verwaltungszwangs

Der Inhalt einer Satzung kann durch Verwaltungsakt mit den Mitteln des Verwaltungszwangs (Landesverwaltungsvollstreckungsgesetz) durchgesetzt werden. Voraussetzung für Maßnahmen des Verwaltungszwangs ist stets Erlass eines Verwaltungsaktes oder der Abschluss eines öffentlich-rechtlichen Vertrages, die ihre Rechtsgrundlage in der Satzung haben.

2. Bewehrung

In Einzelfällen können Verstöße gegen Satzungsregelungen darüber hinaus als Ordnungswidrigkeiten mit Verwarnungs- oder Bußgeld geahndet werden. Die GemO sieht in § 142 diese Möglichkeit vor bei
- Satzungen über die Benutzung von öffentlichen Einrichtungen,
- Satzungen über die Leistung von Hand- und Spanndiensten,
- Satzungen über den Anschluss- und Benutzungszwang.

Formelle Voraussetzung ist, dass in diesen Satzungen jeweils für einen bestimmten Tatbestand auf die Bußgeldvorschrift des § 142 verwiesen wird (BVerfG Fundstelle 1991 Rdnr. 250).

VI. Nachprüfung von Satzungen

1. Vorbeugende Rechtskontrolle

74 a) **Anzeige.** Satzungen sind der Rechtsaufsichtsbehörde anzuzeigen (§ 4 Abs. 3 Satz 3). Die GemO geht vom Grundsatz der Genehmigungsfreiheit aus. Durch die Anzeige soll die Rechtsaufsichtsbehörde Kenntnis von der Satzung erhalten und so in die Lage versetzt werden, die Satzung auf ihre Rechtmäßigkeit zu überprüfen.
Eine Unterlassung der Anzeige hat auf die rechtliche Wirksamkeit der Satzung keinen Einfluss (VGH BW BWVPr. 1975, 227 = EKBW GemO § 10 E 14).

75 b) **Vorlage.** Sondergesetzlich besteht für die **Haushaltssatzung** (§ 81 Abs. 3) Vorlagepflicht. Die Vorlage ist eine „qualifizierte Anzeige" mit der Folge, dass die Satzung erst öffentlich bekanntgemacht werden darf, wenn die Rechtsaufsichtsbehörde die Gesetzmäßigkeit bestätigt oder den vorgelegten Satzungsbeschluss nicht innerhalb eines Monats beanstandet hat (§ 121 Abs. 2). Wird die öffentliche Bekanntmachung ohne Bestätigung der Gesetzmäßigkeit oder vor Ablauf der Monatsfrist vorgenommen, folgt hieraus keine Fehlerhaftigkeit der Satzung.

76 c) **Genehmigung.** Eine Satzungsgenehmigung ist nur erforderlich, wenn dies ausdrücklich gesetzlich verlangt wird.

Beispiele:
- Festlegung von Sanierungsgebiet (§ 142 BauGB)
- Haushaltssatzung, soweit sie Verpflichtungsermächtigungen oder Kreditaufnahmen enthält (§§ 86 Abs. 4, 87 Abs. 2)

Die Genehmigungspflicht ist im Hinblick auf den Gesetzesvorbehalt des Art. 28 Abs. 2 GG **mit der Selbstverwaltungsgarantie vereinbar** (StGH VBlBW 1956, 88 = EKBW LV Art. 71 E 1). Die Genehmigung der Rechtsaufsichtsbehörde ist gegenüber der Gemeinde ein Verwaltungsakt. Sie ist nicht Bestandteil der Satzung, sondern selbstständiger Hoheitsakt (= Wirksamkeitsvoraussetzung). Daher tritt durch die Genehmigung z. B. keine heilende Wirkung von Formfehlern ein.

2. Gerichtliche Kontrolle

77 Satzungen unterliegen neben der Nachprüfung durch die Rechtsaufsichtsbehörde auch der abstrakten und konkreten Normenkontrolle durch die Verwaltungsgerichte. Ebenso wie der Rechtsaufsichtsbehörde steht auch den Gerichten hierbei nur eine Nachprüfung der Rechtmäßigkeit, nicht der Zweckmäßigkeit zu.

78 a) **Abstrakte Normenkontrolle.** Bei der abstrakten Normenkontrolle kann durch ein besonderes Normenkontrollverfahren nach § 47 Abs. 1 Nr. 1 VwGO (Satzungen nach BauGB/Rechtsverordnungen aufgrund des § 246 Abs. 2 BauGB) und § 47 Abs. 1 Nr. 2 VwGO i. V m. § 4 AGVwGO die Gültigkeit von

Satzungsrecht der Gemeinde **78**

örtlichen Satzungen und Verordnungen überprüft werden. Antragsberechtigt ist jede natürliche oder juristische Person, die geltend macht, durch die Satzung oder deren Anwendung in ihren Rechten verletzt zu sein oder in absehbarer Zeit verletzt zu werden. Letzteres ist der Fall, wenn die Rechtsverletzung mit hinreichender Gewissheit in so naher Zukunft droht, dass ein vorsichtig und vernünftig Handelnder sich schon jetzt zur Antragstellung entschließt. Antragsberechtigt sind auch Behörden. Auf eine Rechtsverletzung kommt es nicht an. Behörden sind antragsbefugt, soweit sie durch die Satzung anwendungsbetroffen (Beispiel: Das Landratsamt als untere Bauaufsichtsbehörde hat den fraglichen Bebauungsplan im Baugenehmigungsverfahren anzuwenden) oder regelungsbetroffen (Beispiel: Durch einen Bebauungsplan wird der Zuständigkeitsbereich einer bestimmten Fachbehörde berührt) sind. Außer Kraft getretene Satzungen können regelmäßig nicht mehr in einem Normenkontrollverfahren überprüft werden, es sei denn, der Antragsteller hat ein berechtigtes Interesse daran, die Ungültigkeit der angegriffenen Norm auch gerade für die Vergangenheit festgestellt zu wissen (VGH BW VBlBW 1998, 349 = EKBW GemO § 10 E 86). Der Antrag kann innerhalb von einem Jahr nach Bekanntmachung der Satzung gestellt werden.

Dies gilt in vollem Umfang auch für Bebauungspläne, da sie als Satzung erlassen werden. Gegen Flächennutzungspläne ist keine Normenkontrolle möglich, da sie als vorbereitende Bauleitpläne keinen Rechtsnormcharakter haben (BVerwG DVBl. 1990, 1352).

Die Gemeinde kann ein Normenkontrollverfahren gegen eine von ihr selbst erlassene Satzung nicht beantragen. Da sie selbst über die Geltung der Vorschrift entscheiden kann, fehlt ihr das Rechtsschutzbedürfnis (VGH BW NJW 1977, 1469, 1470).
Zuständig ist der VGH. Das Urteil (bzw. der Beschluss in Verfahren ohne mündliche Verhandlung § 101 VwGO) des VGH, das die Gültigkeit einer Satzungsbestimmung verneint, ist **allgemein verbindlich**. Die Ungültigkeit der Vorschrift ist gegenüber jedermann festgestellt und von allen Gerichten und Behörden zu beachten. Der Entscheidungssatz ist öffentlich bekanntzumachen.

Das Gericht kann auf Antrag eine **einstweilige Anordnung** erlassen (§ 47 Abs. 6 VwGO), wenn dies zur Abwehr schwerer Nachteile oder aus anderen wichtigen Gründen dringend geboten ist.

Zulässiges Rechtsmittel gegen eine Normenkontrollentscheidung ist die Revision an das BVerwG, sofern sie (vom VGH oder dem BVerwG) zugelassen wird (§ 132 Abs. 1 VwGO). Die Revision ist nur zuzulassen, wenn
– die Rechtsache grundsätzliche Bedeutung hat,
– das Urteil von einer Entscheidung des BVerwG, des Gemeinsamen Senats der obersten Gerichtshöfe des Bundes oder des BVerfG abweicht und auf dieser Abweichung beruht oder
– ein Verfahrensmangel geltend gemacht wird und vorliegt, auf dem die Entscheidung beruhen kann.

79 b) **Konkrete Normenkontrolle.** Bei der konkreten Normenkontrolle entscheidet das Verwaltungsgericht in einem Rechtsstreit anlässlich der Anwendung der Satzung, z. B. bei einem auf die Satzung gestützten Verwaltungsakt, zugleich über die Gültigkeit der Satzung (inzident). Dies geschieht aus Anlass der Überprüfung einer konkreten Maßnahme. Hier geht es im Gegensatz zur abstrakten Normenkontrolle nicht um eine Entscheidung über die allgemeine Gültigkeit der Satzung. Die Rechtswirkungen des Urteils erstrecken sich nur auf den **einzelnen Streitfall** und auf die an ihm beteiligten Parteien. Dennoch wird die verwaltungsgerichtliche Entscheidung der Gemeinde Anlass zur Überprüfung und ggf. Änderung/Neufassung der Satzung geben.

VII. Heilung von Verfahrens- und Formfehlern

80 Die Verletzung von Verfahrens- oder Formvorschriften der GemO ist nach der Heilungsvorschrift des § 4 Abs. 4 **unbeachtlich,** wenn **ein Jahr seit der öffentlichen Bekanntmachung** verstrichen ist.
Dies **gilt** z. B. für die Verletzung der Bestimmungen über
– das Verbot der Mitwirkung wegen Befangenheit (§ 18),
– die Einberufung von Sitzungen (§ 34),
– den Geschäftsgang (§ 36),
– die Beschlussfassung (§ 37).
Dies **gilt nicht** für die Verletzung der Bestimmungen über
– die Öffentlichkeit der Sitzungen (dazu gehört auch § 34 Abs. 1 Satz 7),
– die Genehmigung der Satzung,
– die Bekanntmachung der Satzung.
Die Heilung **tritt ferner nicht ein,** wenn
– der Bürgermeister wegen Gesetzwidrigkeit widersprochen hat (§ 43),
– die Rechtsaufsichtsbehörde innerhalb der Jahresfrist den Satzungsbeschluss beanstandet hat (§ 121),
– die Verletzung von Verfahrens- oder Formvorschriften innerhalb der Jahresfrist gegenüber der Gemeinde schriftlich geltend gemacht worden ist.
In der **öffentlichen Bekanntmachung** ist auf die Voraussetzungen für die Geltendmachung einer Verletzung von Verfahrens- oder Formvorschriften und auf die Rechtsfolgen des § 4 Abs. 4 **hinzuweisen.** Fehlt dieser Hinweis, so führt dies nicht zur Rechtswidrigkeit der Satzung, sondern nur dazu, dass die Heilungsfrist von einem Jahr nicht zu laufen beginnt. Nach § 4 Abs. 5 gilt die Heilungsvorschrift neben Satzungen auch für **anderes Ortsrecht** und ausdrücklich auch für Flächennutzungspläne.

F. Einzelne Satzungen der Gemeinde

I. Hauptsatzung

Die Hauptsatzung (§ 4 Abs. 2) ist das Verfassungsstatut der Gemeinde. Sie ergänzt das Gemeindeverfassungsrecht der GemO durch spezielle örtliche Regelungen. Als zentrale Organisationsnorm fasst sie die wesentlichen Regelungen zusammen und zeichnet sich durch erschwerte Abänderbarkeit aus. Da sie nur **organisatorische Vorschriften** enthält, ist sie eine **Satzung im formellen Sinn**. Zum Erlass einer Hauptsatzung besteht, außer bei den Stadtkreisen (§ 49 Abs. 1), keine Verpflichtung. Nur wenn die Gemeinde Regelungen treffen will, die nach der GemO der Aufnahme entsprechender Bestimmungen in die Hauptsatzung bedürfen, hat sie dieses „Verfassungsstatut" zu erlassen (= **bedingte Pflichtsatzung**). **81**

Beispiele für die nach der GemO nur durch Hauptsatzung zu treffenden Regelungen sind (nach Paragraphenfolge):
- Herabsetzung der Zahl der Gemeinderäte auf die nächstniedrigere Gemeindegrößengruppe (§ 25 Abs. 2);
- Einführung der unechten Teilortswahl (§ 27 Abs. 2) und Festlegung einer bestimmten Anzahl der Gemeinderatssitze zwischen der nächstniedrigeren und der nächsthöheren Gemeindegrößengruppe (§ 25 Abs. 2);
- Bildung eines Ältestenrats (§ 33a Abs. 1);
- Bildung von beschließenden Ausschüssen und Übertragung bestimmter Aufgabengebiete zur dauernden Erledigung (§ 39), dabei ist Übertragung durch bloßen Verweis auf Dezernatsverteilung der Beigeordneten nicht zulässig (VGH BW VB1BW 1985, 63);
- Übertragung bestimmter Aufgaben zur dauernden Erledigung auf den Bürgermeister (§ 44 Abs. 2);
- Bestimmung der Zahl der hauptamtlichen Beigeordneten in Stadtkreisen und in Gemeinden mit mehr als 10 000 Einwohnern, sofern dort hauptamtliche Beigeordnete bestellt werden sollen (§ 49 Abs. 1);
- Bildung von Gemeindebezirken sowie Bestimmung der Zahl der Bezirksbeiräte (§§ 64 Abs. 1, 65 Abs. 1);
- Bestimmung, dass die Bezirksbeiräte von den Bürgern gewählt werden, mit der Folge, dass die Vorschriften der Ortschaftsverfassung gelten (in Gemeinden mit mehr als 100 000 Einwohnern möglich – § 65 Abs. 4);
- Einrichtung von Ortschaften und deren nähere Ausgestaltung (§§ 68–71).

Die GemO verbietet nicht, auch solche Regelungen in die Hauptsatzung aufzunehmen, die ihr nach der GemO nicht ausdrücklich zugewiesen sind. Aus Gründen der Rechtsklarheit sollten jedoch Bestimmungen, die nicht ausdrücklich in der GemO als möglicher Inhalt der Hauptsatzung bezeichnet sind, auch nicht mit ihr verbunden werden.
Die Bedeutung der Hauptsatzung wird dadurch unterstrichen, dass für Erlass und Änderung die Mehrheit der Stimmen aller Mitglieder des Gemeinderats gefordert wird (**qualifizierte Mehrheit**). Hierbei ist nicht von der gesetzlichen Mitgliederzahl nach § 25 Abs. 2, sondern von der Anzahl der im Gemeinderat Stimmberechtigten auszugehen, zu denen auch der Bürgermeister gehört.

II. Satzung über die Form der öffentlichen Bekanntmachung

82 Die Satzung über die Form der öffentlichen Bekanntmachung ist nach § 1 DVO GemO eine **unbedingte Pflichtsatzung** der Gemeinde. Die möglichen Formen der öffentlichen Bekanntmachung sind dort abschließend genannt. Die Gemeinde kann frei entscheiden, welche der drei möglichen Bekanntmachungsarten sie wählt. Die Satzung kann mehrere Bekanntmachungsmöglichkeiten nebeneinander vorsehen. Sie ist jedoch mangels ausreichender Bestimmtheit unwirksam, wenn sie verschiedene Formen öffentlicher Bekanntmachung **alternativ** ermöglicht und dem zuständigen Organ die freie Wahl lässt (VGH BW VBlBW 1972, 61, 62 = EKBW DVO GemO § 1 E 10, E 11).

Fehlt es in der Gemeinde an einer wirksamen, satzungsmäßigen Regelung des Bekanntmachungswesens, so kann die neue Bekanntmachungssatzung in der Form verkündet werden, die sie selbst einführen will (VGH BW VBlBW 1968, 89 = EKBW DVO GemO § 1 E 7; VBlBW 1973, 26 = EKBW DVO GemO § 1 E 12).

1. Bekanntmachungsformen

83 a) **Einrücken in das eigene Amtsblatt.** Um ein „eigenes" Amtsblatt der Gemeinde handelt es sich dann, wenn die Gemeinde in alleiniger Verantwortung darüber entscheiden kann, wann und mit welchem Inhalt amtliche Mitteilungen der Gemeinde in dem Amtsblatt erscheinen (VGH BW DVO GemO § 1 E 24/1). Auch das Gemeinsame Amtsblatt mehrerer Gemeinden ist unter dieser Voraussetzung ein „eigenes" Amtsblatt jeder dieser Gemeinden (VGH BW, Urteil vom 4.12.2004, 2 S 19/03). Für die Tauglichkeit eines eigenen Amtsblattes als zulässiges Verkündungsmittel kommt es nicht auf die Höhe der Auflage des Blattes sondern auf dessen Bezugsmöglichkeit an. Die Gemeinde ist nicht verpflichtet, ihr Amtsblatt von sich aus allen Haushaltungen des Gemeindegebiets zugehen zu lassen. Es reicht vielmehr aus, dass für den Einwohner eine Bezugsmöglichkeit besteht, denn bereits die Möglichkeit des fortlaufenden Bezugs bedeutet eine ausreichende Zugänglichkeit des Verkündungsmittels (VGH BW VBlBW 2008, 370 „Kontrolle der Zustellung und Abholmöglichkeit für den Bürger, der kein Exemplar erhalten hat"). Es ist grundsätzlich Sache des einzelnen Einwohners, sich durch Bezug des Amtsblatts, das auch nicht kostenlos abgegeben werden muss, Kenntnis vom Ortsrecht zu verschaffen. Die Auflage muss lediglich so groß sein, dass die konkrete Nachfrage befriedigt werden kann (VGH BW DVO GemO § 1 E 30). Ein Amtsblatt, das nach seinem Impressum „nach Bedarf" erscheint, genügt dem Rechtsstaatsprinzip (OVG Koblenz NVwZ-RR 2000, 703).

Das Amtsblatt ist keine öffentliche Einrichtung i. S. des § 10 Abs. 2 (VGH BW BWGZ 1980, 214 = EKBW DVO GemO § 1 E 16; VG Leipzig NVwZ-RR 2000, 380).

Das Amtsblatt kann auch von Dritten herausgegeben werden. Die Gemeinde muss jedoch für den amtlichen Teil in vollem Umfang die redaktionelle und presserechtliche Verantwortung haben (VGH BW VBlBW 1982, 18 = EKBW DVO GemO § 1 E 18).

Gemeinden, die ihr Amtsblatt nicht selbst verlegen, sondern ihre amtlichen Bekanntmachungen in einem von einem Verlag herausgegebenen Wochenblatt erscheinen lassen, sind nach § 4 Abs. 4 Landespressegesetz verpflichtet, ihre amtlichen Bekanntmachungen auf Verlangen zur gleichen Zeit wie dem Verleger des Amtsblatts auch Verlegern anderer Zeitungen und Zeitschriften zur Verfügung zu stellen (VGH BW BWGZ 1992, 727 = EKBW DVO GemO § 1 E 25). Entgegen der Meinung des VGH BW reicht ein einmaliges ausdrückliches Verlangen des Verlegers einer Zeitung oder Zeitschrift aus, um einen Anspruch auf „ständige" Zuleitung amtlicher Bekanntmachungen einer Gemeinde zu begründen. Einer konkreten Anforderung jeder amtlichen Bekanntmachung im Einzelfall bedarf es nicht (VGH NRW DVBl. 1996, 1384; VG Sigmaringen EKBW DVO GemO § 1 E 34/1). Trotz Konkurrenz zu örtlichen Zeitungen kann im Amtsblatt Anzeigenraum gegen Entgelt zur Verfügung gestellt werden (BGH BWGZ 1988, 181 = EKBW DVO GemO § 1 E 11/1).

b) Einrücken in eine Zeitung. Das Einrücken in eine bestimmte, regelmäßig mindestens einmal wöchentlich erscheinende Zeitung kommt insbesondere dort in Betracht, wo ein eigenes Amtsblatt nicht vorhanden ist (VGH BW, Urteil vom 2.11.2005, 5 S 226 62/04). **84**

Eine Satzung, die anstelle des bisherigen amtlichen Verkündungsblatts eine andere Tageszeitung zur Veröffentlichung von Bekanntmachungen bestimmt, berührt allenfalls die bürgerlich-rechtlichen Beziehungen der Gemeinde zu den beteiligten Zeitungsverlagen. Die Gültigkeit der Satzung kann daher (Normenkontrollverfahren) nicht beanstandet werden (VGH BW VBlBW 1960, 138 = EKBW DVO GemO § 1 E 1, VGH BW, Urteil vom 2.11.2005, 5 S 226 62/04).

c) Anschlag an der Verkündungstafel. Bei Gemeinden mit **weniger als 5000 Einwohnern** ist der Anschlag an der Verkündungstafel des Rathauses oder an sonstigen hierfür bestimmten Stellen während der Dauer von mindestens einer Woche möglich. Gleichzeitig ist durch einen **Hinweis**, z. B. im Amtsblatt, in einer Zeitung, durch Ausrufen oder auf andere geeignete Weise auf den Anschlag aufmerksam zu machen (VGH BW, Urteil vom 2.11.2005, 5 S 226 62/04). **85**
Diese Form der öffentlichen Bekanntmachung widerspricht nicht rechtsstaatlichen Anforderungen (VGH BW EKBW DVO GemO § 1 E 16/1).
Die öffentliche Bekanntmachung durch Anschlag an einer Verkündungstafel ist nur wirksam, wenn der erforderliche Hinweis (Zeitung, Ausrufen) erfolgt ist. Der Hinweis ist ein wesentlicher Bestandteil der öffentlichen Bekanntmachung (VGH BW VBlBW 1966, 43 = EKBW DVO GemO § 1 E 4). Ein Hinweis auf diesen Anschlag durch einen Aushang ist nicht ausreichend. Erfolgt der Hinweis erst nach dem Anschlag, beginnt auch die Aushangsfrist von mindestens einer Woche erst zu diesem späteren Zeitpunkt zu laufen (VGH BW VBlBW 1968, 89 = EKBW DVO GemO § 1 E 7). Die Bekanntmachung ist erst mit Ablauf der Anschlagsfrist erfolgt (VGH BW ESVGH 17, 123 = EKBW DVO GemO § 1 E 5). Deshalb muss eine bestimmte Frist vorgeschrieben werden (VGH BW VBlBW 1971, 190 = EKBW DVO GemO § 1 E 9).
Eine **kurze Unterbrechung** des Aushangs, z. B. zur Berichtigung eines Schreibfehlers, stellt keinen wesentlichen Fehler der öffentlichen Bekanntmachung dar.

Die Verkündungstafel kann im Rathaus angebracht werden. Der **Zugang** muss für Interessierte jederzeit (während der Öffnungszeiten des Rathauses) möglich sein (VGH BW VBlBW 1963, 57 = EKBW DVO GemO § 1 E 2). Dem Erfordernis der „**Gleichzeitigkeit**" kann auch noch Genüge getan sein, wenn der Hinweis bereits eine Woche vor dem Aushang erfolgt, sofern dem Bürger damit in unmissverständlicher Form mitgeteilt wird, in welcher Zeit und in welcher Weise er von der Bekanntmachung Kenntnis erlangen kann (VGH BW EKBW DVO GemO § 1 E 14).

2. Ersatzbekanntmachung

86 Eine besondere Art der Bekanntmachung ist für **Pläne** oder **zeichnerische Darstellungen**, insbesondere Karten vorgesehen, wenn sie Bestandteil einer Satzung sind. Deren öffentliche Bekanntmachung kann dadurch ersetzt werden, dass sie an einer bestimmten Verwaltungsstelle der Gemeinde zu jedermanns Einsicht während der Sprechzeiten niedergelegt werden und die Satzung darauf hinweist. Diese Ersatzbekanntmachung ist nur zulässig, wenn im Satzungstext der wesentliche Inhalt der Pläne oder sonstigen Darstellungen umschrieben wird (§ 1 Abs. 3 DVO GemO).

3. Notbekanntmachung

87 Falls eine rechtzeitige Bekanntmachung in der satzungsgemäßen Form nicht möglich ist, kann die öffentliche Bekanntmachung in anderer geeigneter Weise durchgeführt werden (Notbekanntmachung). Die in der Satzung vorgeschriebene Form ist jedoch zu wiederholen, sobald die Umstände es zulassen (§ 1 Abs. 4 DVO GemO).

4. Ortsübliche Bekanntgabe

88 Neben der öffentlichen Bekanntmachung kennt die GemO die ortsübliche Bekanntgabe (z. B. § 34 Abs. 1). Hierfür gelten nicht die strengen Formerfordernisse nach § 4 Abs. 3 i. V. m. § 1 Abs. 1 DVO GemO. Für die ortsübliche Bekanntgabe genügt z. B. ein Anschlag an der Verkündungstafel des Rathauses ohne zusätzlichen Hinweis in einer Tageszeitung oder auch die Bekanntgabe im Textteil einer Zeitung (VGH BW BWVPr. 1972, 201 = EKBW GemO § 34 E 1; VG Karlsruhe VBlBW 1985, 263 = EKBW GemO § 21 E 13). Die Form der ortsüblichen Bekanntgabe muss jedoch zum Schutz von interessierten Einwohnern immer die Gleiche sein und eine etwaige Änderung ortsüblich bekanntgegeben, besser noch in der strengeren Form der öffentlichen Bekanntmachung veröffentlicht werden.

Soweit eine in einer Bekanntmachungssatzung getroffene Regelung über die ortsübliche Bekanntgabe ungültig ist, führt dies nicht zur Nichtigkeit der satzungsrechtlichen Regelung über die Bekanntmachung der gemeindlichen Satzungen (VGH BW EKBW DVO GemO § 1 E 34).

III. Satzung über Anschluss- und Benutzungszwang

Der Gemeinde ist das Recht eingeräumt, bei Vorliegen eines öffentlichen Bedürfnisses durch Satzung den Anschluss- und Benutzungszwang an bestimmte gemeindliche Einrichtungen einzuführen und die Durchsetzung mit den Mitteln des Verwaltungszwangs sicherzustellen (§ 11 GemO, § 8 DVO GemO).

1. Wesen

a) Anschlusszwang. Bestimmte Maßnahmen, insbesondere im Bereich der gesundheitspolizeilichen Gefahrenabwehr, sind in einer Gemeinde nur erfolgreich durchzuführen, wenn **alle** Einwohner die erforderlichen Einrichtungen benutzen können und hierzu auch verpflichtet sind. Daher kann die Gemeinde allgemeinverbindlich festlegen, dass die Eigentümer der Grundstücke, für die die Benutzung einer bestimmten Einrichtung in Frage kommt, alle erforderlichen Vorkehrungen für die Benutzung dieser Einrichtung zu schaffen haben – Anschlusszwang. Dies umfasst z. B. alle Einzelheiten von Lage, Führung und technischer Ausgestaltung von Hausanschlüssen (OVG NRW DÖV 1996, 133).

Diese Pflicht, aber auch das in der Satzung der Gemeinde dem einzelnen Eigentümer eingeräumte Recht, ein Grundstück anzuschließen, besteht nur, wenn der Anschluss tatsächlich und rechtlich möglich ist (**VGH BW BWGZ 1990, 544 = EKBW GemO § 10 E 47**).

b) Benutzungszwang. Der Benutzungszwang verpflichtet zur tatsächlichen Benutzung der Einrichtung und verbietet gleichzeitig die Benutzung anderer gleichartiger, auch eigener Einrichtungen. Grundsätzlich ist der Benutzungszwang an den Anschlusszwang gekoppelt. Es gibt aber auch Einrichtungen (Schlachthof, Friedhof), für die ein Anschlusszwang nicht denkbar ist. Hier kann nur ein Benutzungszwang ausgesprochen werden. Außerdem wendet sich der Benutzungszwang nicht an die Grundstückseigentümer oder sonst dinglich Verfügungsberechtigten, sondern wird wirksam, wenn der satzungsmäßige Benutzungstatbestand vorliegt (z. B. beim Mieter einer Wohnung, der vorhandene Abfälle der beseitigungspflichtigen Körperschaft zu überlassen hat). Es ist also denkbar, dass Anschluss- und Benutzungszwang nicht in einer Person zusammenfallen.

2. Voraussetzungen

Die Gemeinde darf Anschluss- und Benutzungszwang nur festlegen, wenn folgende Voraussetzungen erfüllt sind:

a) Öffentliche Einrichtung. Erforderlich ist das Vorhandensein einer öffentlichen Einrichtung i. S. von § 10 Abs. 2, die zur allgemeinen Benutzung bestimmt ist. Dies wird durch die **Widmung** festgelegt (sie ist auch konkludent möglich, VGH BW EKBW GemO § 10 E 8, 4).
Zwang ist nur möglich bei öffentlichem Benutzungsrecht. Der Einzelne hat also nicht nur die Benutzungspflicht, sondern auch einen *Benutzungsanspruch*. Die

Gemeinde kann nur dann eine Zwangsnutzung vorschreiben, wenn sie in der Lage ist, alle Verpflichteten ausreichend zu versorgen. Die Einrichtung braucht nicht unbedingt in kommunaler Trägerschaft stehen, die Gemeinde muss aber einen so starken Einfluss haben, dass sie den Benutzungsanspruch zu den von ihr festgelegten Bedingungen durchsetzen kann (VGH BW VBlBW 1969, 10 = EKBW GemO § 10 E 9).

93 b) **Einrichtung der Volksgesundheit.** Es muss sich um eine der in § 11 Abs. 1 und 2 genannten Einrichtungen handeln, sofern keine sondergesetzliche Regelung besteht (z. B. im Abfallrecht, Wasserrecht). Danach kann **Anschluss- und Benutzungszwang** ausgesprochen werden an:
- **Wasserleitung**, d. h. an die gemeindliche Wasserversorgung als Ganzes, auch für das sog. Brauchwasser (VGH BW JZ 1972, 436 = EKBW GemO § 11 E 7);
- **Abwasserbeseitigung**, auch dann, wenn der Grundstückseigentümer bisher eine private Kläranlage betrieben hat, die einwandfrei arbeitet (BVerwG DVBl. 1998, 1222).

Für Niederschlagswasser aus dem Bereich von bebauten oder unbebauten Flächen kann Anschluss- und Benutzungszwang an eine besondere öffentliche Niederschlag-Entwässerungsanlage angeordnet werden. Hierfür müssen jedoch entsprechende Gründe des öffentlichen Wohls bestehen (z. B. Grundwasserschutz BayVGH, NVwZ 1995, 345).
- **Straßenreinigung** und
- ähnliche der **Volksgesundheit dienende** Einrichtungen.

Die Gemeinde kann **Benutzungszwang** vorschreiben für **Bestattungseinrichtungen**.

Anschluss- und Benutzungszwang ist ferner möglich an eine **Fernwärmeversorgung** (VGH BW VBlBW 2004, 337). Deren ausdrückliche Erwähnung im Gesetz erschien notwendig, da umstritten war, ob die Fernwärmeversorgung vom Sammelbegriff „ähnliche der Volksgesundheit dienende Einrichtungen" erfasst wird. Der VGH BW hat die Möglichkeit der Anordnung des Anschluss- und Benutzungszwangs für die **Erdgasversorgung** verneint (EKBW GemO § 11 E 25).

Rechtsgrundlage für die Einführung des Anschluss- und Benutzungszwangs für die **Abfallbeseitigung** ist § 13 KrW/AbfG i. V. m. § 8 Landesabfallgesetz (LAbfG). Zuständig sind die Stadt- und Landkreise. Landkreise können diese Aufgaben jedoch den Gemeinden übertragen (§ 6 LAbfG).

94 c) **Öffentliches Bedürfnis.** Es muss ein öffentliches Bedürfnis für den Anschluss- und Benutzungszwang vorliegen. Dieses öffentliche Bedürfnis ist schon dann gegeben, wenn durch den Anschlusszwang nach objektiven Maßstäben das Wohl der Gemeindeeinwohner gefördert wird (VGH BW DÖV 1980, 846 = EKBW GemO § 11 E 14; VGH BW EKBW GemO § 11 E 27). Allein fiskalische Gesichtspunkte rechtfertigen grundsätzlich nicht die Einführung eines Anschluss- und Benutzungszwangs. Die Rentabilität ist jedoch hinsichtlich der zu fordernden Wirtschaftlichkeit zu berücksichtigen. Eine öffentliche Wasserversorgung lässt sich beispielsweise nur wirtschaftlich betreiben, wenn grundsätz-

lich alle Einwohner ihren gesamten Wasserbedarf aus dieser Einrichtung decken (VGH BW JZ 1972, 436 = EKBW GemO § 11 E 7). Das öffentliche Bedürfnis ist im Übrigen stets gegeben, wenn der Anschluss- und Benutzungszwang aus Gründen des öffentlichen Wohls, insbesondere der Erhaltung und Förderung der Volksgesundheit erforderlich ist. „Öffentliches Bedürfnis" ist ein unbestimmter Rechtsbegriff, dessen Anwendung und Auslegung grundsätzlich ohne Einschränkung der verwaltungsgerichtlichen Kontrolle unterliegt (VGH BW VBlBW 1973, 26 = EKBW GemO § 11 E 19).
Allerdings wird dem Ortsgesetzgeber eine gerichtlich nicht vollständig überprüfbare Einschätzungsprärogative zuzubilligen sein (OVG NDS DÖV 1991, 610; VGH BW BWGZ 2004, 834).

Beispiele für das Vorliegen eines öffentlichen Bedürfnisses:
- Anschluss- und Benutzungszwang an Abwasserbeseitigung (VG Stuttgart VBlBW 1969,174 = EKBW GemO § 11 E 6);
- Anschluss- und Benutzungszwang an Wasserversorgung (VGH BW BWGZ 1990, 548 = EKBW GemO § 11 E 22);
- Anschluss- und Benutzungszwang an Fernwärmeversorgung (VGH BW VBlBW 1973, 26 = EKBW GemO § 11 E 9; VBlBW 1982, 54 = EKBW GemO § 11 E 15; BVerwG NVwZ-RR 1992, 37).

Kein öffentliches Bedürfnis besteht, wenn eine Friedhofs- und Bestattungsordnung den Beteiligten vorschreibt, für die Sarglieferung einschließlich der Innenausstattung, das Einsargen der Leichen und die Grabpflege allgemein gemeindliche Einrichtungen in Anspruch zu nehmen (VGH BW ESVGH 8, 164 = EKBW GemO § 11 E 1; VBlBW 1962, 11 = EKBW GemO § 11 E 2).
Ein Anschluss und Benutzungszwang für häusliche Bioabfälle (Biotonne) dürfte entfallen, wenn sie auf dem Grundstück schadlos kompostiert werden können (OVG NRW DVBl. 1998, 1234).

d) Satzungserfordernis. Die Anordnung eines Anschluss- und Benutzungszwangs greift in erheblichem Umfang in Eigentum und Freiheit der Gemeindeeinwohner ein. Sie ist nur durch Satzung möglich. Insoweit ist § 11 eine abschließende Regelung. Es gibt also keine Möglichkeit, Anschluss- und Benutzungszwang z. B. durch Polizeiverordnung einzuführen.
Der **Mindestinhalt** der Satzung ist in § 8 DVO GemO vorgeschrieben:
- die Bereitstellung der Einrichtung zur öffentlichen Benutzung,
- die Art des Anschlusses und der Benutzung,
- der Kreis der zum Anschluss oder zur Benutzung Verpflichteten,
- die zugelassenen Ausnahmetatbestände (hierzu: VGH BW VB1BW 1982, 234 = EKBW GemO § 11 E 16).

Durch die Satzung können **Anschlussbeiträge und Benutzungsgebühren** erhoben werden. Die Zulässigkeit ergibt sich aus §§ 2, 13, 20 KAG. Hinsichtlich der Beitragshöhe steht der Gemeinde bei der Einschätzung zukünftiger Entwicklungen ein prognostischer Beurteilungsspielraum zu (VGH BW VBlBW 1985, 190). Bei kommunalen Gebühren ist der Satzungsgeber im Ausgangspunkt frei, einen geeigneten Gebührenmaßstab nach seinem Satzungsermessen zu wählen. Das Äquivalenzprinzip des Kommunalabgabenrechts schränkt dieses Satzungsermessen ein, ersetzt es jedoch nicht vollständig (OVG Thüringen DVBl. 2002, 494).

Zur **Durchsetzung** des Anschluss- und Benutzungszwangs stehen die Mittel des Landesverwaltungsvollstreckungsgesetzes zur Verfügung. Nach § 142 Abs. 1 handelt außerdem ordnungswidrig, wer einer Satzung über den Anschluss- und Benutzungszwang zuwiderhandelt. Dies kann jedoch nur als Ordnungswidrigkeit geahndet werden, wenn die Satzung für bestimmte Tatbestände ausdrücklich auf die Bußgeldvorschrift der GemO (§ 142) verweist.

3. Zulässigkeitsgrenzen

96 Die Bestimmungen der Satzung dürfen nicht weiter in Freiheit und Eigentum des Einzelnen eingreifen, als dies zur Erreichung des mit dem Anschluss- und Benutzungszwang verfolgten Zweckes unbedingt notwendig ist.
Die **Grenzen der Zulässigkeit sind überschritten**, wenn z. B. vorgeschrieben wird, dass der Pflichtige mit der Herstellung eines Entwässerungsanschlusses nur einen bestimmten Handwerksbetrieb zu beauftragen hat. Dagegen sind z. B. Gebote über die Verwendung bestimmter Mülltonnen möglich. Ebenso kann ein bestimmter Platz für die Aufstellung der Müllgefäße vorgeschrieben werden.
Sofern durch Anordnung des Anschluss- und Benutzungszwangs eigene Anlagen des Anschlusspflichtigen (z. B. Brunnen) nicht mehr benutzt werden dürfen, liegt i. d. R. **keine entschädigungspflichtige Enteignung** vor (BVerwG DÖV 1960, 594; VGH BW JZ 1972, 436; auch BGH Der Betrieb 1970, 2437; BGH DÖV 1980, 879; BayVGH Bayerischer Gemeindetag 1981, 16; BVerwG NVwZ-RR 1990, 96; BVerwG BWGZ 1999, 40). Es ist auch grundsätzlich kein enteignender Eingriff, wenn ein privates Unternehmen wie z. B. ein Abfallbeseitigungsunternehmen als Folge des Benutzungszwangs einer öffentlichen Einrichtung den Betrieb einstellen muss. Die Einführung des Anschluss- und Benutzungszwangs ist eine zulässige Bestimmung des Eigentums in seiner **sozialen Bindung** nach Art. 14 Abs. 1 Satz 2 GG. Der BGH hat daher den Charakter eines enteignenden Eingriffs gegenüber dem betroffenen Gewerbetreibenden (Entscheidung betraf ein privates Müllabfuhrunternehmen) verneint (BGH DÖV 1964, 349; vgl. auch BVerwG DÖV 1981, 917).

IV. Satzung über „Hand- und Spanndienste"

97 Nach § 10 Abs. 5 können durch eine Satzung über **Gemeindedienste** alle Einwohner, Grundstücksbesitzer und Gewerbetreibende sowie juristische Personen und nicht rechtsfähige Personenvereinigungen zu Hand- und Spanndiensten herangezogen werden. Hand- und Spanndienste haben praktisch keine Bedeutung mehr. Ihre Anordnung kommt auch aus verfassungsrechtlichen Gründen (Art. 12 Abs. 2 GG) grundsätzlich nur noch für Notfälle in Betracht (BVerwG DÖV 1956, 372; VGH BW VBlBW 1961, 43 = EKBW GemO § 10 E 2).
Voraussetzung ist der **Erlass einer Satzung.** Darin sind der Kreis der Verpflichteten, Art, Umfang und Dauer der Dienstleistung sowie die etwa zu gewährende Vergütung oder die Zahlung einer Ablösung zu regeln (§ 7 DVO GemO). Zur Ahndung von Zuwiderhandlungen ist nach § 142 Abs. 1 die Einführung eines Ordnungswidrigkeitentatbestandes möglich.

G. Name, Bezeichnung und Hoheitszeichen der Gemeinde

I. Namen und Bezeichnungen

1. Allgemeines

Die Gemeinde führt nach § 5 Abs. 1 ihren bisherigen Namen, d. h. den Namen, den sie bei Inkrafttreten der GemO im Jahr 1955 führte. Bestandteil des Namens sind Lagebezeichnungen (z. B. Freiburg im Breisgau). In amtlichen Urkunden, öffentlichen Büchern oder im amtlichen Schriftverkehr darf nur der amtliche Gemeindename verwendet werden. Änderungen des Namens oder seiner Schreibweise sowie die Feststellung einer zweifelhaft gewordenen Schreibweise bedürfen ebenso wie die neue Bestimmung des Gemeindenamens der Zustimmung des Regierungspräsidiums (§ 5 Abs. 1).

2. Namensschutz

Das Recht der Gemeinde auf ihren Namen ist geschützt. Bei Missbrauch kann die Gemeinde auf Beseitigung der Beeinträchtigung, bei weiterem unbefugtem Gebrauch auf Unterlassung klagen.

a) Im Privatrechtsverkehr. Privatrechtlicher Schutz besteht nach § 12 BGB (z. B. bei Verwendung für ein gewerbliches Erzeugnis, zum Umfang vgl. BGH NJW 1963, 2267).
Die Gemeinde kann gemäß § 12 Abs. 2 BGB verlangen, dass der Gemeindename nicht von Dritten als Internetadresse benutzt wird (LG Mannheim BWGZ 1996, 403 = EKBW GemO § 5 E 12; auch LG Braunschweig NJW 1997, 2687; OLG Karlsruhe Fundstelle 1999 Rdnr. 605 = EKBW GemO § 5 E 13; LG Freiburg BWGZ 2002, 182).

Ein geografischer Hinweis in Form einer Stadtangabe wird in der Regel nur für führende Unternehmen des betreffenden Geschäftszweigs zulässig sein (OLG Frankfurt VersR 1982, 657).

b) Im öffentlich-rechtlichen Bereich. Ein öffentlich-rechtlicher Namensschutz gilt entsprechend den Grundsätzen des § 12 BGB (z. B. hinsichtlich der Bundespost). Zum Umfang vgl. BVerwG DÖV 1974, 423; DÖV 1980, 97 = EKBW GemO § 5 E 7; DÖV 1980, 99.

Bei Bahnhofsbezeichnungen, die an einen Gemeindenamen anknüpfen, ist die Bundesbahn verpflichtet, grundsätzlich die vollständige amtliche Bezeichnung des Gemeindenamens zu verwenden (VGH BW EKBW GemO § 5 E 9; BVerwG DÖV 1980, 97 = EKBW GemO § 5 E 7) Aus ihrem Namensrecht kann die Gemeinde aber keinen Rechtsanspruch auf Nennung ihres Namens bei Bahnhofsbezeichnungen und bei Autobahnausfahrten herleiten (BVerwG DÖV 1980, 99; OVG Rh.Pf. DÖV 1986, 36).

3. Sonstige Bezeichnungen

100 Vom Namen der Gemeinde sind deren sonstige Bezeichnungen wie z. B. „Stadt" oder „Bad" zu unterscheiden (§ 5 Abs. 2 und 3). Sie sind nicht Bestandteil des Namens, genießen jedoch den gleichen Schutz.

101 a) **Stadt.** Die Bezeichnung „Stadt" führen Gemeinden, denen diese Bezeichnung nach bisherigem Recht zusteht oder künftig verliehen wird. Die Landesregierung kann auf Antrag die Bezeichnung „Stadt" an Gemeinden verleihen, die nach Einwohnerzahl, Siedlungsform und kulturellen und wirtschaftlichen Verhältnissen städtisches Gepräge tragen (§ 5 Abs. 2). Dabei soll die Einwohnerzahl von 10 000 nicht unterschritten werden.
Die Gemeinde hat keinen Anspruch auf Verleihung der Bezeichnung „Stadt". Die Verleihung ist keine Maßnahme der Rechtsaufsichtsbehörde, sondern ein hoheitlicher Akt auf dem Gebiet der staatlichen Organisation. Kommunalverfassungsrechtlich ist sie ohne Bedeutung. Es ändert sich lediglich die Bezeichnung der Mitglieder des Gemeinderates; sie werden jetzt „Stadträte" (§ 25 Abs. 2) genannt. Die Gemeindebeamten erhalten eine andere Amtsbezeichnung, z. B. „Stadtinspektor". Bei der Eingliederung oder Vereinigung einer bisherigen „Stadt" kann die aufnehmende oder neugebildete Gemeinde diese als eigene Bezeichnung weiterführen, ohne dass es hierzu eines Verleihungsaktes des Staates bedürfte (§ 5 Abs. 2 Satz 3).

102 b) **Weitere Bezeichnungen.** Die Regelung des § 5 erfasst noch weitere Bezeichnungen, wie z. B. „**Bad**" und „**Höhenluftkurort**". Sie werden von Gemeinden geführt, welche dieses Recht bereits bei Inkrafttreten der GemO 1955 hatten. Sonst ist eine Verleihung durch die Landesregierung nötig. Gemeinden, die ihre Selbstständigkeit im Rahmen der Gebietsreform verloren haben, können eine früher zu Recht geführte Bezeichnung dieser Art in der Ortsteilbenennung beibehalten (z. B. Bad Cannstatt als Stadtteil von Stuttgart).
Im Übrigen können derartige Bezeichnungen auf Antrag von der Landesregierung für die Gemeinde insgesamt oder für einzelne Ortsteile verliehen werden, wobei zur Verleihung der Bezeichnung „Bad", „Höhenluftkurort" usw. bestimmte Voraussetzungen gegeben sein müssen, die z. T. sondergesetzlich geregelt sind. Ein Anspruch auf den staatshoheitlichen Akt der Verleihung besteht nicht (vgl. Kunze/Bronner/Katz, GemO § 5 Rdnr. 12).

Von den Bezeichnungen nach § 5 Abs. 3 zu unterscheiden sind Werbezusätze, deren sich die Gemeinden zur Außendarstellung bedienen (z. B. Melanchtonstadt Bretten). Sie bedürfen keiner Verleihung.

4. Benennung von Gemeindeteilen und Straßen

103 Die Benennung von bewohnten Gemeindeteilen (Ortsteilen), Straßen, Wegen, Plätzen und Brücken ist nach § 5 Abs. 4 eine weisungsfreie Angelegenheit der Gemeinde (VGH BW BWVPr. 1976, 202 = EKBW GemO § 5 E 2; EKBW GemO § 5 E 11).

Die Benennung einer Gemeindestraße durch den Gemeinderat ist dinglicher Verwaltungsakt (Allgemeinverfügung). Dieser begründet für die betroffenen Anwohner von Rechts wegen unmittelbar weder einen Vorteil noch einen Nachteil. Die betroffenen Anwohner haben jedoch einen Anspruch auf Berücksichtigung ihrer für die Gemeinde erkennbaren Interessen am Straßennamen (VGH BW VBlBW 1992, 140). Insoweit besteht ein subjektives Recht auf Abwägung ihrer Interessen und ermessensfehlerfreie Entscheidung (VGH BW NJW 1979, 1670 = EKBW GemO § 5 E 5; NJW 1981, 1749 = EKBW GemO § 5 E 8; BayVGH NJW 1988, 2816).

Die Zulässigkeit und das Verfahren der besonderen Benennung eines **Ortsteils** ist in § 2 DVO GemO geregelt. § 5 Abs. 4 ermächtigt die Gemeinde, auch im Außenbereich liegenden Gehöften einen Namen zu geben (VGH BW EKBW GemO § 5 E 6).

Ortsteile sind auch solche bewohnte Gemeindeteile, die nicht vom übrigen Gemeindegebiet räumlich getrennt sind. Es muss jedoch eine äußerlich erkennbare Gliederung des Siedlungsgefüges vorhanden sein.

II. Hoheitszeichen

Als öffentlich-rechtlicher Hoheitsträger ist die Gemeinde berechtigt, Wappen, Flaggen und Dienstsiegel als Hoheitszeichen (§ 6) zu führen.

Dagegen ist es einem Gemeindeverwaltungsverband nicht erlaubt, Wappen und Flaggen zu führen (VGH BW BWVPr. 1975, 250 = EKBW GemO § 60 E 2).

Nicht zu den Hoheitszeichen i. S. dieser Bestimmung gehört ein frei gestaltetes Logo, wie es durch Städte zunehmend verwendet wird.

1. Wappen und Flaggen

Nach § 6 Abs. 1 führen die Gemeinden ihre bisherigen historisch entwickelten Wappen und Flaggen. Auf Antrag kann die Rechtsaufsichtsbehörde das Recht verleihen, ein neues Wappen und eine neue Flagge zu führen oder die bisherigen zu ändern. Siehe hierzu auch § 3 DVO GemO. Ortsteile, Gemeindebezirke oder Ortschaften sind nicht berechtigt, eigene Wappen zuführen, selbst wenn sie früher selbstständige Gemeinden waren. Das Recht zur Führung eines bestimmten Wappens oder einer Flagge genießt den gleichen Rechtsschutz wie Name und Bezeichnung der Gemeinde. Die unbefugte Benutzung des Wappens oder der Flagge einer Gemeinde ist nach § 8 Abs. 1 Nr. 1 LOWiG eine Ordnungswidrigkeit.

2. Dienstsiegel

Wenn die Gemeinde ein eigenes Wappen hat, führt sie dieses im Dienstsiegel. Andernfalls muss ihr Dienstsiegel das kleine Landeswappen mit der Bezeichnung und dem Namen der Gemeinde enthalten (§ 6 Abs. 2). Wegen der Gefahr des Missbrauchs ist die Zahl der zu beschaffenden Dienstsiegel auf das notwendige Maß zu beschränken. Sie sind stets unter Verschluss zu halten (§ 4 Abs. 3 DVO GemO).

III. Gemeindearten

107 Keine Bezeichnungen im Sinne des § 5 sind die Begriffe „Stadtkreis" und „Große Kreisstadt" (§ 3). Sie beziehen sich auf die Funktion dieser Städte als untere Verwaltungsbehörde, also auf Gemeinden, denen nach §§ 15 Abs. 1, 18 LVG diese besonderen Pflichtaufgaben zugewiesen sind. Im Zuge der Verwaltungsreform in Baden-Württemberg wurden durch das Gesetz zur Verwaltungsstruktur, zur Justizreform und zur Erweiterung des kommunalen Handlungsspielraums (Verwaltungsstruktur-Reformgesetz – VRG) vom 1.7.2004 (GBl. S. 469) der Umfang der von den Stadtkreisen und Großen Kreisstädten zu erledigenden Aufgaben der unteren Verwaltungsbehörde wesentlich erweitert.

Mit der Erklärung zum Stadtkreis oder zur Großen Kreisstadt führt der Bürgermeister die Amtsbezeichnung „Oberbürgermeister" (§ 42 Abs. 4). Ferner ist die Gemeinde zur Errichtung eines Rechnungsprüfungsamtes verpflichtet (§ 109 Abs. 1). Rechtsaufsichtsbehörde ist das Regierungspräsidium (§ 119).

1. Stadtkreis

108 Stadtkreise sind Städte, die nicht einem Landkreis als staatlichem Verwaltungsbezirk und als Kreisverband angehören (kreisfreie Städte). Sie stehen selbstständig neben dem Landkreis und erfüllen in ihrem Gebiet die Aufgaben der Kreisebene.
Eine Gemeinde kann auf ihren Antrag durch Gesetz zum Stadtkreis erklärt werden (§ 3 Abs. 1). Der Gesetzgeber ist nicht verpflichtet, dem Antrag zu entsprechen. Rechtsmittel gegen eine ablehnende Entscheidung gibt es nicht, da die Gemeinde insoweit nicht in eigenen Rechten betroffen sein kann.

Der BayVGH (DÖV 1964, 849) hält eine Klage für zulässig, mangels Rechtsanspruch jedoch für unbegründet.

2. Große Kreisstadt

109 Die Große Kreisstadt bleibt kreisangehörige Gemeinde, übernimmt jedoch die Aufgaben der unteren Verwaltungsbehörde (§§ 15, 18 LVG) mit Ausnahme der in § 19 LVG aufgeführten Angelegenheiten. Eine Gemeinde kann auf Antrag durch die Landesregierung zur Großen Kreisstadt erklärt werden, wenn sie mehr als 20000 Einwohner hat (§ 3 Abs. 2). Nach überwiegender Meinung wird die Rechtsnatur dieser Entscheidung als Verwaltungsakt angesehen, mit der Folge entsprechender Rechtsmittel gegen eine ablehnende Entscheidung. Die Erklärung zur Großen Kreisstadt ist im Gesetzblatt (GBl.) bekannt zu machen.

H. Gemeindegebiet

Das Gemeindegebiet ist die **räumliche Grundlage** der Hoheitsgewalt der Gemeinde. Ihre Verwaltungshoheit erfasst alle Personen, die in ihrem Gebiet wohnen und alle Gegenstände, die sich in ihm befinden.

110

Ein Recht des Gemeindeeinwohners auf Zugehörigkeit seiner Wohnung zu einer bestimmten Gemeinde besteht nicht (OVG Rh.Pf. DÖV 1982, 702).

I. Umfang

Das Gebiet der Gemeinde wird gebildet durch alle Grundstücke innerhalb der Gemeindegrenzen. Für den Umfang ist der rechtliche Zustand im Zeitpunkt des Inkrafttretens der GemO maßgebend (§ 7 Abs. 1). Es ist dabei unerheblich, wem diese Grundstücke privatrechtlich gehören.

111

Der Grenzverlauf zwischen zwei Gemeinden kann trotz genauer Katasterpläne und Vermarkung streitig sein. Es kann auch sonst die gemeindliche Zugehörigkeit eines Grundstückes, z. B. bei Auffüllungen an einem Seeufer, zweifelhaft sein. In diesen Fällen entscheidet die Rechtsaufsichtsbehörde (§ 7 Abs. 1 Satz 2).

Das Gemeindegebiet soll so **bemessen** sein, dass
- die örtliche Verbundenheit der Einwohner und
- die Leistungsfähigkeit der Gemeinde zur Erfüllung ihrer Aufgaben gesichert ist (§ 7 Abs. 2).

Diese Forderung ist ein programmatischer Grundsatz für die anzustrebende Gemeindestruktur. Mit dem Besonderen Gemeindereformgesetz vom 9.7.1974 (GBl. S. 248) zum Abschluss der gebietlichen Gemeindeneuordnung hat man versucht, dies zu verwirklichen. Die Zahl der Gemeinden in Baden-Württemberg ist nach Abschluss der Gebietsreform von 3378 bis heute auf 1101 zurückgegangen.

II. Gemeindefreie Grundstücke

Grundsätzlich soll jedes Grundstück zu einer Gemeinde gehören. Aus besonderen Gründen können jedoch Grundstücke außerhalb einer Gemeinde verbleiben – gemeindefreie Grundstücke (§ 7 Abs. 3). Dies muss durch ein besonderes öffentliches Interesse gerechtfertigt sein.

112

Beispiele:
- Truppenübungsplätze (Münsingen), Stadt Rhinau (Gemeindefreier unbewohnter Grundbesitz Rheinau im Ortenaukreis (nicht bei der Stadt Rheinau), gehört zur französischen Stadt Rhinau, wird aber vom Landratsamt des Ortenaukreises verwaltet);
- Große Moor- und Waldflächen;
- Bodensee (Kondominium, gemeinsame Verwaltung aller Anrainerstaaten).

Die Erklärung eines gemeindezugehörigen zu einem gemeindefreien Grundstück bedarf eines Gesetzes, weil dieser Akt dem der Neubildung einer Gemeinde gleichkommt. Ebenso muss die Verwaltung gemeindefreier Gebiete durch Gesetz geregelt werden. Für die vorhandenen gemeindefreien Gebiete, bei denen eine besondere Regelung über die Verwaltung fehlt, gilt die „Verordnung über gemeindefreie Grundstücke und Gutsbezirke" vom 15.11.1938 (RGBl. I S. 1631).

Nach dieser VO erfüllen die Eigentümer gemeindefreier Grundstücke die öffentlichen Aufgaben, die sonst der Gemeinde obliegen würden (z. B. bei Truppenübungsplätzen die Bundesfinanzverwaltung, hier die zuständige Oberfinanzdirektion).

III. Innere Gebietsgliederung

113 Die GemO ermöglicht eine innere Gebietsgliederung der Gemeinde durch Bildung von **Gemeindebezirken** (§§ 64 ff.) und durch Einführung der **Ortschaftsverfassung** (§§ 67 ff.). Hierdurch können kleinere Verwaltungseinheiten mit gebietlich beschränkten Zuständigkeiten geschaffen werden, die jedoch keine *„unter"* der Gemeinde stehenden Gebietskörperschaften sind und auch keine eigene Rechtspersönlichkeit haben. Die Gemeinde als solche bleibt einheitliche unterste Trägerin der öffentlichen Verwaltung.

IV. Gebietsänderungen

1. Voraussetzungen

114 Änderungen des Gemeindegebiets aus Gründen des **öffentlichen Wohls**, d. h. zur Erreichung der in § 7 Abs. 2 genannten Ziele, sind möglich (§ 8 Abs. 1), aber auch nur bei Vorliegen dieser Voraussetzung zulässig (vgl. StGH DÖV 1975, 385 = EKBW LV Art. 74 E 3).
Gebietsänderungen können sowohl freiwillig als auch gegen den Willen der beteiligten Gemeinden erfolgen (Art. 74 LV; § 8 Abs. 2 und 3). Die Selbstverwaltungsgarantie steht nicht entgegen, da sie nicht den individuellen Bestand einer Gemeinde und ihres Gebiets garantiert, sondern lediglich einen (relativierten) Bestandsschutz gewährt, der nur eingreift, wenn Gründe des öffentlichen Wohls die Gebietsänderung nicht rechtfertigen.

2. Arten der Gebietsänderung

115 Gebietsänderung ist jede Änderung des Verlaufs der Gemeindegrenzen. Sie liegt vor, wenn
- Gebietsteile einer Gemeinde in eine andere Gemeinde eingegliedert werden (**Umgliederung**),
- eine Gemeinde in eine andere Gemeinde eingegliedert wird (**Eingliederung**) oder mehrere Gemeinden zu einer neuen Gemeinde vereinigt werden (Neubildung durch **Vereinigung**),

- Gebietsteile aus einer oder mehreren Gemeinden ausgegliedert werden und aus ihnen eine **neue Gemeinde gebildet** wird,
- Gemeinden **aufgelöst** und ihr Gebiet in mehrere andere Gemeinden eingegliedert oder aus ihrem Gebiet mehrere neue Gemeinden gebildet werden.

3. Verfahren bei Gebietsänderungen

Die GemO kennt drei Verfahren zur Herbeiführung einer Gebietsänderung: **116**
- Freiwillige Gebietsänderung durch **Vereinbarung** der beteiligten Gemeinden und Genehmigung durch die zuständige Rechtsaufsichtsbehörde (§ 8 Abs. 2).
- Gebietsänderung durch **formelles Gesetz** bei
  - zwangsweiser Grenzänderung (§ 8 Abs. 3 Satz 1),
  - Neubildung von Gemeinden aus Teilen einer oder mehrerer Gemeinden (§ 8 Abs. 3 Satz 2).
- Gebietsänderung durch **Rechtsverordnung** des Innenministeriums bei zwangsweiser Grenzänderung, wenn diese nur Gebietsteile betrifft, durch deren Umgliederung der Bestand der beteiligten Gemeinden nicht gefährdet wird (§ 8 Abs. 6).

Gemeindegrenzen können darüber hinaus auch im Flurbereinigungsverfahren geändert werden (§ 58 Abs. 2 Flurbereinigungsgesetz). Diese Änderung bedarf der Zustimmung der betroffenen Gemeinden und Landkreise.

a) **Freiwillige Gebietsänderung.** Sowohl Art. 74 LV als auch § 8 nennen die frei-   **117**
willige Gebietsänderung **durch Vereinbarung** an erster Stelle. Eine Regelung durch Gesetz oder Rechtsverordnung ist grundsätzlich nur möglich, wenn die beteiligten Gemeinden sich nicht einigen. Nur die Neubildung einer Gemeinde aus Teilen einer oder mehrerer Gemeinden bedarf in jedem Fall eines Gesetzes, dessen Ergänzung durch eine Vereinbarung allerdings vorgesehen werden kann (§ 9 Abs. 4).
Die **Initiative** zur freiwilligen Gebietsänderung kann von einer oder mehreren der beteiligten Gemeinden ausgehen. Sie kann auch von der Rechtsaufsichtsbehörde oder im Zuge einer umfassenden Gemeindereform von der Landesregierung ergriffen werden.
Eine formale **Anzeige** von Verhandlungen interessierter Gemeinden an die Rechtsaufsichtsbehörde ist nach der GemO nicht erforderlich.
Nach Abschluss der Vorbesprechung zwischen den beteiligten Gemeinden ist eine **Anhörung der Bürger** des von der Änderung unmittelbar betroffenen Gebiets (also z. B. des Umgliederungsgebiets) durchzuführen (Art. 74 Abs. 2 Satz 3 LV, § 8 Abs. 2). Dies gilt nur dann nicht, wenn in den Fällen des § 8 Abs. 2 Satz 3 ein Bürgerentscheid gemäß § 21 durchgeführt wird. Das Verfahren für die Befragung ist in § 40 KomWG und § 52 KomWO geregelt (§ 8 Abs. 5). Die Bestimmungen über die Wahl des Bürgermeisters finden entsprechende Anwendung. Der Stimmzettel muss so gefasst sein, dass die Bürger auf die gestellte Frage mit „*Ja*" oder „*Nein*" antworten können (StGH DÖV 1975, 532 = EKBW LV Art. 74 E 6). Wird bei der Anhörung die Gebietsänderung abgelehnt, kann sie dennoch – auch durch beabsichtigte freiwillige Vereinbarung – vollzogen werden. Die Anhörung hat lediglich informatorischen Charak-

ter. Ihre Durchführung ist jedoch zwingend vorgeschrieben. Das Unterlassen der ordnungsgemäßen Befragung hätte die Unwirksamkeit der Gebietsänderung zur Folge (vgl. StGH DÖV 1976, 245 = EKBW LV Art. 74 E 7). Die **Landkreise sind zu hören**, wenn durch die Änderung der Gemeindegrenzen deren Gebiet betroffen ist (§ 8 Abs. 4). Diese Anhörung hat ebenfalls nur informatorischen Charakter.

Ergeben sich bei einer Neubildung Zweifel über die Kreiszugehörigkeit der neuen Gemeinde, bestimmt das Innenministerium, zu welchem Landkreis sie gehört (§ 7 Abs. 2 LKrO).

Nach der Anhörung **beschließen die Gemeinderäte** als Hauptorgane der beteiligten Gemeinden über die Grenzänderung. Notwendig ist jeweils die Mehrheit der Stimmen aller Gemeinderatsmitglieder (**qualifizierte Mehrheit**). Die Beschlussfassung darf sich nicht auf die Tatsache der Gebietsänderung beschränken. Sie muss sich auf den Gesamtinhalt der Vereinbarung erstrecken.

118 Durch die gemeinderätliche Beschlussfassung der beteiligten Gemeinden werden deren **Bürgermeister** zum formellen Abschluss der Vereinbarung über die Grenzänderung **ermächtigt**.

Die Vereinbarung bedarf zu ihrer Rechtswirksamkeit der **Genehmigung der zuständigen Rechtsaufsichtsbehörde**. Diese Genehmigung ist ein Verwaltungsakt, der als staatlicher Hoheitsakt die vereinbarte Gebietsänderung mit konstitutiver Wirkung feststellt (VGH BW ESVGH 27, 150 = EKBW GemO § 8 E 8).

Die Genehmigung wird mit Bekanntgabe an die beteiligten Gemeinden wirksam. Die Gebietsänderung selbst ist von der zuständigen Rechtsaufsichtsbehörde im GABl. zu veröffentlichen. Dies hat jedoch nur deklaratorische Bedeutung.

Die Erteilung der Genehmigung steht im pflichtgemäßen Ermessen der Rechtsaufsichtsbehörde. Die Gemeinden haben also, auch wenn Gründe des öffentlichen Wohls die Gebietsänderung rechtfertigen, nur einen Rechtsanspruch auf ermessensfehlerfreie Entscheidung. Nicht zuletzt wegen der Verpflichtung des Landes zur Schaffung leistungsstarker örtlicher Verwaltungseinheiten ist der Ermessensspielraum in der Regel jedoch gering (VGH BW VBlBW 1963,153 = EKBW GemO § 8 E 1).

Die **Vereinbarung über die Grenzänderung** nach § 8 Abs. 2 und § 9 Abs. 1 hat den Umfang der Gebietsänderung festzulegen, die notwendigen Rechtsfolgen zu bestimmen und die aus Gründen des öffentlichen Wohls notwendige vermögensrechtliche Auseinandersetzung zu regeln. Die Vereinbarung ist danach ein Rechtsgeschäft vorwiegend öffentlich-rechtlichen, aber auch privat-rechtlichen Charakters, soweit sie fiskalische Abmachungen enthält. Die **inhaltlichen Anforderungen** ergeben sich aus § 9. Es sind vor allem die folgenden Punkte zu regeln:

119 - Zeitpunkt der Rechtswirksamkeit
Aus haushaltsrechtlichen Gründen bietet sich der Jahresbeginn an. Ein anderer Zeitpunkt bleibt in Ausnahmefällen möglich. Rückwirkung ist nicht zulässig.

Gemeindegebiet   **120–123**

– **Bestimmungen über das neue Ortsrecht**   **120**
Grundsätzlich bleibt in den von der Änderung betroffenen Gebieten das bisherige Ortsrecht (Satzungen und Verordnungen) gültig, es sei denn, es wird aus tatsächlichen Gründen gegenstandslos. Das neue Ortsrecht muss durch Erstreckungssatzung oder -verordnung nach Inkrafttreten der Gebietsänderung für das hinzugekommene Gebiet neu verkündet werden. In der Erstreckungssatzung/-verordnung kann auf die zu erstreckenden Vorschriften verwiesen werden, ohne deren Wortlaut zu wiederholen. Dabei sind jedoch zwingend die Fundstellen der zu erstreckenden Vorschriften anzugeben (VGH BW EKBW DVO GemO § 1 E 21 und E 22).
Ausnahme hinsichtlich des Inkrafttretens:
Die **Hauptsatzung** einer aufnehmenden Gemeinde tritt als grundlegende Organisationsnorm in den aufgenommenen Gebietsteilen mit der Rechtskraft der Gebietsänderung in Kraft (§ 5 Abs. 1 Allgemeines Gemeindereformgesetz vom 9.7.1974, GBl. S. 237).

– **Regelungen über die neue Verwaltung**   **121**
Es sind zahlreiche Fragen zu regeln, die sich bei den einzelnen Arten der Gebietsänderungen unterschiedlich stellen.
Sie betreffen zunächst die Rechtsstellung der Gemeindeorgane. So verlieren bei der Eingliederung die Mitglieder der Organe der eingegliederten Gemeinde ihr Amt. In der Vereinbarung muss daher bestimmt werden, dass dem Gemeinderat der aufnehmenden Gemeinde bis zur nächsten Wahl eine den örtlichen Verhältnissen und den Bevölkerungsanteilen entsprechende Zahl von Gemeinderäten der eingegliederten Gemeinde angehört (§ 9 Abs. 1 Satz 3). Die Entsendung von Mitgliedern des Gemeinderats der eingegliederten Gemeinde in den Gemeinderat der aufnehmenden Gemeinde ist verfassungsgemäß (VGH BW VBlBW 1973, 137 = EKBW GemO § 9 E 1; BVerwG VBlBW 1973, 141 = EKBW GemO § 9 E 2). Dem Gemeinderat der aufnehmenden Gemeinde muss mindestens ein Gemeinderat der eingegliederten Gemeinde angehören (vgl. hierzu im Einzelnen auch § 9 Abs. 2).
Ferner wird die Verwendung der Bediensteten einer aufgelösten Gemeinde zu regeln sein. Die Einführung der Ortschaftsverfassung oder die Einrichtung von Gemeindebezirken kann in Betracht kommen (weitere Einzelheiten bei Kunze/Bronner/Katz, GemO § 9 Rdnr. 6 ff.).

– **Regelung der Rechtsnachfolge**   **122**
Bei der Eingliederung tritt die aufnehmende Gemeinde kraft Gesetzes die **Gesamtrechtsnachfolge** an. Dies gilt entsprechend bei der Vereinigung. Bei Umgliederung ist nur Einzelrechtsnachfolge denkbar, da die abgebende Gemeinde bestehen bleibt. Hier muss in der Vereinbarung bestimmt werden, welche Rechte und Pflichten auf die aufnehmende Gemeinde übergehen.

– **Auseinandersetzung**   **123**
Durch die Auseinandersetzung sollen die bestehenden Rechte und Pflichten auf die einzelnen Rechtsnachfolger übertragen (nicht erforderlich bei Gesamtrechtsnachfolge) und gegebenenfalls unbillige Belastungen oder Beeinträchtigungen ausgeglichen werden.

124 – Bei der Neubildung (Vereinigung) einer Gemeinde ist darüber hinaus in der Vereinbarung eine Bestimmung über den Namen zu treffen. Ebenso muss für die neue Gemeinde die vorläufige Wahrnehmung der Aufgaben ihrer Verwaltungsorgane geregelt werden.

125 – Bei der Eingliederung muss eine befristete Vertretung der eingegliederten Gemeinde für Streitfälle hinsichtlich der Vereinbarung vorgesehen werden.

126 Wenn die Vereinbarung keine erschöpfende Regelung enthält oder die Genehmigung wegen einzelner Bestimmungen nicht erteilt werden kann, setzt die zuständige Rechtsaufsichtsbehörde den Gemeinden eine angemessene Frist zur Beseitigung der Mängel. Nach ergebnislosem Ablauf dieser Frist trifft die Rechtsaufsichtsbehörde anstelle der Gemeinden die erforderlichen Regelungen durch Ergänzung der Vereinbarung (§ 9 Abs. 3).

127 b) **Gebietsänderung kraft Gesetzes.** Kann eine Einigung der beteiligten Gemeinden nicht herbeigeführt werden, ist für eine Gebietsänderung ein Gesetz erforderlich. Grundsätzlich bedarf es hierzu eines Gesetzes im **formellen Sinn.**
Die **Initiative** kann von der Landesregierung ausgehen oder aus der Mitte des Landtags erfolgen (§ 59 Abs. 1 LV).
Das **weitere Verfahren** wird zunächst von der Rechtsaufsichtsbehörde betrieben. Sie hat alle für die Gebietsänderung maßgebenden Umstände von Amts wegen zu ermitteln. Sie fordert die beteiligten Gemeinden und Landkreise zu Stellungnahmen auf.
Die vorgeschriebene **Anhörung** der Bürger, die in dem betroffenen Gebietsteil wohnen, ist von der Gemeinde durchzuführen (Pflichtaufgabe ohne Weisung – § 8 Abs. 3 Satz 4). Für das Anhörungsverfahren gelten die oben erläuterten Grundsätze. Es hat für den Gesetzgeber ebenfalls nur informatorischen Charakter.

Es steht im Einklang mit Art. 74 Abs. 2 Satz 3 und 4 LV, wenn § 8 Abs. 3 Satz 4 bestimmt, dass bei Erlass eines Umgliederungsgesetzes die in dem betroffenen Gebietsteil wohnenden „Bürger" gehört werden müssen, obwohl Art. 74 Abs. 2 Satz 3 LV davon spricht, dass die „Bevölkerung" dieses Gebietsteils zu hören ist (VGH BW EKBW LV Art. 74 E 8).

Das weitere **Gesetzgebungsverfahren** bestimmt sich nach der Landesverfassung. Im **Gesetz selbst** sind neben dem Umfang der Gebietsänderung und dem Tag der Rechtswirksamkeit auch die weiteren Folgen (Ortsrecht, Verwaltung, Rechtsnachfolge, Auseinandersetzung) zu regeln. Das Gesetz kann jedoch für die erforderlichen Bestimmungen auch die Ermächtigung zum Erlass einer Verordnung vorsehen (§ 9 Abs. 4 Satz 1) oder diese Regelung einer freiwilligen Vereinbarung überlassen, die dann der Genehmigung durch die zuständige Rechtsaufsichtsbehörde bedarf (§ 9 Abs. 4 Satz 2). Kommt die Vereinbarung nicht zustande, trifft nach erfolglosem Ablauf einer den Gemeinden gesetzten Frist die zuständige Rechtsaufsichtsbehörde die erforderlichen Bestimmungen (§ 9 Abs. 4 Satz 3).

c) Gebietsänderung durch Rechtsverordnung. Bei unfreiwilligen Gebietsänderungen, die nur Gemeindeteile betreffen, durch deren Umgliederung der Bestand der beteiligten Gemeinden nicht gefährdet wird (hierzu VGH BW ESVGH 26, 35 = EKBW GemO § 8 E 6), bedarf es keines formellen Gesetzes. Sie können durch Rechtsverordnung **des Innenministeriums** herbeigeführt werden (§ 8 Abs. 6). Die bei Gebietsänderung durch formelles Gesetz geltenden Grundsätze finden entsprechende Anwendung. In der Rechtsverordnung sind also ebenfalls die Rechtsfolgen der Gebietsänderung und die Auseinandersetzung zu regeln. Die Verordnung kann dies auch den beteiligten Gemeinden überlassen, die dann durch genehmigungspflichtige Vereinbarung das Erforderliche zu bestimmen haben. **128**

d) Rechtswirkung. Die in einer genehmigten Vereinbarung, einem Gesetz oder einer Rechtsverordnung enthaltene Regelung der Rechtsfolgen einer Gebietsänderung hat unmittelbar rechtsbegründende Wirkung (§ 9 Abs. 5). Es entstehen unmittelbar Rechte und Pflichten der Beteiligten. Übergang, Beschränkung und Aufhebung dinglicher Rechte werden bewirkt ohne die sonst erforderlichen Willenserklärungen nach BGB und GBO. Das Eigentum an Grundstücken geht ohne Auflassung über. Das Grundbuch wird unrichtig. Die Rechtsaufsichtsbehörde hat daher die zuständigen Behörden um Berichtigung der öffentlichen Bücher zu ersuchen. Öffentliche Abgaben werden insoweit nicht erhoben, Auslagen werden nicht ersetzt (§ 9 Abs. 6). **129**

e) Rechtsschutz. Der Gemeinde, die gegen ihren Willen von einer **gesetzlichen** Gebietsänderung betroffen wird, steht verfassungsgerichtlicher Rechtsschutz zu.
Nach Art. 76 LV kann sie insbesondere den StGH anrufen (vgl. hierzu StGH DÖV 1973, 163 = EKBW LV Art. 74 E 2). Gegen eine Gebietsänderung durch **Rechtsverordnung** kann sie den Verwaltungsrechtsweg (Normenkontrollklage) beschreiten.
Auch bei **Streitigkeiten aus „alten Eingemeindungen"** und den zugrunde liegenden Eingemeindungsvereinbarungen besteht Rechtsschutz nach der VwGO. Die ehemals selbstständigen Gemeinden gelten weiterhin als beteiligungs- und prozessfähig.
Ansprüche auf Änderung lassen sich wohl nur auf § 60 LVwVfG stützen. Zur „wesentlichen Änderung" im Sinne dieser Vorschrift vgl. VG Freiburg, Urteil vom 12.2.2005, ZK 12.12/04, wonach eine Verschlechterung der wirtschaftlichen Situation als solche nicht herangezogen werden kann. **130**

I. Bewohner der Gemeinde

Die GemO geht vom **Prinzip der Einwohnergemeinde** aus. Neben dem Einwohner kennt sie den Begriff des „Bürgers". Der Bürgerbegriff bezeichnet jedoch nicht einen **besonderen Rechtsstatus**, wie er früher von einer unter bestimmten Voraussetzungen (z. B. Heimatrecht, Grundbesitz, Gewerbebetrieb) möglichen Verleihung abhängig war. **131**

Das **Bürgerrecht,** das vor allem das Recht zur Teilnahme an den Gemeindewahlen und zur Bekleidung öffentlicher Gemeindeämter beinhaltet, steht bei Vorliegen der festgelegten Voraussetzungen (Staatsangehörigkeit, Mindestalter, Mindestwohndauer) allen **Einwohnern kraft Gesetzes** zu (§ 12 Abs. 1). Die Bezeichnung „Bürger" steht daher in erster Linie für den wahlberechtigten Einwohner.

I. Einwohner

1. Begriff

132 Einwohner der Gemeinde ist, wer in der Gemeinde wohnt (§ 10 Abs. 1). Für den Einwohnerbegriff ist das Merkmal des Wohnens entscheidend. Dabei kommt es auf den **öffentlich-rechtlichen Begriff des Wohnens** an (vgl. § 8 AO). Danach ist Einwohner der Gemeinde, wer in ihr eine Wohnung unter Umständen innehat, die darauf schließen lässt, dass er die Wohnung beibehalten und benutzen wird.

Wohnung ist jede **Unterkunftsmöglichkeit,** die für eine dauerhafte Unterbringung von Menschen geeignet ist. Zelte oder Erdhöhlen sind keine Wohnung, ebenso wenig ein Büroraum mit „Campingliege" (zum Wohnungsbegriff, § 16 MeldeG).

Maßgebend sind allein objektive Kriterien. Auf den subjektiven Willen, die Wohnung zum Mittelpunkt der Lebensbeziehungen zu machen (Wohnsitzbegriff, § 7 BGB), kommt es nicht an. Auch Kinder können daher im Sinne des § 10 Wohnung nehmen, allerdings wird hier die Zustimmung des gesetzlichen Vertreters zu fordern sein. Da die Einwohnereigenschaft nicht von der deutschen Staatsangehörigkeit abhängt, sind auch Ausländer und Staatenlose Einwohner. Das Wohnen in mehreren Gemeinden ist möglich und dementsprechend eine mehrfach begründete Einwohnereigenschaft.

In der Praxis wird man zur Ermittlung der Einwohnereigenschaft auf das Melderecht zurückgreifen, da die polizeiliche Anmeldung als Indiz für das Wohnen angesehen werden kann.

133 Nicht in der Gemeinde wohnende Grundstücksbesitzer und Gewerbetreibende haben hinsichtlich ihres Grundbesitzes oder Gewerbebetriebs die gleichen Rechte und Pflichten wie ein Einwohner (§ 10 Abs. 3). Auch juristische Personen und nicht rechtsfähige Personenvereinigungen werden insoweit den Einwohnern gleichgestellt (§ 10 Abs. 4).

2. Rechte und Pflichten

134 Die Rechtsstellung der Gemeindeeinwohner wird bestimmt durch
– das **Recht,** die öffentlichen Einrichtungen der Gemeinde zu benutzen (§ 10 Abs. 2 Satz 2) und an der Gemeindeverwaltung im gesetzlichen Rahmen mitzuwirken (z. B. Unterrichtungsanspruch, § 20; Teilnahme an Bürgerversammlungen, § 20a; beratende Mitwirkung im Gemeinderat, § 33 Abs. 3;

Fragestunde und Anhörung, § 33 Abs. 4; Einsichtsrecht in die Niederschriften des Gemeinderats, § 38 Abs. 2; beratende Mitwirkung in den beschließenden Ausschüssen, § 40 Abs. 1; Mitgliedschaft in beratenden Ausschüssen, § 41 Abs. 1),
- die **Pflicht**, die Gemeindelasten zu tragen (§ 10 Abs. 2 Satz 3; fast ausschließlich Geldleistungen – Abgaben; sonst lediglich sog. Hand- und Spanndienste – § 10 Abs. 5).

3. Öffentliche Einrichtung

a) **Begriff.** Das wesentliche Recht der Einwohner besteht in dem Anspruch auf Benutzung der öffentlichen Einrichtungen der Gemeinde. Nach § 10 Abs. 2 hat die Gemeinde die für das wirtschaftliche, soziale und kulturelle Wohl der Einwohner erforderlichen öffentlichen Einrichtungen zu schaffen. Öffentliche Einrichtungen sind solche, zu deren Benutzung alle vom Widmungszweck erfassten Personen nach allgemeingültiger, grundsätzlich gleicher Regelung durch die Gemeinde zugelassen werden. Es muss sich um eine unmittelbar **nutzbare** Einrichtung handeln.

135

Beispiele:
- Schule
- Bad
- Kindergarten (VG Freiburg VB1BW 1989, 354 = EKBW GemO § 10 E 36/1)
- Kindertagestätten (VGH BW EKBW GemO § 10 E 40)
- Bücherei
- öffentliche Wasserversorgung (VGH BW BWGZ 1990, 544 = EKBW GemO § 10 E 47)
- Abwasserbeseitigung
- Stromversorgung
- Gasversorgung
- Theater
- Museum
- Zuchtbulle/künstliche Besamung (VGH BW VBlBW 1971, 106 = EKBW GemO § 10E ll)
- Stadthalle (VGH BW DÖV 1968, 179 = EKBW GemO § 10 E 8; EKBW GemO § 10 E 93)
- Plakatanschlagtafel (VGH BW ESVGH 23, 26 = EKBW GemO § 10 E 13)
- Verkehrslandeplatz (VGH BW VB1BW 1981, 157 = EKBW GemO § 21 E 8)
- Festplatz/Messeplatz (VGH BW ESVGH 38, 220 = EKBW GemO § 10 E 37; EKBW GemO § 10 E 39)
- Musikschule (VGH BW EKBW GemO § 10 E 31)
- Gemeinschaftsantennenanlage (VGH BW EKBW GemO § 10 E 42)
- Obdachlosenunterkunft (VGH BW BWVPr. 1992, 39 = EKBW GemO § 10 E 54; EKBW GemO § 10 E 77)
- Grillplatz (VGH BW EKBW GemO § 10 E 69)
- Sportboothafen (VGH BW EKBW GemO § 10 E 81)
- Parkplatz, sofern kein straßenrechtlicher Gemeingebrauch (BayVGH NVwZ 1998, 727)
- Friedhof
- Sport-, Spiel- und Bolzplätze (VGH BW EKBW GemO § 10 E 88; EKBW GemO § 10 E 90)
- Halle für Schul- und Vereinssport (VGH BW EKBW GemO § 10 E 93)

57

- Sportboothafen (VGH BW EKBW GemO § 10 E 83)
- Jugendhaus (VGH BW EKBW GemO § 10 E 93)

Die Errichtung und der Betrieb einer öffentlichen Einrichtung **auf fremder Gemarkung** sind möglich. Dies bedarf jedoch der Zustimmung der Belegenheitsgemeinde (VGH BW EKBW GG Art. 28 E 17).
Nutzungsart und -umfang werden durch förmliche (z. B. Verwaltungsakt, Satzung) oder konkludente **Widmung** bestimmt (VGH BW BWVPr. 1979, 133 = EKBW GemO § 10 E 20).
Der Gemeinde ist grundsätzlich freigestellt, ob sie das Benutzungsverhältnis **öffentlich-rechtlich** oder **privatrechtlich** ausgestalten will. Im Zweifel ist vom öffentlich-rechtlichen Charakter auszugehen (VGH BW DÖV 1978, 569 = EKBW GemO § 10 E 18; BGH BWVPr. 1978, 105; VGH BW EKBW GemO § 10 E 31; EKBW GemO § 10 E 40; zur Abgrenzung: VGH BW BWVPr. 1979, 133 = EKBW GemO § 10 E 20; VGH BW NVwZ – RR 1989, 268). Dabei umfasst die Befugnis, eine öffentliche Einrichtung zu betreiben, auch die Ermächtigung, das Benutzungsverhältnis generell durch Satzung, Allgemeinverfügung, Verwaltungsakt, öffentlich-rechtlichen Vertrag oder privatrechtlich durch Vertrag oder AGB zu regeln – Anstaltsgewalt (OVG NRW NVwZ-RR 2003, 297 = DÖV 2003, 418). **Eigene Rechtspersönlichkeit** ist nicht erforderlich. Es gibt zahlreiche rechtlich unselbstständige öffentliche Einrichtungen, z. B. Schulen, Schwimmbäder, Stadthallen.
Die Gemeinde muss auch nicht selbst Betreiber der öffentlichen Einrichtung sein. Die öffentliche Einrichtung kann auch **von Dritten betrieben** werden. In diesem Fall ist es notwendig, dass der Gemeinde der bestimmende Einfluss auf alle die Benutzung betreffenden wesentlichen Umstände gesichert ist (VGH BW VBlBW 1969, 10 = EKBW GemO § 10 E 9; VBlBW 1971, 106 = EKBW GemO § 10 E 11; EKBW GemO § 21 E 16; BVerwG DVBl. 1990, 154).
Die Eigenschaft als **wirtschaftliches Unternehmen** i. S. von § 102 Abs. 1 und 2 schließt nicht aus, dass es sich um eine öffentliche Einrichtung handelt (VGH BW VBlBW 1981, 157 = EKBW GemO § 21 E 8).

Keine öffentlichen Einrichtungen sind:
- Verwaltungseinrichtungen, wie z. B. Räume der Gemeindeverwaltung,
- Amtsblatt (VGH BW BWGZ 1980, 214 = EKBW DVO GemO § 1 E 16),
- einmalige oder vorübergehende Veranstaltungen,
- Sachen im Gemeingebrauch (Straßen, Wege, Plätze), deren Nutzung jedermann ungefragt und unentgeltlich freisteht, ohne dass er Einwohner zu sein braucht,
- Einrichtungen, die der öffentlichen Sicherheit und Ordnung dienen, z. B. Feuerwehr, Straßenbeleuchtung,
- privatwirtschaftliche Erwerbsbetriebe, z. B. Ratskeller,
- Starenbekämpfung (VGH BW BWGZ 1983, 492 = EKBW GemO § 10 E 26),
- Eigenjagdbezirk der Gemeinde (VGH BW BWVPr. 1989, 156 = EKBW GemO § 10 E 41).

Im Eigentum von Privatpersonen stehende Gebäude werden nicht dadurch zu öffentlichen Einrichtungen, weil ihr Bau mit Mitteln der Gemeinde gefördert wurde (VGH BW BWVPr. 1977, 10 = EKBW GemO § 21 E 6).

b) Errichtung. Die Gemeinde entscheidet nach pflichtgemäßem Ermessen, welche Einrichtungen für das Wohl der Einwohner erforderlich sind (OVG NRW NJW 1976, 820), es sei denn, es handelt sich um eine Pflichtaufgabe der Gemeinde (z. B. Schulen). Der einzelne Einwohner hat jedoch auch in diesem Fall grundsätzlich keinen Rechtsanspruch aus § 10 Abs. 2 auf Schaffung oder Erweiterung oder Aufrechterhaltung einer öffentlichen Einrichtung, wohl aber einen Anspruch auf deren Benutzung, wenn und solange sie vorhanden ist. Die Gemeinde ist auch nicht verpflichtet, in einer öffentlichen Einrichtung einmal gegebene Nutzungsmöglichkeiten beizubehalten (VGH BW VBlBW 1998, 349 = EKBW GemO § 10 E 86). Ein Anspruch auf Schaffung oder Aufrechterhaltung einer öffentlichen Einrichtung kann jedoch dann gegeben sein, wenn die Erfüllung einer Pflichtaufgabe auch den (Individual-) Interessen der Einwohner dient.

136

c) Zulassungs- und Benutzungsanspruch. Das Benutzungsrecht und die Überlassungspflicht bestehen unabhängig davon, ob das Benutzungsverhältnis öffentlich-rechtlich (Zulassungszwang) oder privatrechtlich (Kontrahierungszwang) ausgestaltet ist. Der Zulassungsanspruch ist ein subjektives öffentliches Recht. Auch bei privatrechtlicher Ausgestaltung ist der (Grund-)Anspruch auf Zulassung zur Benutzung öffentlich-rechtlicher Natur (Zweistufigkeit – Hess VGH NJW 1977, 216; BVerwG DÖV 1990, 977). Der öffentlich-rechtliche Zulassungsanspruch richtet sich in gleicher Weise gegen den (privatwirtschaftlichen) Betreiber (OVG Rh.Pf. DÖV 1985, 153), allerdings ist hierfür der ordentliche Rechtsweg gegeben. In diesem Verfahren wird über den öffentlich-rechtlichen Grundanspruch mitentschieden. Daneben steht der Rechtsweg zu den Verwaltungsgerichten gegenüber der Gemeinde als öffentlich-rechtlichem Träger der Einrichtung offen (BVerwG DÖV 1990, 977).

137

Der Zulassungsanspruch beschränkt sich auf die Nutzung im Rahmen **des** Zwecks der öffentlichen Einrichtung, der durch die Widmung festgelegt ist (z. B. Damenbad: Benutzung nur durch weibliche Badegäste, VG Freiburg VBlBW 1981, 229 = EKBW GemO § 10 E 23). Der vom Gemeinderat festgelegte Umfang der Widmung einer öffentlichen Einrichtung kann jedoch durch eine Vergabepraxis der Verwaltung, die über den Widmungszweck hinausgeht, zu einem Anspruch der Einwohner auf Benutzung der Einrichtung entsprechend der erweiterten Vergabepraxis führen (VGH BW VBlBW 1998, 145 = EKBW GemO § 10 E 84). Im Übrigen besteht der Zulassungs- und Benutzungsanspruch nur **im Rahmen des geltenden Rechts** (§ 10 Abs. 2 Satz 2), d. h. insbesondere im Rahmen der Benutzungsordnung. Einschränkungen aus **sachlichen Gründen** sind zulässig. Sie müssen vom Zweck der öffentlichen Einrichtung her erforderlich sein (VGH

BW VBlBW 1967, 109 = EKBW GemO § 10 E 7; VBlBW 1971, 106 = EKBW GemO § 10 E 11; BWGZ 1988, 886 = EKBW GemO § 10 E 30; EKBW GemO § 10 E 35; OVG NRW DÖV 1995, 515). Bestimmungen einer gemeindlichen Friedhofssatzung, nach der Gewerbetreibende für die Tätigkeit auf dem Friedhof der vorherigen Zulassung durch die Gemeinde bedürfen und diese den zulässigen Umfang der Tätigkeit festlegen kann, verletzen diese Gewerbetreibenden nicht in ihren Rechten aus Art. 12 Abs. 1 GG (VGH BW NVwZ-RR 2003, 142). Auflagen sind allerdings dann unzulässig, wenn sie nicht der Sicherung des Widmungszwecks dienen oder den Zulassungsanspruch faktisch aushöhlen. Dies trifft grundsätzlich für eine Auflage zu, die von einer politischen Partei fordert, Werbemaßnahmen für die von ihr beabsichtigte Veranstaltung in einer Stadthalle zu unterlassen (VGH BW VBlBW 1995, 17 = EKBW GemO § 10 E 71). Das Benutzungsrecht muss nach gleichen Grundsätzen gewährt werden (Art. 3 GG). Es ist **allen Einwohnern** unter den gleichen Voraussetzungen gleichmäßig einzuräumen.

Juristische Personen und nicht rechtsfähige Personenvereinigungen mit dem Sitz im Gemeindegebiet sind ebenfalls berechtigt, die öffentlichen Einrichtungen zu benutzen (VGH BW ESVGH 38, 220 = EKBW GemO § 10 E 37; DÖV 1989, 30 = EKBW GemO § 10 E 38; BWGZ 1992, 603 = EKBW GemO § 10 E 55). Ausnahmsweise können auch **Ortsfremde** einen Benutzungsanspruch haben, wenn ihnen dies **sondergesetzlich** eingeräumt ist (z. B. § 70 Gewerbeordnung für Märkte, § 22 Personenbeförderungsgesetz, § 88 Abs. 4 Schulgesetz, § 5 Parteiengesetz – Gleichbehandlung aller Parteien), wenn mit bestimmten öffentlichen Einrichtungen eine nicht nur auf den örtlichen Bereich bezogene **Monopolstellung** eingenommen wird oder wenn der Kreis der Berechtigten durch eine auf **tatsächlicher** Übung beruhende Widmung erweitert wurde (VG Sigmaringen EKBW GemO § 10 E 28; VGH BW VBlBW 1989, 331 = EKBW GemO § 10 E 43; VBlBW 1996, 101 = EKBW GemO § 10 E 76; EKBW GemO § 10 E 84).

Zum Recht politischer **Parteien** auf Benutzung öffentlicher Versammlungsräume der Gemeinde vgl. VGH BW WGZ 1968, 92 = EKBW GemO § 10 E 7/1; DÖV 1968, 179 = EKBW GemO § 10 E 8; BVerwG DVBl. 1969, 552; BayVBl. 1970, 25; VGH BW NJW 1979, 1840 = EKBW GemO § 10 E 21; DÖV 1987, 650 = EKBW GemO § 10 E 33; BWVPr. 1987, 204 = EKBW GemO § 10 E 34; VBlBW 1989, 332 = EKBW GemO § 118 E 1; BVerwG DVBl. 1990, 154; VGH BW EKBW GemO § 10 E 45; DÖV 1990, 625 = EKBW GemO § 10 E 48; VG Stuttgart BWVPr. 1991, 44 = EKBW GemO § 10 E 50; VGH BW EKBW GemO § 10 E 52; VBlBW 1994, 146 = EKBW GemO § 10 E 65; DÖV 1994, 569 = EKBW GemO § 10 E 68; VBlBW 1995, 17 = EKBW GemO § 18 E 71; BWGZ 1995, 422 = EKBW GemO § 10 E 73; Bay VGH, Urteil vom 13.6.2008, 4 CE 08, 726: Kapazität und Art der Veranstaltung sind bei der Vergabe entscheidend, d. h. wenn die Einrichtung bisher nicht für Wahlkampfveranstaltungen verwendet wurde, muss sie dafür auch nicht zur Verfügung gestellt werden; BayVGH, Urteil vom 21.8.2008, 4 AE 08.282, keine Kapazitätserweiterung). Auch bei Überlassung kommunaler Hallen an einzelne Bewerber einer Bürgermeisterwahl besteht Neutralitätspflicht (VGH BW DÖV 1984, 31 = EKBW KomWG § 32 E 34).

Eine Gemeinde darf die Überlassung ihrer Stadthalle an eine Partei von der Übernahme einer **Haftungsgarantie** für durch Dritte verursachte Sachschäden abhängig machen, wenn tatsächliche Anhaltspunkte für die Annahme bestehen, dass es aus Anlass der Parteiveranstaltung zu gewaltsamen Aktionen Dritter kommen wird und deshalb Schäden an dem Gebäude oder an seinem Inventar konkret zu befürchten sind (VGH BW BWVPr.

1991, 185 = EKBW GemO § 10 E 52; BWGZ 1995, 442 = EKBW GemO § 10 E 73; a. A. VG Magdeburg, Urteil vom 3.4.2007, 9 B 59/7).
Bei Überlassung eines gemeindlichen Festplatzes an einen Zirkus ist es sachgerecht, nach Absage des akzeptierten Bewerbers ein erneutes Auswahlverfahren durchzuführen (VGH BW NVwZ-RR 2004, 63).

Eine Vergabepraxis, die bei grundsätzlicher Anwendung des Prioritätsprinzips im Übrigen die eigenen städtischen Interessen ohne sachlichen Grund bevorzugt, verletzt den Grundsatz gleicher Zugangsberechtigung zu einer öffentlichen Einrichtung. Eine derartige allgemeine Privilegierung der eigenen gemeindlichen Belange ist unzulässig, auch wenn im Einzelfall ein Vorrang für die Gemeinde sachgerecht sein kann (VGH BW VBlBW 1994, 146 = EKBW GemO § 10 E 65).

d) Benutzungsgebühren/Entgelte. Bei privatrechtlich ausgestaltetem Benutzungsverhältnis kann die Gemeinde die Zulassung von der Zahlung eines Entgelts abhängig machen. Bei öffentlich-rechtlicher Benutzung ermächtigen §§ 2 Abs. 1, 13 KAG zur Erhebung von Benutzungsgebühren. Die Gebührenerhebung setzt den Erlass einer Satzung voraus (VGH BW EKBW GemO § 10 E 59). **138**

Die Gemeinde kann einen geeigneten Gebührenmaßstab nach ihrem Satzungsermessen wählen. Das Äquivalenzprinzip des Kommunalabgabenrechts ersetzt dieses Satzungsermessen nicht vollständig zugunsten strikter Vorgaben, sondern schränkt es nur ein (OVG Thüringen DVBl. 2002, 494).
Bei der Festsetzung der Gebühren ist eine Staffelung nach sozialen Gesichtspunkten zulässig (Kindergärten – BVerwG EKBW GemO § 10 E 70). Ebenso kann von Einheimischen eine um den Zuschuss der Gemeinde abgesenkte Gebühr erhoben werden, während auswärtige Benutzer die nicht bezuschusste Gebühr bezahlen müssen (Musikschule – BVerwG VBlBW 1997, 418 = EKBW GemO § 10 E 80; VGH BW EKBW GemO § 10 E 87).

Eine Satzung über die Benutzung einer öffentlichen Einrichtung ist ebenfalls dann erforderlich, wenn es notwendig erscheint, bestimmte Ge- oder Verbote als **Ordnungswidrigkeitstatbestände** festzulegen (§ 142 Abs. 1 Nr. 1).

II. Bürger

1. Begriff

Das Bürgerrecht (§§ 12 bis 19) steht allen Einwohnern zu, bei denen die gesetzlichen Voraussetzungen des § 12 Abs. 1 gegeben sind. **139**

Der **Erwerb** des Gemeindebürgerrechts tritt kraft Gesetzes ein bei **140**
– Deutschen im Sinne von Art. 116 GG,
– Personen, die die Staatsangehörigkeit eines anderen Mitgliedstaates der Europäischen, Union besitzen (**Unionsbürger**),
– Vollendung des 18. Lebensjahres,
– Mindestwohndauer in der Gemeinde von 3 Monaten. Grundsätzlich können daher nur Einwohner auch Bürger sein. Eine Ausnahme gilt für Bürgermeister und Beigeordnete. Sie erwerben unabhängig von ihrem Wohnort die Bürgereigenschaft mit dem Amtsantritt.

Wer innerhalb der Bundesrepublik Deutschland in mehreren Gemeinden wohnt, ist Bürger nur in der Gemeinde des Landes, in der er seit mindestens 3 Monaten seine Hauptwohnung nach § 17 Meldegesetz hat. Die bisherige Wohndauer wird lediglich dann angerechnet, wenn beim Bezug einer weiteren Wohnung die bisherige Hauptwohnung beibehalten wird (§ 12 Abs. 2). Zur Feststellung der Hauptwohnung vgl. BVerwG NJW 1992, 1121; VGH BW EKBW Sonstige Vorschriften 6 E 15; Nr. 24.1 der Allgemeinen Verwaltungsvorschrift des Innenministeriums zum Meldegesetz (VwVMG) vom 3.9.1997, i. d. F. vom 15.11.2004. Nach dem Urteil des BVerwG vom 4.5.1999, IC 25.98, ist auch für einen verheirateten, kinderlosen Einwohner die vorwiegend benutzte Wohnung der Familie die Hauptwohnung. In Zweifelsfällen ist dies dort, wo der Schwerpunkt der Lebensbeziehungen des Einwohners liegt (§ 12 Abs. 2 Melderechtsrahmengesetz, § 17 Abs. 2 Meldegesetz).

Das Bürgerrecht ohne Wartezeit erwirbt, wer es durch Wegzug oder Verlegung der Hauptwohnung verloren hat und vor Ablauf von 3 Jahren seit dieser Veränderung wieder in die Gemeinde zuzieht oder seine Hauptwohnung wieder begründet.

141 Die Einführung eines **Kommunalwahlrechts für Ausländer** war durch die Urteile des BVerfG vom 31.10.1990 (NJW 1991, 162) für verfassungswidrig erklärt worden (Hamburg, Schleswig-Holstein). Diesen Entscheidungen kommt nach § 31 BVerGG Gesetzeskraft zu; sie hatte insoweit auch die Einführung eines Kommunalwahlrechts für EG-angehörige Ausländer ohne vorherige Verfassungsänderung ausgeschlossen.
Art. 8b Abs. 1 des Vertrages zur Gründung der EG in der Fassung des Vertrages über die EU *(Maastrichter Vertrag* von 1992) sieht für Unionsbürger das aktive und passive Wahlrecht bei den Kommunalwahlen im Wohnsitzmitgliedstaat vor. Zur Regelung der weiteren Einzelheiten wurde die Richtlinie 94/80/EG des Rates vom 19.12.1994 (Amtsblatt der EG Nr. L 368/38) erlassen. Die Richtlinie bestimmt in Art. 14, dass die Mitgliedstaaten die erforderlichen Rechts- und Verwaltungsvorschriften erlassen, um dieser Richtlinie vor dem 1.1.1996 nachzukommen. Auf der Ebene der Verfassung sind die erforderlichen Änderungen erfolgt. Am 21.12.1992 hat der Bundestag mit Zustimmung des Bundesrates die zur Ratifizierung des Maastrichter Vertrages notwendigen Grundgesetzänderungen beschlossen (BGBl. I 1992 S. 2086) und den Maastrichter Vertrag ratifiziert (BGBl. II 1992 S. 1251). Nach dem neuen Art. 28 Abs. 1 Satz 3 GG sollen nach Maßgabe von EG-Recht auch Personen, die die Staatsangehörigkeit eines Mitgliedstaates der EG besitzen (Unionsbürger), bei Wahlen in Kreisen und Gemeinden wahlberechtigt und wählbar sein. Auf der Ebene der Landesverfassung sieht der neue Art. 72 Abs. 1 Satz 2 (Gesetz zur Änderung des LV vom 15.2.1995, GBl. S. 269) weitergehend vor, dass Unionsbürger nicht nur bei Wahlen in Kreisen und Gemeinden nach Maßgabe von EG-Recht wahlberechtigt und wählbar, sondern auch bei Abstimmungen stimmberechtigt sein sollen.
Durch Gesetz über die Teilnahme von Unionsbürgern an kommunalen Wahlen und Abstimmungen vom 13.11.1995 (GBl. S. 761) wurden die zur Umsetzung des EG-Rechts weiter erforderlichen Änderungen der Gemeindeordnung, der Landkreisordnung und des Kommunalwahlgesetzes beschlossen. Vervollständigt wurde das Recht zur Umsetzung der EG-Richtlinie durch die VO des Innenministeriums zur Änderung der Kommunalwahlordnung vom 27.11.1995 (GBl. S. 784). Wesentlicher Inhalt der Änderungen:
– Das Recht, an kommunalen Wahlen und Abstimmungen teilzunehmen, wird für Unionsbürger dadurch begründet, dass ihnen das **Bürgerrecht** zuerkannt wird.

– Aufgrund dieser Regelung sind die Unionsbürger berechtigt, das **aktive** und **passive Wahlrecht** bei der Wahl der Gemeinderäte, bei der Wahl der Kreisräte, bei der Wahl der Ortschaftsräte und gegebenenfalls bei der Wahl der Bezirksbeiräte sowie bei der Bürgermeisterwahl auszuüben sowie an Abstimmungen auf Gemeindeebene, vor allem an Bürgerbegehren und Bürgerentscheiden, teilzunehmen.
– Hieraus folgt weiter, dass für Unionsbürger auch die **sonstigen** an den Status des Bürgers nach der GemO und des wahlberechtigten Kreiseinwohners anknüpfenden Rechte, aber auch die aus diesem Status erwachsenden Pflichten gelten sollen. Zu diesen **Rechten** zählen insbesondere
  – das Recht, an sonstigen gemeindlichen Abstimmungen teilzunehmen, nämlich die Anberaumung einer Bürgerversammlung zu beantragen (§ 20a Abs. 2), einen Bürgerantrag zu stellen (§ 20b) und an Anhörungen bei Grenzänderungen teilzunehmen (§ 8 Abs. 2, 3 und 6),
  – das Recht auf Entschädigung für ehrenamtliche Tätigkeit nach § 19 GemO und § 15 LKrO,
  – die Wählbarkeit zum Ortsvorsteher (§ 71 Abs. 1) und zum Bezirksvorsteher (§ 65 Abs. 4).

Von den **Pflichten** sind vor allem zu nennen
– die Pflicht, eine ehrenamtliche Tätigkeit anzunehmen und auszuüben (§ 15, § 11 LKrO),
– die Pflichten ehrenamtlich tätiger Bürger (§ 17, § 13 LKrO).

Unionsbürger sind wie Deutsche von Amts wegen in das **Wählerverzeichnis** einzutragen. Eine Verfassungsbeschwerde mit der Begründung, dass die Gewährung des aktiven und passiven Wahlrechts und des Rechts zur Teilnahme an Abstimmungen durch Unionsbürger das Grundrecht der Gleichheit (Art. 3 Abs. 1 GG) verletze, hat das BVerfG (EKBW LV Art. 72 E 4) für unzulässig erklärt, weil sie im Falle des Obsiegens nur zu einer Veränderung der Rechtslage zum Nachteil anderer führen kann. Dadurch, dass auch Unionsbürger ohne Antragstellung das aktive Wahlrecht in Kommunen erhalten und für das Amt des Bürgermeisters kandidieren können, verliert der einzelne Wähler nicht sein Recht, dass seine Stimme ebenso mit bewertet wird wie die anderen Stimmen. Im Übrigen gewährt der Grundsatz der Gleichheit der Wahl kein subjektives Recht auf Ausschließung anderer.

Der **Verlust** des Bürgerrechts tritt ein, wenn die gesetzlichen Voraussetzungen wegfallen (§ 13 Abs. 1):

– Wegzug aus der Gemeinde,
– Verlegung der Hauptwohnung in eine andere Gemeinde innerhalb der Bundesrepublik Deutschland,
– Verlust der Eigenschaft eines Deutschen im Sinne von Art. 116 GG,
– Verlust der Eigenschaft als Unionsbürger,
– bei Bürgermeistern und Beigeordneten u. U. mit Ablauf der Amtszeit. Der Verlust tritt kraft Gesetzes (automatisch) ein. Er bedarf keiner besonderen Feststellung.

2. Rechte und Pflichten

Der Inhalt des Bürgerrechts besteht vor allem in
– dem **Wahlrecht** zu den Gemeindewahlen,

Beispiele:
– Wahl des Gemeinderats (§ 26 Abs. 1)
– Wahl des Bürgermeisters (§ 45 Abs. 1)
– Wahl des Ortschaftsrats (§ 69 Abs. 1)
– Wahl des Bezirksbeirats (§ 65 Abs. 4)

- dem **Stimmrecht** in sonstigen Gemeindeangelegenheiten (§ 14 Abs. 1),

Beispiele:
- Anhörung bei Grenzänderungen (§ 8)
- Bürgerversammlung (§ 20a)
- Bürgerantrag (§ 20b)
- Bürgerentscheid und Bürgerbegehren (§ 21)

Durch Bürgerversammlung, Bürgerantrag, Bürgerentscheid und Bürgerbegehren wird dem Bürger das unmittelbare Recht der Einflussnahme auf die Gemeindeverwaltung gegeben.

Vom **Wahl- und Stimmrecht** sind Bürger **ausgeschlossen** (§ 14 Abs. 2), die

- infolge Richterspruchs in der Bundesrepublik Deutschland (§ 45 Abs. 5 StGB, § 39 Abs. 2 BVerfGG) das Wahlrecht oder Stimmrecht nicht besitzen,
- für die zur Besorgung aller ihrer Angelegenheiten (mögliche Ausnahmen §§ 1896 Abs. 4 und 1905 BGB) ein Betreuer nicht nur durch einstweilige Anordnung bestellt ist.

- der **Pflicht** zur Annahme und Ausübung einer **ehrenamtlichen Tätigkeit** (§ 15).

3. Ehrenbürgerrecht

144 Der Gemeinderat kann Personen, die sich besonders verdient gemacht haben, das Ehrenbürgerrecht verleihen (§ 22). Das Ehrenbürgerrecht hat mit dem Bürgerrecht im Sinne der §§ 12 ff. nichts zu tun. Es stellt eine **reine Ehrenbezeichnung** dar, die weder mit besonderen Rechten (Wahl- und Stimmrecht) noch Pflichten (ehrenamtliche Tätigkeit) verbunden ist. Das Ehrenbürgerrecht ist ein Persönlichkeitsrecht, das mit dem Tod des Inhabers, ferner durch Entzug wegen unwürdigen Verhaltens erlischt. Verliert die verleihende Gemeinde im Zuge der Gemeindereform ihre Selbstständigkeit, besteht das Ehrenbürgerrecht bezüglich der Gemeinde fort, die die Gesamtrechtsnachfolge angetreten hat.

4. Nutzbürgerrecht

145 Daneben kennt die GemO das Nutzbürgerrecht. Nutzbürger sind Gemeindebürger im Sinne der §§ 12 ff., die insbesondere durch Geburt oder Aufnahme (Einkauf) das Recht erworben haben, das **Gemeindegliedervermögen zu nutzen.**

Das Gemeindegliedervermögen ist ein Teil des Gemeindevermögens (Gemeindesondervermögen) mit der Besonderheit, dass zwar die Gemeinde Eigentümerin ist, die Erträge aber sonstigen Berechtigten (den Nutzbürgern) zustehen (§ 4 des Gesetzes über das Gemeindegliedervermögen vom 18.11.1966, GBl. S. 243). Diese Nutzungsrechte bestehen vor allem in der Benutzung sog. Allmendgüter (Äcker, Gärten, Wiesen), in Holzgaben und in Streu-, Torf- und Weidenutzungen. Sachgüter können auch in Geldleistungen umgewandelt sein. Da ein allmähliches Auslaufen des Nutzbürgerrechts erwünscht ist, ist eine Neuauflage als Nutzbürger nicht statthaft. Die Ablösung von Nutzungsrechten durch die Gemeinde ist vorgesehen (§ 100).

III. Ehrenamtliche Tätigkeit

1. Begriff

Wesentliches Merkmal der kommunalen Selbstverwaltung ist die **bürgerschaftliche Mitwirkung**. Das Recht und die Pflicht zu ehrenamtlicher Tätigkeit gehören daher zum wesentlichen Inhalt des Bürgerrechts (§§ 15 ff.). Hierdurch wird die Forderung des § 1 Abs. 3 nach verantwortlicher Teilnahme an der bürgerschaftlichen Verwaltung konkretisiert. Ehrenamtliche Tätigkeit ist **unentgeltlich**. Nach § 19 besteht jedoch ein Anspruch auf Ersatz von Auslagen und Verdienstausfall. **146**

2. Formen ehrenamtlicher Tätigkeit

Ehrenamtliche Tätigkeit ist möglich durch **147**
- Mitgliedschaft in einem bürgerschaftlichen **Kollegialorgan**

Beispiele:
- Amt des Gemeinderats (§ 32)
- Amt des Bezirksbeirats (§ 65 Abs. 4)
- Amt des Ortschaftsrats (§ 69)

- Übertragung eines **Ehrenamts**, d. h. Ernennung zum Ehrenbeamten

Beispiele:
- Ehrenamtlicher Bürgermeister (§ 42 Abs. 2)
- Ehrenamtlicher Bezirksvorsteher (§ 65 Abs. 4)
- Ehrenamtlicher Ortsvorsteher (§ 71 Abs. 1)
- Ehrenamtlicher Kassenverwalter (§ 93 Abs. 2)
- Ehrenamtliche Leiter eines Archivs usw.
- Ehrenamtliche **Mitwirkung**

Beispiele:
- Beratende Mitwirkung im Gemeinderat (§ 33 Abs. 3)
- Mitgliedschaft in Ausschüssen (beratend – §§ 40 Abs. 1, 41 Abs. 1, 41a Abs. 1)
- Mitwirkung im Wahlvorstand usw.

3. Bestellung

Eine Bestellung zu ehrenamtlicher Tätigkeit kann nur bei **Bürgern** erfolgen, soweit die GemO nicht ausdrücklich die Einwohner einbezieht (§§ 40 Abs. 1, 41, Abs. 1, 41a Abs. 1). Sie müssen die Fähigkeit zur Bekleidung öffentlicher Ämter besitzen. Zuständig ist grundsätzlich der Gemeinderat (Beschlußfassung durch Wahl gemäß § 37 Abs. 7), sofern keine Sonderregelung besteht, wie z. B. bei der Wahl zum Gemeinderat oder Ortschaftsrat (§§ 26, 69) und bei der Ernennung von Ehrenbeamten (§ 24 Abs. 2). Abgesehen von den Fällen der §§ 39 Abs. 2 Nr. 1, 40 Abs. 1, 41 Abs. 1 ist die Zuständigkeitsübertragung auf einen beschließenden Ausschuss oder auf den Bürgermeister möglich. **148**

4. Ablehnung

149 Der Bürger kann nur bei Vorliegen eines wichtigen Grundes die Übernahme einer ehrenamtlichen Tätigkeit ablehnen oder sein Ausscheiden verlangen (§ 16). Dies ist nicht durch einseitige Erklärung des Bürgers möglich. Ein geltend gemachter „*wichtiger Grund*" bedarf der Anerkennung durch das Organ, das für die Bestellung zuständig war, bei Gemeinderäten also durch den Gemeinderat, bei Ortschaftsräten durch den Ortschaftsrat (§ 16 Abs. 2). Der in § 16 Abs. 1 enthaltene Katalog „*wichtiger Gründe*" ist nicht abschließend. Verweigert ein Bürger ohne wichtigen Grund die Übernahme einer ehrenamtlichen Tätigkeit, kann er mit den Mitteln des Landesverwaltungsvollstreckungsgesetzes (Zwangsgeld) hierzu angehalten werden. Der Gemeinderat kann außerdem gemäß § 16 Abs. 3 (i. V. m. § 9 DVO GemO) ein Ordnungsgeld zwischen 50 und 1000 Euro auferlegen, das ebenfalls nach den Vorschriften des Landesverwaltungsvollstreckungsgesetzes beigetrieben wird.

Das gleiche Recht hat der Gemeinderat bei gröblicher Verletzung der Pflichten aus ehrenamtlicher Tätigkeit (§ 17 Abs. 4 i. V m. § 16 Abs. 3). Die Auferlegung eines Ordnungsgeldes ist ein **Verwaltungsakt** (VGH BW EKBW GemO § 17 E 5). Zur Verhängung von Zwangsgeld bei Verstößen gegen die Verschwiegenheitspflicht vgl. VGH BW BWGZ 1976, 80 = EKBW GemO § 17 E 1/1.

5. Beendigung

150 Die ehrenamtliche Tätigkeit endet mit dem Ende der Amtszeit, ferner durch Widerruf, Verlust des Bürgerrechts, Aberkennung der Fähigkeit, öffentliche Ämter zu bekleiden, Ausscheiden infolge Anerkennung eines wichtigen Grundes für das Ausscheiden und durch Tod. Ehrenamtliche Mitwirkung kann durch tatsächliche Erledigung der übertragenen Aufgaben enden.

Bei den Mitgliedern der Kollegialorgane bilden der Verlust der Wählbarkeit und das Entstehen eines Hinderungsgrundes (§ 29) einen weiteren Beendigungsgrund. „Widerruf" oder „Zurückgabe" des Mandats ist hier nicht möglich.

6. Pflichten

151 Die Pflichten ehrenamtlich tätiger Bürger sind
- die uneigennützige und verantwortungsbewusste Führung der ihnen übertragenen Geschäfte (§ 17 Abs. 1),
- die Verschwiegenheit über alle geheim zu haltenden Angelegenheiten, die ihnen bei ihrer ehrenamtlichen Tätigkeit bekannt werden (§ 17 Abs. 2),
- das Verbot, Ansprüche und Interessen eines anderen gegen die Gemeinde geltend zu machen – Vertretungsverbot (§ 17 Abs. 3).

152 a) **Uneigennützige und verantwortungsbewusste Geschäftsführung.** Der ehrenamtlich Tätige muss die ihm übertragenen Geschäfte uneigennützig und verantwortungsbewusst führen.

Uneigennützig handelt er dann, wenn er seine persönlichen Interessen zurückstellt. Insbesondere darf er für sich und Dritte keine Vorteile aus seiner Tätigkeit ziehen.

Verantwortungsbewusste Pflichterfüllung bedeutet, dass er die Geschäfte gewissenhaft, gerecht und nach den Erfordernissen des Gemeinwohls erfüllt.
Die Verpflichtung zur uneigennützigen und verantwortungsbewussten Geschäftsführung schränkt das Recht eines Gemeinderats nicht ein, in Angelegenheiten der Gemeinde bei einer öffentlichen Veranstaltung seine Meinung frei zu äußern. Das Gemeinderatsmitglied ist auch dann nicht verpflichtet, sich in einer öffentlichen Veranstaltung „gemeindeverträglich" zu äußern, wenn er gerade wegen seiner Eigenschaft als Gemeinderat oder Fraktionsvorsitzender im Gemeinderat eingeladen worden ist (VGH BW EKBW GemO § 17 E 17).

b) Verschwiegenheitspflicht. Der ehrenamtlich tätige Bürger hat über alle Angelegenheiten, die ihm bei seiner amtlichen Tätigkeit bekanntgeworden sind, Verschwiegenheit zu wahren, wenn die Geheimhaltung

– **gesetzlich vorgeschrieben** ist,

Beispiele:
– In nichtöffentlicher Sitzung behandelte Angelegenheiten (§ 35 Abs. 2)
– Steuerangelegenheiten (§ 30 AO)

– **besonders angeordnet** ist,

Die dienstliche Anordnung kann in Form einer speziellen Anordnung des Gemeinderats, Ortschaftsrats oder Bürgermeisters ergehen. Sie kann auch durch den Aufdruck „Geheim" oder „Vertraulich" zum Ausdruck gebracht werden.

– ihrer **Natur nach erforderlich** ist.

Beispiele:
– Personalangelegenheiten
– Leistungsfähigkeit eines Anbieters

Der ehrenamtlich Tätige darf die Kenntnis von geheim zu haltenden Angelegenheiten nicht unbefugt verwerten. Die Verschwiegenheitspflicht besteht auch noch nach Beendigung der ehrenamtlichen Tätigkeit. Die Geheimhaltung kann nur aus Gründen des öffentlichen Wohls oder zum Schutze berechtigter Interessen einzelner besonders angeordnet werden. Die Verschwiegenheitspflicht dauert solange, bis
– die Geheimhaltung aus tatsächlichen Gründen entbehrlich wird,
– sie durch den Bürgermeister aufgehoben wird,
– sie durch konkludente Handlung (offizielle Presseveröffentlichung) aufgehoben wird.
Die gemeinderechtliche Verschwiegenheitspflicht ist eine zulässige Einschränkung von Art. 5 Abs. 1 Satz 1 GG (BVerwG DVBl. 1990, 153; BayVGH, BayVBl 2004, 402; zu den Rechtsfolgen bei Verletzung, VG Stuttgart, Urteil vom 16.5.2007, 7 K 3581/06, ein erstmaliger Verstoß eines Gemeinderatsmitglieds gegen die Verschwiegenheitspflicht führt lediglich zur Ermahnung, nicht zu einem Ordnungsgeld).

154 c) Vertretungsverbot. Das Vertretungsverbot beruht auf dem Grundgedanken, dass zwischen dem ehrenamtlich tätigen Bürger und der Gemeinde ein besonderes Treueverhältnis besteht. Daraus erwächst die Pflicht, die Interessen der Gemeinde zu vertreten. Mit dieser Pflicht des ehrenamtlich Tätigen ist es unvereinbar Ansprüche oder Interessen Dritter gegen die Gemeinde geltend zu machen. Außerdem soll die Gemeindeverwaltung vor Einflüssen bewahrt werden, die eine objektive, unparteiische und einwandfreie Führung der Gemeindegeschäfte gefährden könnten (BVerfGE 41, 231, 242; 56, 99, 108; VG Regensburg, Urteil vom 21.4.2004, 3 K 03.01772). Das Vertretungsverbot steht mit höherrangigem Recht im Einklang (BVerfG NJW 1988, 694; VGH BW BWVPr. 1994, 17 = EKBW GemO § 17 E 14).

Geltendmachen von **Ansprüchen** ist jede außergerichtliche oder gerichtliche Vertretung von Ansprüchen gegen die Gemeinde. Das Vertretungsverbot gilt unabhängig davon, ob es sich um öffentlich-rechtliche oder privatrechtliche Ansprüche handelt. Es greift auch dann ein, wenn die Vertretungstätigkeit nicht entgeltlich, sondern nur aus Gefälligkeit übernommen wird. Das Vertretungsverbot gilt sowohl im weisungsfreien Bereich als auch bei Weisungsaufgaben (BVerwG DÖV 1984, 469). Vertretung von **Interessen** liegt bereits dann vor, wenn ein Dritter bei der Gemeinde etwas erreichen oder durchsetzen möchte, ohne dass er hierauf einen Anspruch hat.

Grundsätzlich gilt das Vertretungsverbot unabhängig davon, ob im Einzelfall ein unmittelbarer Zusammenhang mit der ehrenamtlichen Tätigkeit besteht. Lediglich bei den „ehrenamtlich mitwirkenden" Bürgern, die nur zur Erledigung einzelner Aufgaben bestellt sind, ist das Vertretungsverbot auf Fälle beschränkt, in denen dieser Zusammenhang vorliegt (§ 17 Abs. 3 Satz 2).
Das Vertretungsverbot gilt auch für **Ortschaftsräte,** auch wenn es sich nicht um ortschaftsbezogene Angelegenheiten handelt (VGH BW VBlBW 1988, 219 = EKBW GemO § 17 E 9; BVerwG DVBl. 1988, 791 = EKBW GemO § 17 E 10). Ebenso gilt es bei Aufgaben der erfüllenden Gemeinde einer vereinbarten **Verwaltungsgemeinschaft,** die der Bürgermeister als Weisungsaufgaben erledigt (VGH BW EKBW GemO § 17 E 6/1).
Das Vertretungsverbot **gilt nicht** in kommunalverfassungsrechtlichen Organstreitigkeiten (OVG NRW NVwZ 1985, 843). Es greift nicht ein bei der Geltendmachung **eigener** Ansprüche; ferner nicht in den Fällen, in denen der Bürger als gesetzlicher Vertreter (z. B. als Vereinsvorstand) handelt. Ob die Voraussetzungen für das Vertretungsverbot vorliegen, entscheidet bei Gemeinderäten und Ortschaftsräten der Gemeinderat, sonst der Bürgermeister. Die Entscheidung ergeht in Form eines rechtsmittelfähigen Verwaltungsakts.
Betroffen vom Vertretungsverbot sind vor allem Rechtsanwälte, Wirtschaftsprüfer, Steuerberater, Architekten (bedingt).

Einzelfälle:
– **Anwaltschaftliche Vertretung in Ordnungswidrigkeitsverfahren** gegen einen Bußgeldbescheid der Gemeinde, deren Gemeinderat der Rechtsanwalt angehört, fällt nicht unter das Vertretungsverbot. Der Rechtsanwalt macht nach herrschender Meinung weder Ansprüche noch Interessen gegen die Gemeinde geltend, weil die Gemeinde nach einem Einspruch gegen den Bußgeldbescheid die Herrschaft über das Verfahren verliert (BVerfGE 41, 231; VGH BW BWVPr. 1980, 18 = EKBW GemO § 17 E 3). Im Übrigen stellt sich bei Rechtsanwälten das Problem, ob das Vertretungsverbot lediglich

im **Innenverhältnis** (d. h. im Verhältnis zwischen ihm und der Gemeinde) oder auch im **Außenverhältnis** (z. B. gegenüber dem Prozessgericht) gilt.
Nur Innenverhältnis: VGH BW BWVPr. 1979, 84 = EKB GemO § 17 E 2 mit weiteren Nachweisen.
Innen- und Außenverhältnis: OVG NRW DÖV 1971, 826.
Das BVerfG hat zur Rechtsprechung des OVG NRW festgestellt, dass kein Grundrechtsverstoß (insbes. gegen Art. 12 und 2 GG) darin liegt, wenn dem Vertretungsverbot Außenwirkung beigemessen wird (NJW 180, 33 = EKBW GemO § 17 E 4).
– Geltendmachen von Ansprüchen gegen die Gemeinde durch einen Rechtsanwalt, dessen **Sozius Mitglied des Gemeinderats** ist.
Nachdem es in der oberverwaltungsgerichtlichen Rechtsprechung strittig war, ob das Vertretungsverbot auch die anderen, nicht ehrenamtlich tätigen Mitglieder einer Anwaltssozietät erfasst, hat das BVerfG in zwei Entscheidungen klargestellt, dass diese besondere, die Berufsausübung einschränkende Verpflichtung nur denjenigen trifft, der formal in der Pflichtenbindung zur Gemeinde steht. Nur insoweit ist sie verfassungsgemäß (Art. 12 Abs. 1 Satz 1 GG). Ist eine Anwaltssozietät mit der Geltendmachung von Ansprüchen oder Interessen Dritter gegen die Gemeinde beauftragt, darf sich der ehrenamtlich Tätige mit dieser Angelegenheit nicht befassen, die anderen Sozietätsmitglieder dürfen jedoch tätig werden (BVerfGE 56, 99; 61, 68).
– Die Mitwirkung eines Rechtsanwalts bei der Eheschließung ist keine gemeindliche Aufgabe, so dass auch das Vertretungsverbot nicht gilt (OLG Karlsruhe Zeitschrift für das gesamte Familienrecht – FamRZ – 1982, 1210 = EKBW GemO § 17 E 6).
– Bei der **Mitwirkung an Baugesuchen** gilt ein Vertretungsverbot für den hiermit befassten **Architekten**, der gleichzeitig Mitglied des Gemeinderats der als untere Baurechtsbehörde zuständigen Gemeinde ist, nicht. Er ist hierbei nicht Vertreter eines Auftraggebers, sondern hat eine sich aus der LBO ergebende besondere Position, nach der er sowohl seinem Auftraggeber als auch der Baurechtsbehörde gegenüber für die technische Richtigkeit haftet.

7. Befangenheit

Für den ehrenamtlich tätigen Bürger gilt weiterhin das **Verbot der Mitwirkung bei Befangenheit**. Er darf weder beratend noch entscheidend mitwirken, wenn die Entscheidung einer Angelegenheit ihm selbst oder ihm nahestehenden Personen einen unmittelbaren **Vor- oder Nachteil** bringen kann. Zur Vermeidung von Interessenkollisionen ist der Bürger in den in § 18 genannten Fällen (Aufzählung ist abschließend) **kraft Gesetzes** von der Beratung und Entscheidung ausgeschlossen.
Die Befangenheitsvorschriften gelten nach § 52 auch für den Bürgermeister und die Beigeordneten.
Ob die Befangenheitsvorschriften auch während der „Fragezeit" im Gemeinderat gelten, ist strittig. Die Entgegennahme der Beantwortung der Anfrage eines Gemeinderatsmitglieds durch den Bürgermeister ist keine „Beratung" oder „Entscheidung" i. S. d. § 18 (so für Nordrhein-Westfalen: VG Köln NVwZ 1982, 208; a. A. Kunze/Bronner/Katz, GemO § 18 Rdnr. 2).
In der Praxis sollte ein möglicherweise befangener Gemeinderat sich deshalb bereits bei Aufruf des Tagesordnungspunktes unmittelbar melden.

a) Unmittelbarer Vor- oder Nachteil. Der Ausschluss tritt ein, wenn die Entscheidung dem ehrenamtlich tätigen Bürger einen **eigenen** Vor- oder Nachteil bringen kann. Es ist unerheblich, ob sie auch für weitere Personen in gleicher

Interessenlage von Vor- oder Nachteil ist. Gleichbedeutend sind Vor- oder Nachteile nahestehender Personen, insbesondere der Angehörigen (§ 18 Abs. 1 Nr. 1 bis 4).
Die früher geltenden Befangenheitsgründe früherer Ehegatte, Verlobter, aber auch Schwägerschaft aufgrund einer nicht mehr existierenden Ehe (Scheidung, Tod) wurden durch Gesetz zur Änderung des kommunalen Verfassungsrechts vom 16.7.1998 (GBl. 1998, 418) aufgegeben. Auslöser dieser Gesetzesänderungen war ein Beschluss des BVerfG vom 16.1.1996 (EKBW GemO § 29 E 7), wonach ein Verbot gleichzeitiger Mitgliedschaft früherer Ehegatten im Gemeinderat, wie es § 29 bei Gemeinden mit nicht mehr als 20 000 Einwohnern vorgesehen hatte, mit Art. 28 Abs. 1 Satz 2 GG nicht vereinbar ist.
Ebenso erfasst sind Fälle, in denen **Dritte** am Entscheidungsprozess ein Sonderinteresse haben, mit denen der ehrenamtlich Tätige in sonstiger enger Weise verbunden ist (beruflich, wirtschaftlich, geschäftsmäßig oder als Mitglied bestimmter Organe).
Die Befangenheitsvorschriften des § 18 Abs. 2 greifen nur dann, wenn nicht bereits einer der Tatbestände des Abs. 1 erfüllt ist.
Im Falle des § 18 Abs. 2 Nr. 1 (Beschäftigungsverhältnis) ist kein absoluter Befangenheitsgrund gegeben. Der Tatbestand erfasst diejenigen, bei denen eine tatsächliche und konkrete Gefahr für die Annahme eines Interessenwiderstreits vorliegt (Ressortbetroffenheit, d. h. es muss ein direkter Bezug zur beruflichen Tätigkeit bestehen). Ein Befangenheitsgrund liegt auch nur dann vor, wenn die Entscheidung des Gemeinderats dem jeweiligen konkreten Arbeitgeber des Beschäftigungsverhältnisses selbst, also der natürlichen oder juristischen Person oder Gesellschaft, mit der der Arbeitsvertrag abgeschlossen wurde, einen Vorteil oder Nachteil bringen kann (VGH BW EKBW GemO § 18 E 13).
§ 18 Abs. 2 Nr. 4 GemO regelt nur eine Befangenheit für denjenigen, der selbst als Gutachter oder sonst tätig geworden ist, nicht auch eine Befangenheit für seine Ehefrau (VGH BW Fundstelle 2000 Rdnr. 162 = EKBW GemO § 18 E 47).
Die für den Ausschluss erforderliche Interessenkollision liegt vor, wenn ein **unmittelbarer** Vor- oder Nachteil entstehen kann.

Ein unmittelbarer Vor- oder Nachteil ist dann gegeben, wenn ein Gemeinderat aufgrund besonderer persönlicher Beziehungen zu dem Gegenstand ein **individuelles Sonderinteresse** an der Entscheidung hat, das zu einer Interessenkollision führt und die Besorgnis rechtfertigt, dass der Betreffende nicht mehr uneigennützig und nur zum Wohl der Gemeinde handelt (VGH BW VBlBW 1965, 104 = EKBW GemO § 18 E 1; BWGZ 1995, 148 = EKBW GemO § 18 E 37). Es soll bereits der „böse Schein" vermieden werden, um das Ansehen der Gemeinde in der Öffentlichkeit zu sichern und das Vertrauen der Bürger in die Unparteilichkeit der Amtsführung zu erhalten und zu festigen (VGH BW VBlBW 1989, 458 = EKBW GemO § 18 E 30).
Die Frage, ob ein die Mitwirkung ausschließendes individuelles Sonderinteresse vorliegt, kann nicht allgemein, sondern nur aufgrund einer wertenden Betrachtungsweise der Verhältnisse des Einzelfalls entschieden werden. Dabei kann jeder individualisierbare materielle oder immaterielle (finanzieller, wirtschaftlicher, rechtlicher, ideeller) Vor- oder Nachteil zu einer Interessenkollision führen. Die wirtschaftlichen Interessen sind beispielsweise dann berührt, wenn ein ortsansässiges Unternehmen mit seinen Markt- und Erwerbschancen durch die planerische Festsetzung eines Sondergebiets für ein Konkurrenzunternehmen geschmälert werden kann (VGH BW BWGZ 1986, 168 = EKBW GemO § 18 E 23). Kann eine Entscheidung im Gemeinderat zu einem Ansehensgewinn

oder -verlust eines Beteiligten führen, darf dieser wegen Befangenheit nicht mitwirken (VGH BW BWGZ 1995, 148 = EKBW GemO § 18 E 38). Kein Sondervorteil und damit keine Befangenheit liegt vor bei einem Gemeinderat, der seine Anwaltspraxis in einer Straße betreibt, deren spätere Verkehrsberuhigung zwar durch den Bau eines innerstädtischen Straßenbauvorhabens ermöglicht wird, für die es aber noch an einer eindeutigen Konzeption darüber fehlt, in welchem Umfang Verkehrsbeschränkungen im Zentrum erfolgen sollen. Auch die bloße Möglichkeit, dass ein Ingenieur im Falle des Beschlusses zugunsten eines Straßenvorhabens als Subunternehmer einen Teilauftrag erhält, führt im Regelfall nicht zu einem unmittelbaren Sondervorteil und damit nicht zu seiner Befangenheit (VGH BW BWGZ 1998, 27 = EKBW GemO § 18 E 41). Ebenso wenig ist ein Gemeinderatsmitglied befangen, das an der Beschlussfassung über einen (planfeststellungsersetzenden) Bebauungsplan mitwirkt, in dem eine (Bundes-) Straße ausgewiesen wird, wenn es nur wie eine Vielzahl anderer Bürger in den betroffenen Ortsteilen von den Straßenbauvorhaben berührt wird (VGH BW VBlBW 1998, 177 = EKBW GemO § 18 E 45).

b) Möglichkeit. Die Möglichkeit eines unmittelbaren Vor- oder Nachteils ist ausreichend. Tritt er jedoch nur mittelbar, wie z. B. für ein Vereinsmitglied erst über die unmittelbare Begünstigung eines Vereins auf, begründet diese noch keinen Befangenheitsausschluss. Wenn in Zweifelsfällen von der Gemeinde nicht oder nicht schnell genug geklärt werden kann, ob Befangenheit vorliegt, kann es in der Praxis zur Vermeidung einer evtl. Rechtswidrigkeit des Beschlusses nach § 18 Abs. 6 den Ausweg geben, dass der ehrenamtlich tätige Bürger von sich aus mit Zustimmung der nach § 18 Abs. 4 zuständigen Gemeindeeinstanz auf seine Mitwirkung verzichtet und damit als Beurlaubter betrachtet werden kann (siehe hierzu Kunze/Bronner/Katz, GemO § 18 Rdnr. 9).

c) Ausnahme vom Mitwirkungsverbot. Eine Ausnahme vom Mitwirkungsverbot gilt, wenn die Entscheidung nur die gemeinsamen Interessen einer Berufs- oder Bevölkerungsgruppe berührt, welcher der Bürger angehört (§ 18 Abs. 3) So ist z. B. ein Gemeinderat, der den Beruf des Gastwirts ausübt, bei Beratungen über die Erhöhung der Getränkesteuer grds. nicht befangen, es sei denn, es gäbe nur eine „Handvoll" Gastwirte. Von einer Berufs- oder Bevölkerungsgruppe kann i. d. R. nämlich nach der Bedeutung dieses Begriffes nicht gesprochen werden, wenn nur eine kleine Gruppe persönlich bekannter oder aufzählbarer Einzelpersonen in Frage steht (VGH BW BWGZ 1995, 148 = EKBW GemO § 18 E 37).

Bauleitpläne: Bei der Behandlung von Bauleitplänen und von Umlegungsverfahren bildet Grundeigentum in dem vom Plan umfassten Gebiet einen Befangenheitsgrund. Hier geht es nicht um gemeinsame, sondern um individuelle Interessen (VGH BW Fundstelle 1992 Rdnr. 98 = EKBW GemO § 18 E 32). Auch die Tatsache, dass jemand als Mieter seinen Lebensmittelpunkt im Geltungsbereich des Bebauungsplans hat und durch den Erlass mit erheblich höherer Lärmbelästigung rechnen muss, kann zur Befangenheit führen (VGH BW NVwZ-RR 1998, 63 = EKBW GemO § 18 E 43). Befangenheit kann selbst dann bestehen, wenn es nur um ein an das Plangebiet angrenzendes Grundstück (VGH BW VBlBW 1973, 110 = EKBW GemO § 18 E 8; EKBW GemO § 18 E 31; OVG NRW NVwZ-RR 1996, 220) oder eine angrenzende Eigentumswohnung (OVG NRW DÖV 1989, 27) geht.
Die Befangenheit und damit eine besondere persönliche Beziehung zum Beschlussgegenstand besteht nicht nur dann, wenn ein Gemeinderat noch im Zeitpunkt des Beschlusses

eines Bebauungsplans als Satzung Eigentümer eines im Plangebiet gelegenen Grundstücks ist. Befangenheit ist nach einer Entscheidung des OVG Rh. Pf. (NVwZ-RR 2000, 103) auch dann (weiter) gegeben, wenn ein Gemeinderat bis zu dem Beschluss des Gemeinderats, einen Bebauungsplan aufzustellen, Eigentümer eines Grundstücks im Plangebiet gewesen ist, das ohne den Bebauungsplan nicht bebaubar gewesen wäre, und wenn der Gemeinderat dieses Grundstück alsbald nach Ergehen des Aufstellungsbeschlusses zum Baulandpreis veräußert hat. Dagegen liegt keine Befangenheit vor, wenn der Bebauungsplan eine Straßenführung betrifft, die Entlastungen nicht nur für individualisierbare Interessen Einzelner bedeuten, sondern das Verkehrskonzept der Gemeinde in solchen Teilen betrifft, die für Bevölkerungsgruppen von Bedeutung sind, zu denen das Ratsmitglied gehört (OVG NRW NVwZ-RR 2003, 667; wohl a. A. OVG Rh.Pf. NVwZ-RR 2004, 134).

Ein Bebauungsplan ist nicht ungültig, wenn lediglich an dessen Beschlussfassung über die Aufstellung oder Auslegung des Entwurfs ein befangener Gemeinderat mitgewirkt hat (VGH BW EKBW GemO § 18 E 27; BVerwG BWGZ 1988, 831 = EKBW GemO § 18 E 28).

Bei erstmaliger Aufstellung eines Flächennutzungsplanes bildet Grundeigentum im Plangebiet nach Auffassung des OVG NRW keinen Befangenheitsgrund, wohl aber bei kleinräumigen Änderungen (OVG NRW NJW 1979, 2632). Bei gemeindlichen Stellungnahmen in Flurbereinigungsverfahren, bei der Ausweisung von Wasserschutzgebieten und bei der Ausweisung von Landschaftsschutzgebieten gelten die Befangenheitsvorschriften (VGH BW BWGZ 1995, 148 = EKBW GemO § 18 E 37).

Die Befangenheitsvorschriften gelten nach § 18 Abs. 3 Satz 2 ferner nicht für **Wahlen zu einer ehrenamtlichen Tätigkeit,** z. B. über die Zusammensetzung der beschließenden Ausschüsse (§ 40 Abs. 1), Wahl des Ortsvorstehers (§ 71 Abs. 1).

159 d) **Verfahren.** Der ehrenamtlich tätige Bürger selbst hat **Befangenheitsgründe** in der Sitzung eines Kollegialorgans dem Vorsitzenden, sonst dem Bürgermeister **mitzuteilen.** In seinen Urteilen (BauR 1974, 394 = EKBW GemO § 18 E 9/1; EKBW GemO § 34 E 19) stellt der VGH BW fest, dass während des Vortrages des Bürgermeisters über den Verlauf des Verfahrens zur Aufstellung eines Bebauungsplanes bzw. bei den technischen Ausführungen eines Gemeinderats in seiner Eigenschaft als Planer noch keine Beratung und damit noch keine Befangenheit bei dem Gemeinderat vorliegt, der Mitglied der Architektenarbeitsgemeinschaft ist, die die Planung aufgestellt und den Lageplan unterschrieben bzw. dem Gemeinderat, der als Projektplaner Erläuterungen und Auskünfte gegeben hat. Erst wenn der Gemeinderat in die Erörterung eintritt, beginnt die Beratung und damit auch die Befangenheit. Da eine Trennung zwischen Erläuterung und Beratung nicht einfach und der Übergang fließend ist, dürfte dieses Urteil (abgesehen von dem konkreten Fall) wenig Bedeutung haben. Deshalb tritt die Befangenheit i. d. R. mit Aufruf der Sache und, wenn dieses nicht förmlich erfolgt, sofort mit Beginn der Erörterungen ein. In Zweifelsfällen entscheidet bei Gemeinderatsmitgliedern und Ehrenbeamten der Gemeinderat, bei Ortschaftsräten der Ortschaftsrat, bei Ausschussmitgliedern der Ausschuss und sonst der Bürgermeister in Abwesenheit des Betroffenen über den Ausschließungsgrund (§ 18 Abs. 4). Fühlt sich ein ehrenamtlich tätiger Bürger zu Unrecht von der Mitwirkung ausgeschlossen, steht ihm das Recht der Klage vor den Verwaltungsgerichten (= *Kommunalverfassungsstreitverfahren*) zu.

Anderen Ratsmitgliedern steht gegen die Mitwirkung eines möglicherweise befangenen Mitglieds bei der Beratung und Beschlussfassung kein Klagerecht zu, weil sie hierdurch regelmäßig nicht in eigenen Rechten betroffen sind (OVG Rh.Pf. DVBl. 1985, 177; OVG NRW NVwZ-RR 1998, 325). Nach § 18 Abs. 5 hat der befangene Bürger die **Sitzung zu verlassen.** Bei nichtöffentlicher Sitzung darf er nicht im Sitzungsraum bleiben. Bei öffentlicher Sitzung genügt es, wenn der Befangene das Kollegium verlässt und sich in den Zuhörerraum begibt (VGH BW VBlBW 1973,188 = EKBW GemO § 18 E 9). Abrücken des Stuhls vom Verhandlungstisch ist nicht ausreichend (OVG Rh.Pf. NVwZ 1982, 204; VGH BW BWGZ 1995, 150 = EKBW GemO § 18 E 39; EKBW GemO § 18 E 49).

160 e) **Rechtsfolgen.** Die unzulässige Mitwirkung eines Befangenen hat die **Rechtswidrigkeit** der Entscheidung zur Folge (§ 18 Abs. 6). Es kommt nicht darauf an, ob die Stimme des Befangenen ausschlaggebend war. Die gleiche Rechtsfolge tritt kraft Gesetzes ein, wenn ein Ausschluss wegen Befangenheit zu Unrecht erfolgt ist.
Das Verlassen einer Gemeinderatssitzung in der irrigen Meinung oder unter dem Vorwand, befangen zu sein, führt nicht zur Rechtswidrigkeit des Beschlusses (VGH BW NVwZ 1987, 103 = EKBW GemO § 18 E 26).
Ein rechtswidriger Beschluss gilt jedoch ein Jahr nach der Beschlussfassung oder (wo erforderlich) öffentlichen Bekanntmachung als von Anfang an gültig zustande gekommen, wenn er in dieser Zeit unbeanstandet geblieben ist (kein Widerspruch gemäß § 43, keine Beanstandung durch Rechtsaufsicht, im Einzelfall kein förmlicher Rechtsbehelf). Für Beschlüsse über Ortsrecht (Satzungen, Rechtsverordnungen, Flächennutzungspläne) gilt § 4 Abs. 4 und 5.

8. Entschädigung

161 Die ehrenamtliche Tätigkeit ist grundsätzlich unentgeltlich. Durch die Bereitschaft, sich ehrenamtlich zu betätigen, sollen aber dem Bürger keine finanziellen Nachteile entstehen. Deshalb gewährt § 19 Abs. 1 einen Anspruch auf **Ersatz von Auslagen und Verdienstausfall.**

162 Durch **Satzung** können Höchstbeträge festgelegt werden.
Bei Personen, die keinen Verdienst haben und den Haushalt führen, gilt als Verdienstausfall die entstandene Zeitversäumnis. Durch Satzung sind hierfür Stundensätze festzulegen. Ebenso lassen sich durch Satzung Durchschnittssätze bestimmen (§ 19 Abs. 2). An Gemeinderäte, Ortschaftsräte, sonstige Mitglieder von Ausschüssen des Gemeinderats und Ortschaftsrats sowie an Ehrenbeamte kann nach entsprechender Satzungsregelung eine pauschale Aufwandsentschädigung gezahlt werden (§ 19 Abs. 3). § 19 bietet daher drei verschiedene Regelungsmöglichkeiten:
– Entschädigung aufgrund von Einzelnachweisen über Auslagen und Verdienstausfall (§ 19 Abs. 1),
– Entschädigung nach festgesetzten Durchschnittssätzen (§ 19 Abs. 2),
– Gewährung einer Aufwandsentschädigung (§ 19 Abs. 3).

Die Entschädigungssatzung darf nicht die Auswahl zwischen diesen Alternativen einräumen. Auch eine Kombination der drei möglichen Entschä-

digungsarten ist grundsätzlich unzulässig. Möglich ist es jedoch, neben einem Durchschnittssatz für Auslagen oder einer Aufwandsentschädigung **Reisekostenvergütung** nach den für Beamte geltenden Bestimmungen zu gewähren. Auch dies muss jedoch durch Satzung bestimmt werden (§ 19 Abs. 4).
Durch Rechtsverordnung des Landes können landeseinheitlich Höchstgrenzen der Entschädigung für ehrenamtliche Tätigkeit festgelegt werden (§ 144 Satz 1 Nr. 8). Das Innenministerium hat hiervon jedoch bisher keinen Gebrauch gemacht.
Bei ehrenamtlichen Bürgermeistern und ehrenamtlichen Ortsvorstehern ist die Aufwandsentschädigung durch das Aufwandsentschädigungsgesetz i. d. F. vom 19.6.1987 (GBl. S. 281), zuletzt geändert durch VO des Innenministeriums vom 11.11.2009 gesetzlich geregelt. Ehrenamtlich Tätigen kann durch Beschluss des Gemeinderats **Ersatz für Sachschäden** nach den Bestimmungen des LBG gewährt werden.

J. Mitwirkung der Bürgerschaft in den Formen unmittelbarer Demokratie

163 Art. 28 Abs. 1 GG ermöglicht den Gemeinden neben der mittelbaren auch die unmittelbare Demokratie. Sie wird verwirklicht durch Verpflichtung zur *Unterrichtung der Einwohner* (§ 20), die *Bürgerversammlung* (§ 20 a), den *Bürgerantrag* (§ 20 b) und *Bürgerentscheid* und *Bürgerbegehren* (§ 21).
Aber auch die Möglichkeit, *sachkundige Einwohner* zu den Beratungen in den Gemeinderat und in die Ausschüsse hinzuzuziehen (§§ 33 Abs. 3, 40 Abs. 1, 41 Abs. 1), der *Anhörung* betroffener Personen und der *Fragestunde* (§ 33 Abs. 4), der *Anhörung bei Gebietsänderungen* (§ 8 Abs. 2), der *Einsichtnahme* in die *Niederschriften* (§ 38 Abs. 2) und in den Entwurf der *Haushaltssatzung* (§ 81 Abs. 1), die Mitwirkung im *Jugendgemeinderat* (§ 41a) dient diesem Zweck. Das *BauGB* (§ 3 – „vorgezogene" und „förmliche" Bürgerbeteiligung; § 137 – bei Sanierungsmaßnahmen) kennt ebenfalls die Bürgermitwirkung. Im Bereich des *Natur- und Landschaftsschutzes* gibt es eine Verbandsbeteiligung von Naturschutzverbänden (§ 66 Naturschutzgesetz Baden-Württemberg).
Eine besondere Form der Bürgerbeteiligung, die in der GemO nicht geregelt ist, hat sich mit den **Bürgerinitiativen** herausgebildet. Sie sind meist informelle Zusammenschlüsse von Bürgern (und anderen), um bestimmte kommunale Ziele zu erreichen. Das Recht hierzu ergibt sich aus Art. 9 Abs. 1 GG (VGH BW BWGZ 1982, 595 = EKBW GemO § 20b E 1).

I. Unterrichtung der Einwohner

164 Nach § 20 Abs. 1 hat der Gemeinderat die Pflicht, die Einwohner über die allgemein bedeutsamen Angelegenheiten der Gemeinde zu unterrichten. Dies geschieht durch den Bürgermeister. Die Gemeinde hat nicht nur die Pflicht, ihre Einwohner zu informieren, sie hat auch das *Recht,* darüber hinaus ein Mehr an Informationen (z. B. Gemeinderatsprotokoll im Internet) zu geben, wenn dies

im Interesse der Gemeinde für erforderlich gehalten wird. Dabei dürfen jedoch keine schutzwürdigen Belange von Beteiligten verletzt werden (Beachtung der Vorschriften des Landesdatenschutzgesetzes).
Bei wichtigen Planungen und Vorhaben der Gemeinde sollen die Einwohner darüber hinaus möglichst frühzeitig über deren Grundlagen, Ziele, Zwecke und Auswirkungen unterrichtet werden. Den Einwohnern soll allgemein Gelegenheit zur Äußerung gegeben werden, wenn dafür ein besonderes Bedürfnis besteht (§ 20 Abs. 2), z. B. in Versammlungen oder durch Umfragen. Dies ist jedoch keine förmliche Verfahrensbeteiligung. Daher führt das Unterlassen einer Anhörung auch nicht zur Rechtswidrigkeit eines späteren Beschlusses.
Die Bestimmung begründet keinen Rechtsanspruch auf Unterrichtung oder Anhörung. Der Bürgermeister kann aber (nachdem die Angelegenheit auf die Tagesordnung des Gemeinderats gesetzt ist) die Unterrichtung mit Hilfe des Widerspruchs durchsetzen, wenn der Gemeinderat trotz Vorliegens der Voraussetzungen des § 20 Abs. 2 eine Beteiligung der Bürger nicht wünscht.

II. Bürgerversammlung

Wichtige Gemeindeangelegenheiten sollen in Bürgerversammlungen mit den Einwohnern erörtert werden. Die Bürgerversammlung soll damit regelmäßige Einrichtung für den Gedankenaustausch zwischen der Gemeindeverwaltung und den Einwohnern sein.

1. Einberufung

Die Anberaumung geschieht durch den Gemeinderat
- i. d. R. einmal im Jahr (Soll-Bestimmung), sonst nach Bedarf (§ 20a Abs. 1 Satz 2)
- auf schriftlichen Antrag der Bürgerschaft mit selbst bestimmter Tagesordnung (§ 20a Abs. 2).

Der Antrag muss von mindestens 10 % der Bürger unterzeichnet sein. Je nach Gemeindegröße gelten jedoch die Höchstzahlen der GemO, die darunter liegen. Näheres regelt das KomWG. Über die Zulässigkeit des Antrags entscheidet der Gemeinderat.
Nach § 41 Abs. 2 KomWG kann gegen die Zurückweisung eines Antrags auf eine Bürgerversammlung nach erfolglosem Widerspruch (falls ein solcher gemäß § 68 Abs. 1 Satz 2 VwGO i. V. m. § 15 AGVwGO BW erforderlich ist, also bei Gemeinden, die der Rechtsaufsicht des Landratsamtes unterstehen) Verpflichtungsklage erhoben werden. Richtige Klageart ist in diesem Fall allein die Verpflichtungsklage, da der Gemeinderat gemäß § 20a Abs. 2 Satz 4 die Zulässigkeit der Bürgerversammlung ausdrücklich feststellen muss. Ist der Antrag als zulässig festgestellt, muss die Bürgerversammlung innerhalb von drei Monaten nach Antragseingang abgehalten werden. Die Pflicht zu fristgerechtem Abhalten der Bürgerversammlung begründet jedoch kein subjektiv-öffentliches Recht der Unterzeichner (so VGH BW VBlBW 1984, 149 = EKBW GemO § 20a E 1; BayVGH NVwZ-RR 1996, 459).
Die Antragsteller haben zwar Einfluss auf die zu erörternden Angelegenheiten, nicht aber auf die Gestaltung des Verfahrens bei der Durchführung der Bürgerversammlung. Dies obliegt dem Vorsitzenden nach pflichtgemäßem Ermessen (VGH BW EKBW GemO § 20a E 2).

Die Einladung spricht der Bürgermeister unter rechtzeitiger ortsüblicher Bekanntgabe von Zeit, Ort und Tagesordnung aus (§ 20a Abs. 1 Satz 5).

2. Verfahren

167 Die **Teilnahme** an der Bürgerversammlung kann auf Einwohner (nicht auf Bürger) beschränkt werden (§ 20a Abs. 1 Satz 4). Nur Einwohner haben Anspruch darauf, das Wort zu erhalten. Der Vorsitzende kann jedoch auch anderen Personen das Wort erteilen (§ 20a Abs. 3).
Der Bürgermeister hat den **Vorsitz**. Er kann sich vertreten lassen (§ 20a Abs. 1 Satz 6). Der Vertreter braucht nicht Stellvertreter des Bürgermeisters zu sein.
Die Bürgerversammlung ist kein beschließendes Gemeindeorgan. **Vorschläge** und **Anregungen** der Bürgerversammlung sollen jedoch innerhalb von drei Monaten vom zuständigen Organ behandelt werden (§ 20a Abs. 4).

3. Bürgerversammlung in Gemeinden mit Bezirks- und Ortschaftsverfassung

168 Bürgerversammlungen können in größeren Gemeinden und in Gemeinden mit Bezirks- oder Ortschaftsverfassung auf **Ortsteile, Gemeindebezirke oder Ortschaften** beschränkt werden (§ 20a Abs. 1 Satz 3). Werden sie vom Gemeinderat anberaumt, kann sich die Tagesordnung auch auf Angelegenheiten der Gesamtgemeinde beziehen.
In Ortschaften können Bürgerversammlungen auch vom Ortschaftsrat anberaumt werden. Die Tagesordnung muss sich in diesem Fall auf die Ortschaft beziehen. Die Teilnahme kann auf die in der Ortschaft wohnenden Einwohner beschränkt werden. Den Vorsitz führt der Ortsvorsteher. Der Bürgermeister ist teilnahmeberechtigt und befugt, jederzeit das Wort zu verlangen.
Nach § 20a Abs. 2 kann die Bürgerschaft in Ortsteilen, Gemeindebezirken und Ortschaften mit entsprechend geringerem Unterschriftsquorum die Einberufung einer Bürgerversammlung beantragen. Die zu erörternden Angelegenheiten müssen sich auf den Ortsteil, Gemeindebezirk oder die Ortschaft beziehen. Über die Zulässigkeit des Antrags entscheidet auch in diesen Fällen der Gemeinderat.

III. Bürgerantrag

169 Mit dem im Jahr 1975 in die GemO eingeführten Bürgerantrag (§ 20b) erhält die Bürgerschaft mit einem eigenen **„Initiativrecht"** die Möglichkeit, eine bestimmte Angelegenheit durch den Gemeinderat oder einen beschließenden Ausschuss behandeln zu lassen. Mit einem Bürgerantrag ist kein Anspruch auf eine Sachentscheidung i. S. d. Antrags verbunden. Auch auf **Ortschafts- und Gemeindebezirksebene** ist der Bürgerantrag zulässig (§ 20b Abs. 4). Gegenstand können aber nur Angelegenheiten sein, für die der Ortschafts- bzw. Bezirksbeirat zuständig ist.

1. Voraussetzungen

Die Angelegenheit muss zum **Wirkungskreis der Gemeinde** und zur Zuständigkeit des Gemeinderats gehören. Der Bürgerantrag darf nicht innerhalb des letzten Jahres bereits gestellt worden sein. Er ist ausgeschlossen, wenn in der gleichen Angelegenheit kein Bürgerentscheid gemäß § 21 Abs. 2 zugelassen wäre, ebenso, wenn über die Angelegenheit nach Durchführung eines gesetzlich bestimmten Beteiligungs- oder Anhörungsverfahrens bereits beschlossen worden ist. Der Bürgerantrag muss **schriftlich** eingereicht werden. Richtet er sich gegen einen Beschluss des Gemeinderats oder eines beschließenden Ausschusses, gilt eine Frist **von zwei Wochen**
nach dessen Bekanntgabe. Der Bürgerantrag muss **hinreichend bestimmt** sein und eine **Begründung** enthalten (§ 20b Abs. 2).
Der Bürgerantrag muss von mindestens 30 % der für ein Bürgerbegehren (§ 21 Abs. 3 Satz 5) **erforderlichen Anzahl von Bürgern** unterzeichnet sein. Dies sind grundsätzlich 3 % der Bürger. Es gelten jedoch auch jeweils 30 % der in § 21 Abs. 3 Satz 5 genannten Höchstzahlen.

2. Entscheidung über die Zulässigkeit

Über die Zulässigkeit entscheidet der Gemeinderat. Dieser oder der zuständige beschließende Ausschuss haben die Angelegenheit bei zulässigem Antrag innerhalb von drei Monaten zu behandeln. Die Vertreter des Antrags sollen hierbei gehört werden (§ 20b Abs. 3). Dies geschieht vor der Beratung.

Gegen die Zurückweisung eines Antrags kann jeder Unterzeichner **Verpflichtungsklage** (§ 41 Abs. 2 KomWG) erheben. Die Klage ist gegen die Gemeinde zu richten. Der Gemeinderat selbst ist in diesem Verfahren nicht beteiligtenfähig (VGH BW VBlBW 1988, 217 = EKBW GemO § 20b E 2).

IV. Bürgerentscheid

Der Gemeinderat kann eine Angelegenheit der Entscheidung durch die Bürger unterstellen (Bürgerentscheid, § 21 Abs. 1 Satz 1). Durch Gesetz zur Änderung der Gemeindeordnung vom 28.1.2005 wurde der Kreis der bürgerentscheidsfähigen Entscheidungen wesentlich erweitert, was in der Folgezeit zu einer Erhöhung der Bürgerbegehren und – entscheide führte.

1. Voraussetzungen

Gegenstand eines Bürgerentscheids können jetzt alle Angelegenheiten aus dem Wirkungskreis der Gemeinde sein, für die der Gemeinderat auch zuständig ist und die nicht dem Negativkatalog des § 21 Abs. 2 unterfallen.
Sie müssen zumindest in die Befassungskompetenz der Gemeinde fallen und nicht in den Zuständigkeitsbereich des Bürgermeisters (eine viel diskutierte Frage zur Befassungskompetenz ist dabei die Frage der Bürgerentscheidsfähigkeit bei Entscheidungen, die letztlich in der Zuständigkeit von Bund oder Land liegen. Beispiele hierfür sind Stuttgart 21, Ansiedlung einer Zentralvollzugsanstalt oder eines zentralen Aufnahmelagers für Asylanten).

In der Praxis von besonderer Bedeutung sind Bürgerentscheide über die Errichtung, wesentliche Erweiterung und Aufhebung einer **öffentlichen Einrichtung**, die der Gesamtheit der Einwohner zu dienen bestimmt ist (vgl. VGH BW BWVPr. 1977, 10 = EKBW GemO § 21 E 6). Er kann sich nicht nur auf das „OB", sondern auch auf das „WIE" und „WO" des Vorhabens beziehen (VG Sigmaringen VBlBW 1962, 156 = EKBW GemO § 21 E 2).
Weitere in der Praxis wichtige Beispiele für Bürgerentscheide sind Fragen der Eingemeindung und von Bauprojekten der Gemeinde (z. B. Konferenzhäusern und Theatern).
Die gesetzliche Neuregelung hat zu einer nicht unerheblichen Steigerung der Bürgerentscheide geführt, die allerdings wegen der recht hohen notwendigen Beteiligung der Bürgerschaft nicht immer erfolgreich waren.
Die zu entscheidende Angelegenheit darf nicht zu den durch den Negativkatalog nach § 21 Abs. 2 ausgeschlossenen Angelegenheiten gehören. Dies gilt insbesondere hinsichtlich Weisungsaufgaben und Fragen der inneren Gemeindeorganisation. Ausgeschlossen werden außerdem Bürgerentscheide in Abgaben-, Finanz- und Haushaltsangelegenheiten sowie bei Bauleitplänen (hier insbesondere wegen der gesetzlich vorgeschriebenen und notwendigen Abwägungsprozesse, die sich nicht auf eine Ja/Nein Frage reduzieren lassen). Gerade die letztgenannten führen zu erheblichen Rechtsstreitigkeiten. Denn trotz des Wortlauts der Regelung in § 21 Abs. 2 Nr. 6 soll – so zumindest die Landesregierung in der Begründung zum Gesetzentwurf – der Grundsatzbeschluss im Vorfeld der Entscheidung der Bürgerschaft zur Entscheidung unterstellt werden können. Es wird daher Aufgabe der Rechtsprechung sein, die Grenzen zwischen Grundsatzbeschluss, Abwägungsvorgang und Entscheidung abzustecken.
Im Interesse einer basisdemokratischen Entwicklung sollte die Rechtsprechung den Anwendungsbereich des § 21 Abs. 2 Nr. 6 eng auslegen. Nicht die Entscheidung „Ob" ein Bebauungsplan aufgestellt wird, ist Gegenstand des Abwägungsprozesses nach § 1 Abs. 7 BauGB, sondern das „Wie", also sein Inhalt (vgl dazu VGH BW VBlBW 2009, 425: ob der Aufstellungsbeschluss bürgerentscheidsfähig ist, hat der VGH offen gelassen, alle Beschlüsse hinsichtlich der Verfahrensschritte danach sind einem Bürgerentscheid entzogen).

2. Verfahren

174 Der Beschluss des Gemeinderats über die Durchführung eines Bürgerentscheids bedarf der **Mehrheit von zwei Dritteln** der Stimmen aller Mitglieder des Gemeinderats (Zahl der im Gemeinderat Stimmberechtigten). Das Verfahren richtet sich nach den **Vorschriften des KomWG und der KomWO** (Bestimmungen über die Wahl des Bürgermeisters). Mit der Durchführung eines Bürgerentscheids geht die **Verantwortung** für die Sachentscheidung auf die **Bürgerschaft** über. Den Bürgern muss daher die innerhalb der Gemeindeorgane vertretene Auffassung dargelegt werden (§ 21 Abs. 5). Dies ist eine Verpflichtung objektiven Rechts, d. h. sie besteht allein im öffentlichen Interesse, die jedoch keine subjektiv-öffentlichen Rechte von Gemeinderatsmitgliedern oder Bürgern begründet (VGH BW BWVPr. 1981, 195 = EKBW GemO § 21 E 9; EKBW GemO § 21 E 25; VG Karlsruhe, Urteil vom 30.5.2008, 1 K 78/08).

Die dem Bürgerentscheid unterstellte Frage muss mit „ja" oder „nein" beantwortet werden können. Sie ist i. S. des Mehrheitsvotums beantwortet, wenn diese Mehrheit mindestens 25 % aller Stimmberechtigten beträgt. Bei Stimmengleichheit gilt die Frage als mit „*Nein*" beantwortet. Wird die Mehrheit nicht erreicht, entscheidet der Gemeinderat die Angelegenheit (§ 21 Abs. 6 Satz 3).

Bei einem gegen einen Gemeinderatsbeschluss gerichteten Bürgerbegehren ist die Abstimmungsfrage beim Bürgerentscheid so zu fassen, dass die Befürworter des Bürgerbegehrens mit „*Ja*" stimmen müssen (VG Karlsruhe VBlBW 1992, 481).
Die Feststellung des Ergebnisses eines Bürgerentscheides ist kein Verwaltungsakt. Deshalb ist ein Widerspruch hiergegen unstatthaft; ihm kommt keine aufschiebende Wirkung zu (VGH BW VBlBW 2000, 364 = EKBW GemO § 21 E 23). Rechtsschutz wäre nur durch eine Feststellungsklage möglich, wenn im Rahmen eines berechtigten Interesses die Verletzung subjektiver Rechte geltend gemacht werden kann (z. B. Verletzung des eigenen Stimmrechts durch Abstimmungsverfahren, OVG NDS DVBl. 2001, 1160). Ein eigenständiges subjektives öffentliches Recht auf Überprüfung eines Bürgerentscheids besteht nicht (BayVGH NVwZ-RR 2003, 448).

3. Wirkung

Der Bürgerentscheid hat die Wirkung eines endgültigen **Gemeinderatsbeschlusses**. Der Gemeinderat kann ihn innerhalb von drei Jahren nicht abändern. Dies ist nur durch einen neuen Bürgerentscheid möglich (§ 21 Abs. 7). Die Rechtmäßigkeit eines Bürgerentscheids, der die Wirkung eines Gemeinderatsbeschlusses hat, darf nicht unter strengeren Voraussetzungen beurteilt werden als die Rechtmäßigkeit gemeinderätlicher Beschlüsse (BayVGH NVwZ-RR 1999, 137).

V. Bürgerbegehren

Das Bürgerbegehren ist der von der Bürgerschaft gestellte Antrag, einen Bürgerentscheid durchzuführen (§ 21 Abs. 3). Ein Bürgerbegehren ist nur zulässig über Angelegenheiten, die Gegenstand eines Bürgerentscheids sein können. Wenn in gleicher Sache innerhalb der letzten drei Jahre bereits ein Bürgerentscheid aufgrund eines Bürgerbegehrens stattgefunden hat, ist ein neuer Antrag unzulässig.

Eine andere Angelegenheit, die ein erneutes Bürgerbegehren innerhalb der dreijährigen Sperrfrist ermöglicht, liegt z. B. bei der Errichtung einer öffentlichen Einrichtung dann vor, wenn die öffentliche Einrichtung durch den neuen Gemeinderatsbeschluss gegenüber der Planung, die Gegenstand des früheren Bürgerentscheids war, eine wesentliche Änderung erfahren hat (VGH BW VBlBW 1992, 421 = EKBW GemO § 21 E 20).

1. Voraussetzungen

Das Bürgerbegehren muss von **mindestens 10 % der Bürger** unterstützt sein. Die GemO sieht jedoch je nach Gemeindegröße Höchstzahlen vor, die unter diesem Prozentsatz liegen (§ 21 Abs. 3 Satz 5). Der Antrag ist **schriftlich** einzureichen.

Eine Einreichung per Mail kommt nicht in Betracht, § 21 Abs. 3 Satz 3 schließt eine entsprechende Anwendung des § 3a LVwVfG aus.
Das Bürgerbegehren muss die zur Entscheidung zu bringende **Frage**, eine **Begründung** und einen nach den gesetzlichen Bestimmungen durchführbaren **Kostendeckungsvorschlag** enthalten. Grundsätzlich ist der Text des Bürgerbegehrens auf derselben Urkunde, Vorder- oder Rückseite, zu unterschreiben (HessVGH DVBl. 1997, 1280; NVwZ-RR 1998, 255).

Bei der Auslegung der formulierten Frage kommt es nicht auf die subjektive, im Laufe des Verfahrens erläuterte Vorstellung des Initiators vom Sinn, Zweck und Inhalt des Bürgerbegehrens an, sondern auf den objektiven Erklärungsinhalt, wie er in der Formulierung und Begründung des Antrags zum Ausdruck gebracht wurde (VGH BW EKBW GemO § 21 E 16). Es kommt darauf an, wie die Bürger und die gemeindlichen Gremien als Adressaten des Bürgerbegehrens die Frage verstehen müssen (HessVGH NVwZ-RR 2000, 451). Die Fragestellung eines Bürgerbegehrens muss hinreichend bestimmt sein (hierzu: BayVGH NVwZ 1999, 139).

Ein nach den gesetzlichen Bestimmungen durchführbarer Vorschlag für die Deckung der Kosten der verlangten Maßnahme muss auch Angaben über die Kostenhöhe enthalten (VGH BW VBlBW 1983, 269 = EKBW GemO § 21 E 10). Der Kostendeckungsvorschlag erfüllt nur dann die Voraussetzungen der GemO, wenn er mit dem Grundsatz der Wirtschaftlichkeit und Sparsamkeit der Haushaltswirtschaft (§ 77 Abs. 2) vereinbar ist (VGH BW VBlBW 1983, 313 = EKBW GemO § 21 E 11).
Der Kostendeckungsvorschlag ist ausnahmsweise entbehrlich, wenn sich das Bürgerbegehren gegen ein vom Gemeinderat geplantes und finanziertes Projekt richtet und die für das verlangte Vorhaben benötigten Mittel geringer sind (VGH BW BWVPr. 1977, 10 = EKBW GemO § 21 E 6).
Richtet sich das Bürgerbegehren gegen einen Gemeinderatsbeschluss, muss es **innerhalb** einer Ausschlussfrist **von sechs Wochen** nach der ortsüblichen Bekanntgabe des Beschlusses mit allen Unterschriften eingereicht sein. Der Begriff der Bekanntgabe ist dabei nicht identisch mit der öffentlichen Bekanntmachung in § 4 Abs. 3 Satz 1. Es genügt die nichtamtliche Bekanntgabe etwa im redaktionellen Teil des Amtsblatts oder durch die Tagespresse (VGH BW NVwZ 1985, 288 = EKBW GemO § 21 E 14; EKBW GemO § 21 E 15/1).

Ein Bürgerbegehren richtet sich dann gegen einen Gemeinderatsbeschluss, wenn es in die vom Gemeinderat getroffenen Regelungen eingreift, sei es, dass es sich in der Aufhebung dieser Regelungen erschöpft, sei es, dass es sie durch andere ersetzt (OVG NRW NVwZ-RR 2003, 584).
Ein Gemeinderatsbeschluss über die Errichtung einer öffentlichen Einrichtung, der die Ausschlussfrist für die Einreichung eines Bürgerbegehrens in Lauf setzt, ist nicht allein der „Projektbeschluss", sondern auch jeder „Weichen stellende" Grundsatzbeschluss, der eine Planungsstufe einleitet oder eine Planungsstufe abschließt (VGH BW VBlBW 1990, 460 = EKBW GemO § 21 E 17; VBlBW 1993, 381 = EKBW GemO § 21 E 21).
Auch wiederholende Grundsatzbeschlüsse des Gemeinderats über die Errichtung, wesentliche Erweiterung oder Aufhebung einer öffentlichen Einrichtung sind einem fristgerechten Bürgerbegehren zugänglich, wenn sie aufgrund einer nochmaligen Sachdiskussion im Gemeinderat gefasst wurden (VGH BW VBlBW 1993, 381 = EKBW GemO § 21 E 21).

Das Bürgerbegehren gegen einen Gemeinderatsbeschluss hat **keine aufschiebende Wirkung** (VGH BW EKBW GemO § 21 E 12; NVwZ 1994, 397 = EKBW § 21 E 22). Um Nachteile bei der evtl. erforderlichen Rückgängigmachung des Vollzugs zu vermeiden, sollte aber vom Vollzug eines Beschlusses, gegen den sich ein zulässiges Bürgerbegehren richtet, bis zum Bürgerentscheid abgesehen werden. Die Unterzeichner eines zulässigen Bürgerbegehrens besitzen gegebenenfalls auch die im Wege der einstweiligen Anordnung durchsetzbare Möglichkeit, die Zulässigkeit des Bürgerbegehrens vorläufig gerichtlich feststellen zu lassen (VGH BW VBlBW 2010, 311; VGH BW VBlBW 2011, 26). Der Bürgerschaft steht kein subjektives Recht auf fehlerfreie Entscheidung des Gemeinderats über die Durchführung des Bürgerentscheids nach § 21 Abs. 1 zu (VGH BW VBlBW 1992, 421 = EKBW GemO § 21 E 20).

2. Verfahren

Über die Zulässigkeit des Bürgerbegehrens entscheidet der Gemeinderat. Das Bürgerbegehren entfällt, wenn er die verlangte Maßnahme beschließt.

Über den Beschluss ergeht ein Bescheid an die nach § 53 Abs. 1 KomWO benannten Vertrauenspersonen.

Gegen eine ablehnende Entscheidung ist nach Durchführung des Widerspruchsverfahrens verwaltungsgerichtliche Klage zulässig. Klagebefugt ist jeder Bürger, der den Antrag mit unterzeichnet hat, jedoch z. B. nicht eine Bürgerinitiative, deren Ziel es ist, das Bürgerbegehren zu unterstützen (VGH BW BWVPr. 1980, 138 = EKBW GemO § 20 E l).
Die Einzelheiten des Verfahrens ergeben sich auch für das Bürgerbegehren aus **KomWG** und **KomWO**.

Zweiter Teil: **Verfassung und Verwaltung der Gemeinde**

K. Gemeinderatsverfassung

I. Süddeutsche Ratsverfassung

179 Die Gemeindeverfassung der GemO gehört zur Gruppe der Ratsverfassungen (hier: Süddeutsche Ratsverfassung; siehe Rdnr. 11). Der Gemeinderat ist das Hauptorgan der Gemeinde. Daneben bestimmt die GemO den Bürgermeister als weiteres Organ, dem eine starke Stellung zugewiesen wird, so dass sie auch Merkmale der Bürgermeisterverfassung (Mischform) enthält.
Die Gemeindeverfassung der GemO geht vom *dualistischen* System einer Ratsverfassung aus (da zwei Organe vorhanden sind) im Gegensatz zur *monistischen* Struktur der sog. Norddeutschen Ratsverfassung. Hier besteht grundsätzlich die Allzuständigkeit des Gemeinderats (früher Nordrhein-Westfalen, Niedersachsen).

180 Früher war die Gemeinderatsverfassung nicht als einheitliche Verfassungsform für alle Gemeinden vorgesehen. In Gemeinden mit mehr als 3000 Einwohnern konnte bis 1974 durch die Hauptsatzung die Bürgerausschussverfassung eingeführt werden. Hier trat zum Gemeinderat und Bürgermeister der Bürgerausschuss als drittes Organ hinzu. In Gemeinden mit nicht mehr als 200 Einwohnern konnte durch die Hauptsatzung bestimmt werden, dass die Verwaltung der Gemeinde bei der Gemeindeversammlung und dem Bürgermeister liegt – Gemeindeversammlungsverfassung.
Sowohl die Bürgerausschussverfassung als auch die Verfassungsart der Gemeindeversammlung hatten die in sie gesetzten Erwartungen nicht erfüllt. Sie sind daher durch das Allgemeine Gemeindereformgesetz vom 9.7.1974 (GBl. S. 237) beseitigt worden. Die GemO kennt nur noch die Gemeinderatsverfassung als einheitliche Gemeindeverfassung. Nach Art. 28 Abs. 1 GG und Art. 72 Abs. 1 LV kann in kleinen Gemeinden an die Stelle des Gemeinderats nach wie vor die Gemeindeversammlung treten. Diese Bestimmung hat nach der Gebietsreform keine praktische Bedeutung mehr. Deshalb lässt die GemO diese Möglichkeit der unmittelbaren Demokratie nicht mehr zu.

1. Verwaltungsorgane

181 Nach § 23 sind Verwaltungsorgane der Gemeinde der **Gemeinderat** und der **Bürgermeister**.
Durch die Bezeichnung des Gemeinderats als Verwaltungsorgan wird verdeutlicht, dass es sich nicht um ein Parlament handelt. Der Gemeinderat ist auch dann kein Organ der Legislative, wenn er als örtlicher Gesetzgeber (Erlass von Satzungen) tätig wird (vgl. auch BVerfGE 32, 346 = NJW 1972, 860; VGH BW BWVPr. 1978, 88 = EKBW GemO § 36 E 3; BayVerfGH NVwZ 1985, 823).

Als *Volksvertretung* ist der Gemeinderat nach den Gemeindeordnungen einiger Bundesländer direkter Adressat für Petitionen im Sinne von Art. 17 GG (z. B. § 6c NRW GemO; vgl. hierzu BVerwG NJW 1981, 700; OLG Düsseldorf NVwZ 1983, 502). Die GemO enthält für Baden-Württemberg keine entsprechende Regelung. Eine *Direktpetition* an den Gemeinderat gibt es hier nicht. Eine Petition ist jeweils vom zuständigen Organ der Gemeinde zu behandeln.

Gemeinderatsverfassung **182–185**

Der **Gemeinderat** ist das **Hauptorgan** der Gemeinde. Der **Bürgermeister** als weiteres Organ besitzt gesetzlich begründete Zuständigkeiten und damit eine **echte Organstellung.** Zwischen den beiden Organen besteht kein Über-/Unterordnungsverhältnis. Innerhalb seines Zuständigkeitsbereichs ist jedes Organ selbstständig und ohne Weisungsrecht gegenüber dem anderen Organ. Trotz der klaren Zuständigkeitsregelung gibt es zwischen beiden Organen Verzahnungen und gegenseitige Kontrollfunktionen, die eine wirksame Zusammenarbeit und damit eine gute Kommunalpolitik verwirklichen sollen.

a) **Abgrenzung der Zuständigkeiten.** Der Gemeinderat ist als Hauptorgan und **182** Vertretung der Bürger für alle Angelegenheiten zuständig, soweit nicht der Bürgermeister durch Gesetz, Hauptsatzung oder Beschluss des Gemeinderats zur Entscheidung befugt ist.

b) **Verbindungen.** **183**
– Organisatorische, funktionelle und personelle Doppelstellung des Bürgermeisters als Mitglied (Vorsitzender) des Gemeinderats einerseits und als Leiter der Gemeindeverwaltung andererseits (§ 42),
– Einvernehmen bei Personalentscheidungen (§ 24 Abs. 2) und bei der Abgrenzung der Geschäftskreise der Beigeordneten (§ 44 Abs. 1),
– Zustimmung des Gemeinderates beim Erlass von Polizeiverordnungen durch den Bürgermeister (§ 15 PolG),
– Ersatzzuständigkeiten des Bürgermeisters durch Eilentscheidungen (§ 43 Abs. 4) und bei Beschlussunfähigkeit des Gemeinderats (§ 37 Abs. 4),
– Unterrichtungsrecht des Gemeinderats (§ 24 Abs. 3 und 4), Einsichtsrecht in den Prüfungsbericht nach § 114 Abs. 4,
– Unterrichtungspflicht des Bürgermeisters (§ 43 Abs. 5, § 114 Abs. 5), Unterlagenbereitstellungspflicht für Sitzungen (§ 34 Abs. 1).

c) **Gegenseitige Kontrollfunktionen.** **184**
– Überwachung der Gemeindeverwaltung durch den Gemeinderat (§ 24 Abs. 1),
– Widerspruch des Bürgermeisters gegen Beschlüsse des Gemeinderats (§ 43 Abs. 2).

2. Kommunalverfassungsstreitverfahren

In der Gemeinde bestehen zwischen den Organen und Organteilen zahlreiche **185** *Innenrechtsbeziehungen*, die in der kommunalen Praxis öfters, besonders in oder anlässlich einer Gemeinderatssitzung, zu Streitigkeiten zwischen den Beteiligten über Rechtsinhalt und Rechtsumfang führen können. Die in der VwGO gesetzlich normierten Klageverfahren eröffnen in der Regel keinen Klageweg, weil sie auf Außenrechtsbeziehungen zwischen selbstständigen natürlichen und juristischen Personen (und nicht auf Innenrechtsbeziehungen zwischen Organen und Organteilen einer Körperschaft) zugeschnitten sind. Rechtsprechung und Schrifttum haben aber seit langem bei Streitigkeiten zwischen Trägern kommunalverfassungsrechtlicher Rechte das Kommunalverfassungsstreitverfahren als zulässig anerkannt.

186 a) Begriff. Der Kommunalverfassungsstreit ist ein Verwaltungsstreitverfahren zur Gewährung von Rechtsschutz für die Träger von kommunalverfassungsrechtlichen Rechten (insbesondere Organe und Mitglieder von Organen), wenn es um deren innenrechtliche Beziehungen und nicht um Verwaltungsakte geht (VGH BW BWVPr. 1977, 181 = EKBW LKrO § 10 E 1; OVG Bautzen DVBl. 1997, 1287; VGH BW VBlBW 2000, 321 = EKBW GemO § 70 E 5).

187 b) Rechtsgrundlage. Das Kommunalverfassungsstreitverfahren ist eine öffentlich-rechtliche Streitigkeit nichtverfassungsrechtlicher Art. Rechtsgrundlage hierfür sind Art. 19 Abs. 4 GG und § 40 Abs. 1 VwGO.

188 c) Parteifähigkeit. Parteifähig sind alle Träger von Rechten aufgrund kommunalverfassungsrechtlicher Bestimmungen (§ 61 Nr. 2 VwGO), insbesondere
- Organe (Gemeinderat, Bürgermeister, auch Beigeordneter, Ortschaftsrat, Ortsvorsteher),
- Gruppierungen des Gemeinderats (Fraktionen, Ausschüsse, Quoren),
- Mitglieder des Gemeinderats,

die sich in ihren eigenen kommunalverfassungsrechtlichen Rechten verletzt fühlen (Rechtsschutzbedürfnis, **keine Popularklage**). Dies bedeutet, dass z. B. ein Gemeinderatsmitglied gegen einen Gemeinderatsbeschluss nicht allein deshalb klagen kann, weil es überstimmt wurde oder den Beschluss für rechtswidrig hält, soweit es nicht in seinen Mitwirkungsrechten am Zustandekommen des Beschlusses beeinträchtigt wurde (OVG Rh.Pf. DÖV 1985, 155; VGH BW DÖV 1988, 469 = EKBW GemO § 34 E 7; VGH BW NVwZ-RR 1990, 369). Für ein erfolgreiches Kommunalverfassungsstreitverfahren muss ein eigenes subjektives öffentliches Recht des klagenden Organs oder Organteils verletzt sein. Hieran fehlt es, wenn ein Gemeinderatsmitglied aus dem Gemeinderat ausscheidet (BayVGH Fundstelle 1996 Rdnr. 312). Einzelne Gemeinderatsmitglieder oder Fraktionen können einen Anspruch (hier: Anordnungsanspruch nach § 123 VwGO) im Kommunalverfassungsstreit nicht darauf stützen, dass der Bürgermeister seine Zuständigkeiten im Verhältnis zum Gemeinderat überschritten habe. Hier geht es allein um das organschaftliche Recht des Gemeinderats als solchem (OVG Bautzen NVwZ-RR 1997, 665), nicht seiner einzelnen Mitglieder oder Gruppierungen. Ein Gemeinderatsmitglied kann gegenüber dem Gemeinderat als Kollegium auch nicht geltend machen, der Einladung zur Gemeinderatssitzung seien die erforderlichen Sitzungsunterlagen nicht beigefügt gewesen. Dieses Mitgliedschaftsrecht besteht grundsätzlich nur gegenüber dem Bürgermeister (VGH BW VBlBW 1999, 304).
Passiv legitimiert ist das Organ, das die beanstandete Maßnahme getroffen bzw. die begehrte Maßnahme unterlassen hat.

189 d) Klageart. Zulässige Klagearten sind die **Leistungs-, Unterlassungs-** und die **Feststellungsklage** (VGH BW VBlBW 1973, 137 = EKBW GemO § 9 E 1; BWVPr. 1977, 181 = EKBW LKrO § 10 E 1; VBlBW 1983, 342 = EKBW GemO § 36 E 8; BWVPr. 1984, 187 = EKBW GemO § 34 E 5; DÖV 1988, 469 = EKBW GemO § 34 E 7). Ein Vorverfahren ist nicht erforderlich (VGH BW BWVPr. 1974, 81 = EKBW § 38 E 1; VGH BW NVwZ-RR 1990, 369), da kein Verwaltungsakt zugrunde liegt. Vorläufiger Rechtsschutz nach § 123 VwGO

(Einstweilige Anordnung) ist möglich (HessVGH NVwZ 1985, 604; BayVGH BayVBl. 1985, 88).
Die Verfahrenskosten trägt i. d. R. die Gemeinde, wenn die Einleitung des gerichtlichen Verfahrens geboten war (OVG Saarland NVwZ 1982, 140; VGH BW NVwZ 1985, 284 = EKBW Sonstige Vorschriften 3 E 4; VGH BW VBlBW 1996, 99).

II. Der Gemeinderat

1. Rechtsstellung

Die Rechtsstellung des Gemeinderats ist in § 24 Abs. 1 gekennzeichnet: **190**
- Vertretung der Bürger
- Hauptorgan der Gemeinde

Der Gemeinderat ist das demokratisch legitimierte **Vertretungsorgan** der Gemeinde (Art. 28 Abs. 1 GG und Art. 72 Abs. 1 LV). Der Gemeinderat ist durch Wahlen von den Bürgern beauftragt, an ihrer Stelle die wichtigen Entscheidungen in der Verwaltung der Gemeinde zu treffen.

Die GemO verwirklicht auf diese Weise den Grundsatz der mittelbaren (repräsentativen) Demokratie.

Als Vertretung des Volkes hat der Gemeinderat zentrale Bedeutung in der Gemeindeverwaltung. Im Verhältnis zum Bürgermeister bezeichnet die GemO den Gemeinderat daher als **Hauptorgan** der Gemeinde. Ihm kommt die kommunalpolitische Führungsaufgabe zu.

2. Zuständigkeit

Die Zuständigkeit des Gemeinderats ist von seiner Stellung als Hauptorgan der **191** Gemeinde her bestimmt. Dem Gemeinderat kommen generelle und umfassende Befugnisse zu. Es spricht daher eine Vermutung für seine Zuständigkeit.

Die Zuständigkeiten des **Bürgermeisters** dagegen sind einzeln (enumerativ) festgelegt. Er müsste also im Streitfall beweisen, dass er kraft Gesetz oder gesetzlich zulässiger Übertragung durch den Gemeinderat zuständig ist. Aufgrund der konkreten Zuständigkeitsverteilung der GemO steht dem Bürgermeister durchaus ein erheblicher eigener Kompetenzbereich zu, insbesondere bezüglich der **Weisungsaufgaben** (§ 44 Abs. 3, § 15 Abs. 2 LVG, § 62 Abs. 4 PolG).

Hier besteht eine Vermutung der Zuständigkeit des Bürgermeisters. Die Befugnisse des **Gemeinderats** sind daher grundsätzlich auf den **weisungsfreien** Bereich beschränkt.

Zur Festlegung der *Grundsätze der Verwaltung* ist (ausschließlich) der Gemein- **192** derat zuständig (VGH BW EKBW GemO § 24 E 5). Besonderen Einfluss erlangt er über die Verabschiedung des Gemeindehaushalts.

Der Gemeinderat überwacht die Ausführung seiner Beschlüsse und sorgt beim Auftreten von Missständen in der Gemeindeverwaltung für deren Beseitigung durch den Bürgermeister. Hierdurch gewinnt der Gemeinderat ein beschränktes **Kontrollrecht** über die gesamte Gemeindeverwaltung. Dies gibt ihm jedoch

nicht das Recht zu Eingriffen in die gesetzlichen Zuständigkeiten des Bürgermeisters, solange keine Missstände auftreten (§ 24 Abs. 1).
Zur Ausübung seines Kontrollrechts hat der Gemeinderat ein **Recht auf Information und Akteneinsicht** in allen Angelegenheiten der Gemeinde und ihrer Verwaltung (§ 24 Abs. 3 und 4). Zu den *Angelegenheiten der Gemeinde und ihrer Verwaltung* gehören sowohl die Angelegenheiten, für die der Gemeinderat und seine Ausschüsse zuständig sind, als auch solche, die in die Zuständigkeit des Bürgermeisters fallen (VGH BW VBlBW 1990, 20 = EKBW § 24 E 6). Das Steuergeheimnis steht der Einsicht in Steuerakten der Gemeinde nicht entgegen, da die Gemeinderäte als Amtsträger nach den §§ 7 und 30 AO zur Verschwiegenheit verpflichtet sind (OVG NRW Der Gemeindehaushalt 1998, 189).
Während das Recht auf Unterrichtung und Akteneinsicht nach § 24 Abs. 3 nicht dem einzelnen Gemeinderatsmitglied, sondern nur dem Gesamtkollegium oder einem von ihm bestellten Ausschuss zusteht, wenn es von mindestens einem Viertel der Gemeinderäte verlangt wird, kann jeder Gemeinderat an den Bürgermeister schriftlich oder in einer Sitzung mündlich Anfragen über einzelne Angelegenheiten richten. Die Anfragen sind in angemessener Zeit zu beantworten. Näheres ist in der Geschäftsordnung zu regeln (§ 24 Abs. 4). Dieses Informationsrecht darf durch die Geschäftsordnung nicht eingeschränkt werden (VGH BW DÖV 1989, 31 = EKBW GemO § 24 E 4). Andererseits gilt dieses Fragerecht auch nicht uneingeschränkt. Die Fragen müssen sich auf *einzelne Angelegenheiten* beziehen und hinreichend konkretisiert sein. Unzulässig sind deshalb rechtsmissbräuchliche Fragen, Scheinfragen ohne jeden realen Hintergrund, aber auch Fragen „ins Blaue hinein", die allein auf eine allgemeine Ausforschung gerichtet sind. Ob die Ausnutzung des Fragerechts durch einen Gemeinderat missbräuchlich ist, ist im Einzelfall unter Berücksichtigung von Sinn und Zweck dieses Mitgliedsrechts festzustellen (VGH BW BWGZ 1992, 472 = EKBW LKrO § 19 E 2; EKBW GemO § 24 E 14). Das dem einzelnen Gemeinderat eingeräumte Fragerecht umfasst auch nicht das Recht, gegen den Willen des Kollegiums eine weitere Aufklärung des Sachverhalts durch den Bürgermeister zu erzwingen und mit einem in diesem Zusammenhang gestellten Vertagungsantrag eine Beschlussfassung zu verhindern (VGH BW EKBW GemO § 24 E 17).

Um keine Angelegenheiten der Gemeinde – bei der der Gemeinderat keinen Rechtsanspruch auf Beantwortung von Fragen durch den Bürgermeister hat – handelt es sich z. B. bei
– Abgabe der Nebentätigkeitserklärung gegenüber der Dienstaufsichtsbehörde durch den Bürgermeister (VGH BW GemO § 24 E 14),
– Angelegenheiten der Sparkasse (VGH BW GemO § 24 E 15), da diese selbstständige rechtsfähige Anstalten sind.

Im Übrigen hat der Bürgermeister den Gemeinderat über alle wichtigen die Gemeinde und ihre Verwaltung betreffenden Angelegenheiten zu **unterrichten,** sofern diese nicht geheim zu halten sind (§ 43 Abs. 5). Bei wichtigen Planungen ist der Gemeinderat möglichst frühzeitig über die Absichten und Vorstellungen der Verwaltung und laufend über den Stand und Inhalt der Planungsarbeiten zu unterrichten.

Das Recht auf Information und Akteneinsicht steht gemäß § 72 i. V. m. § 24 auch den Ortschaftsräten zu und ist gegenüber dem Ortsvorsteher geltend zu machen.

Dieses Recht auf Unterrichtung und Akteneinsicht kann ggf. im *Kommunalverfassungsstreitverfahren* geltend gemacht werden.

Der Gemeinderat ist zuständig für die wichtigen **personalrechtlichen Entscheidungen** (Ernennung, Einstellung, Entlassung), hat sie jedoch grundsätzlich im Einvernehmen mit dem Bürgermeister zu treffen (Ausnahmen: Bestellung der Beigeordneten – § 50 Abs. 2; Bestellung eines Gemeindebeamten zum Ortsvorsteher – § 71 Abs. 2). Wird das Einvernehmen nicht erteilt, kann der Gemeinderat den Bürgermeister überstimmen, allerdings nur mit qualifizierter Mehrheit (§ 24 Abs. 2 Satz 2), was insbesondere mit Blick auf § 44 Abs. 1 auch sehr sinnvoll erscheint. Der Bürgermeister ist zuständig, soweit ihm der Gemeinderat die Entscheidung überträgt oder diese zur laufenden Verwaltung gehört (§ 24 Abs. 2).

193

Um keine Ernennung, und damit auch um keine Zuständigkeit des Gemeinderats handelt es sich bei der Zuweisung neuer Aufgaben innerhalb der Behörde (Umsetzung). Hierfür ist der Bürgermeister aufgrund seines Organisationsrechts nach § 44 Abs. 1 Satz 2 zuständig (VGH BW EKBW GemO § 44 E 11).

3. Zusammensetzung

Die Zusammensetzung des Gemeinderats ergibt sich aus § 25. Er besteht aus dem Bürgermeister als Vorsitzendem und den ehrenamtlichen Mitgliedern, den Gemeinderäten, die in Städten die Bezeichnung *Stadtrat* führen.

194

Beigeordnete und Amtsverweser sind – auch wenn sie die Sitzung als Vorsitzende leiten – keine Mitglieder des Gemeinderats und deshalb auch dort nicht stimmberechtigt.

Die **Zahl** der Gemeinderäte ist in der GemO vorgeschrieben. Sie ist nach der Gemeindegröße unterschiedlich und beträgt zwischen 8 und 60. Für die Gemeindegröße ist die auf den 30. Juni des vorangegangenen Jahres fortgeschriebene Einwohnerzahl maßgebend (§ 143).
Durch die Hauptsatzung kann bestimmt werden, dass für die Zahl der Gemeinderäte die nächstniedrigere Gemeindegrößengruppe maßgebend ist (§ 25 Abs. 2 Satz 1).
Für Gemeinden, in denen die *unechte Teilortswahl* eingeführt ist, kann durch die Hauptsatzung für die Zahl der Gemeinderäte die nächstniedrigere oder die nächsthöhere Gemeindegrößengruppe gewählt werden; auch die Festlegung einer dazwischenliegenden Zahl der Gemeinderäte ist möglich (§ 25 Abs. 2 Satz 2).

Durch diese Regelung ist eine noch genauere Anpassung der Sitzzahlen, die den einzelnen Wohnbezirken nach dem Verhältnis ihrer Einwohnerzahlen im Gemeinderat zustehen (§ 27 Abs. 2), möglich.

Um die Aufhebung der unechten Teilortswahl zu erleichtern, kann bis zum Ende der laufenden Amtszeit der Gemeinderäte durch die Hauptsatzung bestimmt werden, dass eine bisher eingeführte höhere Sitzzahl weiterhin gelten soll. Auch können neue Zwischengrößen vorgesehen werden. Beides ist jedoch längstens bis zum Ablauf der zweiten auf die Aufhebung der unechten Teilortswahl folgenden Amtszeit der Gemeinderäte zulässig. Ferner kann sich die Zahl der Gemeinderäte durch die Zuteilung weiterer Sitze an Parteien oder Wählervereinigungen bei der unechten Teilortswahl im Wege des *Verhältnisausgleichs* (§ 25 Abs. 2 Satz 3) erhöhen, im Höchstfall auf das Doppelte der sich aus § 25 Abs. 2 Satz 1 oder aus der Hauptsatzung ergebenden Zahl (§ 25 Abs. 2 letzter Satz KomWG). Eine weitere Überschreitung der nach § 25 Abs. 2 vorgeschriebenen Zahl der Gemeinderäte tritt bei der *Eingliederung* einer Gemeinde in eine andere ein (§ 9 Abs. 1 Satz 3). Die tatsächliche Zahl der Gemeinderäte kann auch unter der gesetzlich geforderten liegen, wenn bei der Verhältniswahl wegen fehlenden Bewerbern Sitze nicht besetzt werden konnten (§ 26 Abs. 4 KomWG). Das Gleiche gilt auch dann, wenn ein Gewählter nicht in den Gemeinderat eintritt, im Laufe der Amtszeit ausscheidet oder wenn festgestellt wird, dass er nicht wählbar war und keine Ersatzperson vorhanden ist, die nachrückt (§ 31 Abs. 2).

Eine *Ergänzungswahl* für den Rest der Amtszeit findet erst statt, wenn die tatsächliche Mitgliederzahl auf weniger als zwei Drittel der gesetzlichen Mitgliederzahl herabgesunken ist (§ 31 Abs. 3).

4. Rechtsstellung der Gemeinderäte

195 Die Rechtsstellung der Gemeinderäte ist dadurch geprägt, dass sie **ehrenamtlich** tätig sind.
Die Gemeinderäte sind **Mandatsträger** (Träger eines durch Volkswahl erworbenen öffentlichen Amtes), aber nicht Amtsträger, die zur Gemeinde in einem öffentlich-rechtlichen Treueverhältnis besonderer Art stehen. Obwohl ihre Rechtsstellung nach parlamentarischem Vorbild ausgestaltet ist (Volkswahl, freies Mandat), sind sie nicht Träger eines parlamentarischen Mandats (= Abgeordnete). Die Unterschiede zur Rechtsstellung des Abgeordneten zeigen sich vor allem in der beamtenrechtsähnlichen Erweiterung der Pflichtenstellung als Gemeinderäte nach §§ 15 bis 19 GemO (Amtsannahmepflicht, Mitwirkungsverbot bei Befangenheit, Verschwiegenheitspflicht, Vertretungsverbot). Sie sind Beamte i. S. des Haftungsrechts (§ 839 BGB, Art. 34 GG – vgl. BGH VBlBW 1985, 267).
Bei Dienstunfällen sind die für Ehrenbeamte geltenden beamtenrechtlichen Vorschriften nach § 32 Abs. 4 anzuwenden (gesetzlicher Unfallversicherungsschutz nach der RVO). Andererseits fehlen den Gemeinderäten Indemnität, Immunität und Zeugnisverweigerungsrecht.

196 Da Gemeinderäte keine Ehrenbeamte sind, erhalten sie auch keine Ernennungsurkunde. Sie werden nicht nach Art. 78 LV vereidigt, sondern vom Bürgermeister in der ersten Sitzung öffentlich zur gewissenhaften Erfüllung ihrer Amtsgeschäfte verpflichtet (§ 32 Abs. 1). Die **Verpflichtung** ist kein rechtsbegründender Akt, da die Gemeinderäte ihre Legitimation unmittelbar aus der rechtsgültigen Wahl erhalten. Durch die Verpflichtung soll lediglich nochmals feierlich auf die besondere Bedeutung des übertragenen Amtes hingewiesen werden. So sind z. B. Beschlüsse gültig, die vor der Verpflichtung der Gemeinderäte gefasst wurden. Allerdings stellt die Verweigerung der Verpflichtung einen Verstoß gegen die nach § 17 Abs. 1 bestehende Pflicht zur verantwortungsbewussten Führung der dem Gemeinderatsmitglied übertragenen Geschäfte dar, der mit Ordnungsgeld geahndet werden kann (§ 17 Abs. 4 i. V. m. § 16 Abs. 3).

Der Inhaber eines Gemeinderatsmandats wird durch eine ausdrückliche Vorschrift zur **Mandatssicherung** geschützt (§ 32 Abs. 2). Danach ist jede berufliche Benachteiligung aus Gründen der Zugehörigkeit zum Gemeinderat, insbesondere Kündigung oder Entlassung aus einem Dienst- oder Arbeitsverhältnis unzulässig, wenn sie erfolgt, um dem Betreffenden die weitere Ausübung seines Mandats unmöglich zu machen. Ferner ist dem in einem Arbeitnehmerverhältnis stehenden Gemeinderat die zur Ausführung seiner Tätigkeit erforderliche freie Zeit zu gewähren. Ist für den gleichen Zeitpunkt wie die mündliche Verhandlung eines Gerichts eine Gemeinderatssitzung anberaumt, muss das Gericht in aller Regel dem Terminverlegungsantrag eines dem Gemeinderat zugehörigen Prozessbevollmächtigten entsprechen (VGH BW VBlBW 1999, 458 = EKBW Sonstige Vorschriften 3 E 35). Ein Anspruch eines beamteten Professors auf Deputatsermäßigung ergibt sich aus § 32 Abs. 2 aber nicht (VGH BW VBlBW 1984, 215 = EKBW GemO § 32 E 2; EKBW GemO § 32 E 3; BVerwG DVBl. 1986, 241). Ebenso besteht kein Anspruch auf Versetzung (VGH BW BWGZ 1971, 478 = EKBW GemO § 32 E 1). Dagegen besteht ein Versetzungsschutz (BVerwG NVwZ 1995, 386).

Da die Gemeinderäte alle Bürger und nicht nur ihre Wähler vertreten, sind sie weder an Verpflichtungen und Aufträge ihrer Wähler noch Parteien oder Wählervereinigungen gebunden (= imperatives Mandat). Fraktionszwang ist unzulässig. Die Gemeinderäte dürfen sich bei ihren Entscheidungen nur von ihrer freien, allein durch das öffentliche Wohl bestimmten Überzeugung leiten lassen (§ 32 Abs. 3 – **freies Mandat**).

5. Wahl des Gemeinderats

Die Grundlage für die Wahl zum Gemeinderat ergibt sich bereits aus dem GG und der LV. Danach müssen die Gemeinderäte in allgemeiner, unmittelbarer, freier, gleicher und geheimer Wahl von den Bürgern gewählt werden (Art. 28 Abs. 1 GG, Art. 72 Abs. 1 LV). Aus diesen Wahlgrundsätzen folgt ein Gebot der Wahlneutralität aller staatlichen und kommunalen Organe (VGH BW VBlBW 1986, 310 = EKBW KomWG § 32 E 37). Die Verwirklichung der in der Verfassung enthaltenen Grundsätze erfolgt überwiegend in der GemO (materielles Wahlrecht). Das Wahlverfahren selbst ist im KomWG und in der KomWO geregelt (formelles Wahlrecht). Das Kommunalwahlrecht in Baden-Württemberg wird stark von Elementen der Persönlichkeitswahl geprägt und gibt dem Wähler eine große Entscheidungsfreiheit (hohe Zahl der zustehenden Stimmen, System der freien Liste, Kumulieren und Panaschieren, unechte Teilortswahl). Dies führt aber auch dazu, dass das Verfahren schwierig ist.

199 a) **Materielles Wahlrecht.** Die GemO regelt in §§ 26 ff. das materielle Wahlrecht:

200 aa) **Wahlberechtigung. Wahlberechtigt** *(aktives* Wahlrecht) zum Gemeinderat sind Bürger, die nicht nach § 14 ausgeschlossen sind (§ 26).
Wegen des Wahlrechts für Unionsbürger vgl. die Ausführungen zu Rdnr. 140. Ausdrücklich stellt das BVerfG hierzu fest, dass durch die Verleihung des kommunalen Wahlrechts an Unionsbürger keine subjektiven Rechte deutscher Wahlberechtigter verletzt werden – auch unter Berücksichtigung fortbestehenden Wahlrechts bezüglich der Ausländerbeiräte (BVerfG NJW 1998, 444).

201 **Wählbar** *(passives* Wahlrecht) in den Gemeinderat sind Bürger, bei denen keiner der Gründe vorliegt, die die Wählbarkeit ausschließen (§ 28).

Bei der *unechten Teilortswahl* kommt als weitere Voraussetzung für die Wählbarkeit das Wohnen im Wohnbezirk hinzu (§ 27 Abs. 2).
Bei einem Umzug innerhalb der Gemeinde scheiden Gewählte jedoch aus dem Gemeinderat nicht aus, da § 27 Abs. 2 Satz 2 bewusst von Bewerbern und nicht von Vertretern spricht. Die nicht mehr im Wohnbezirk wohnenden Gemeinderäte sind weiterhin Vertreter des Wohnbezirks, für den sie seinerzeit als Bewerber aufgetreten sind. Ebenso kann eine Ersatzperson, die nach der Wahl in einen anderen Wohnbezirk gezogen ist, in den Gemeinderat nachrücken.

202 Personen, bei denen lediglich ein **Hinderungsgrund** nach § 29 besteht, sind wählbar. Sie können allerdings nach erfolgter Wahl ihr Amt nur antreten, wenn das Hindernis beseitigt wird. Während Beamte der Gemeinde nicht Gemeinderat sein können (§ 29 Abs. 1 Nr. 1), können diejenigen gemeindlichen Arbeitnehmer, die überwiegend körperliche Arbeit verrichten, am Eintritt in den Gemeinderat nicht gehindert werden. ErzieherInnen in Kindergärten dürften auch dann zu den verhinderten Personen zu zählen sein, wenn sie keine Leitungsfunktion ausüben.
Ebenfalls nicht Gemeinderat können sein Beamte und Arbeitnehmer der Rechtsaufsichtsbehörde, der oberen und der obersten Rechtsaufsichtsbehörde, die unmittelbar mit der Ausübung der Rechtsaufsicht befasst sind sowie leitende Beamte und leitende Arbeitnehmer der Gemeindeprüfungsanstalt (§ 29 Abs. 1 Nr. 2).
Zu den Beamten zählen nicht die Ehrenbeamten, da sich Art. 137 Abs. 1 GG, auf den sich § 29 Abs. 1 stützt, nicht auf Inhaber eines solchen Ehrenamtes bezieht.
Ein Hinderungsgrund wegen einem die Befangenheit begründenden Verhältnis nach § 18 Abs. 1 Nr. 1 bis 3 (Verwandtschaft, Schwägerschaft) besteht nur in Gemeinden bis zu 10000 Einwohnern (§ 29 Abs. 2). Diese Einwohnergrenze gilt nicht bei Personen, die mit dem Bürgermeister oder einem Beigeordneten in einem ein Hindernis begründenden Verhältnis stehen (§ 29 Abs. 4).
Haben an einer Beschlussfassung Personen mitgewirkt, bei denen ein Hinderungsgrund vorlag, sind die Beschlüsse rechtswidrig. § 31 Abs. 1 Satz 5 erklärt die Vorschriften des § 18 Abs. 6 für entsprechend anwendbar: zunächst rechtswidrige Beschlüsse können danach unter den dort genannten Voraussetzungen geheilt werden.

Gemeinderatsverfassung

bb) Wahlsystem. Gewählt wird nach den Grundsätzen der **Verhältniswahl**, es sei denn, es wird nur ein gültiger oder kein Wahlvorschlag eingereicht (§ 26 Abs. 2). **203**

Die **Wahlvorschläge** dürfen höchstens so viel Bewerber enthalten, wie Gemeinderäte zu wählen sind. **204**
Im Hinblick auf die Entwicklung der Rechtsprechung des BVerfG (BVerfGE 47, 253, 282), nach der zur Wahlfreiheit auch eine freie und demokratische Aufstellung der Bewerber unter Beteiligung der Mitglieder der Parteien und Wählervereinigungen gehört, ist im KomWG die Regelung aufgenommen worden, dass die Parteien und Wählervereinigungen die Bewerber und ihre Reihenfolge auf dem Wahlvorschlag in einer Mitglieder- oder Vertreterversammlung in geheimer Wahl unter Beachtung ihrer Satzungsregelungen bestimmen lassen (§ 9 KomWG).

Bei der *unechten Teilortswahl* dürfen die Wahlvorschläge für jeden Wohnbezirk, für den nicht mehr als drei Vertreter zu wählen sind, einen Bewerber mehr und für jeden Wohnbezirk, für den mehr als drei Vertreter zu wählen sind, höchstens so viele Bewerber enthalten, wie nach der Hauptsatzung Vertreter zu wählen sind (§ 27 Abs. 3 Satz 2). Mit den Mehrbewerbern in den Einsitz- bis Dreisitzwohnbezirken soll vermieden werden, dass beim Ausscheiden des Gewählten keine Ersatzperson nachrücken könnte und somit der Wohnbezirk im Gemeinderat nicht mehr vertreten wäre. Die Bewerber sind in den Wahlvorschlägen getrennt nach Wohnbezirken aufzuführen (getrennte Kandidatenaufstellung für jeden Wohnbezirk – § 27 Abs. 3 Satz 1). Auf dem amtlichen Stimmzettel sind die einzelnen Wohnbezirke auch dann aufzuführen und mit den erforderlichen Leerzeilen zu versehen, wenn der Wahlvorschlag einer Wählervereinigung für einzelne Wohnbezirke keinen Bewerber vorsieht (VGH BW EKBW KomWG § 32 E 41).

Eine Verbindung mehrerer Wahlvorschläge (**Listenverbindung**) ist nicht zulässig. Die Folge einer Listenverbindung wäre, dass zwei nach außen getrennte und jeweils die volle Anzahl von Bewerbern enthaltende Wahlvorschläge unter Zusammenzählung der von ihnen erreichten Gesamtstimmen wie ein Wahlvorschlag behandelt werden. **205**
Um einen (zulässigen) *gemeinsamen Wahlvorschlag* handelt es sich dagegen, wenn mehrere Parteien oder Wählervereinigungen nach außen in nur einem Wahlvorschlag erscheinen und dieser nur einmal die volle Anzahl von Bewerbern enthält.

Jeder Wahlberechtigte hat **so viel Stimmen,** wie Gemeinderäte zu wählen sind. Er kann Bewerber verschiedener Wahlvorschläge wählen *(Panaschieren)* und einem Bewerber bis zu drei Stimmen geben *(kumulieren)* – sog. System der freien Liste. **206**

Bei der *unechten Teilortswahl* kann der Wahlberechtigte Bewerbern in den Wohnbezirken bis zu drei Stimmen geben und dadurch im einzelnen Wohnbezirk auch mehr Stimmen vergeben, als dort Vertreter zu wählen sind. Er kann aber nur so vielen Bewerbern Stimmen geben, wie für den Wohnbezirk Vertreter zu wählen sind. Er kann nur Bewerber für denselben Wohnbezirk panaschieren (getrennte Stimmabgabe für jeden Wohnbezirk – § 27 Abs. 3 Satz 3 und 4).

Personen, die auf keinem zugelassenen Wahlvorschlag stehen, sind auch nicht wählbar. Bei der Verhältniswahl ist die Aufnahme in einem Wahlvorschlag also förmliche Voraussetzung für die Wählbarkeit.

207 Wenn kein oder nur ein gültiger Wahlvorschlag eingeht, kann nicht nach den Grundsätzen der Verhältniswahl gewählt werden. In diesem Fall findet **Mehrheitswahl** statt (§ 26 Abs. 3). Auch hier hat jeder Wahlberechtigte so viele Stimmen, wie Gemeinderäte zu wählen sind; der Stimmzettel darf auch höchstens so viele Namen enthalten. An die vorgeschlagenen Bewerber ist der Wähler nicht gebunden. Er kann den Namen jeder wählbaren Person einsetzen. Allerdings steht ihm nicht das Recht der Stimmenhäufung zu.

Findet *unechte Teilortswahl* statt, muss der Stimmzettel erkennen lassen, welche Personen der Wahlberechtigte als Vertreter der einzelnen Wohnbezirke in den Gemeinderat wählen wollte. Der Wahlberechtigte kann dabei nur so vielen Bewerbern im Wohnbezirk Stimmen geben, wie für den Wohnbezirk Vertreter in den Gemeinderat zu wählen sind (§ 27 Abs. 4).

208 cc) Wahlgebiet. Das Wahlgebiet bildet die Gemeinde (§ 27 Abs. 1). Die Gemeinderatswahl kann daher nur in der ganzen Gemeinde durchgeführt werden. Eine Ausnahme (Beschränkung auf den Wahlbezirk) ist bei Wiederholungs- oder Neuwahlen möglich (§ 35 Abs. 1 KomWG).

209 Bei räumlich getrennten Ortsteilen kann durch die Hauptsatzung **unechte Teilortswahl** eingeführt werden (§§ 27 Abs. 2 ff., Art. 72 Abs. 2 Satz 2 LV). Ihr Wesensmerkmal ist, dass die Sitze im Gemeinderat nach einem bestimmten Zahlenverhältnis mit Vertretern der verschiedenen Wohnbezirke zu besetzen sind. Hierdurch soll den aus einem oder mehreren benachbarten Ortsteilen bestehenden Wohnbezirken unter Berücksichtigung der örtlichen Verhältnisse und Bevölkerungsanteile eine Vertretung im Gemeinderat gesichert werden.

Unechte Teilortswahl und Verhältniswahl sind bis zu einem gewissen Grad miteinander nicht vereinbar. Nach Art. 72 Abs. 2 Satz 1 LV muss der Gesetzgeber aber bemüht sein, die *Grundsätze der Verhältniswahl* soweit als möglich zu berücksichtigen. Er darf jedenfalls das System der Verhältniswahl nicht völlig preisgeben oder in einer das Gerechtigkeitsgefühl grob verletzenden Weise zurückdrängen (StGH BWVPr. 1979, 182 = EKBW LV Art. 72 E 2).
Die Grundsätze der Verhältniswahl wurden mit der weitgehenden Reststimmenverwertung im gesetzlichen Verhältnisausgleich nach § 25 Abs. 2 KomWG berücksichtigt.
Das in § 27 Abs. 2 Satz 4 geforderte Kriterium der *örtlichen Verhältnisse* ist im Gegensatz zu dem des *Bevölkerungsanteils* außerordentlich weit und unbestimmt. Da das Gesetz die Berücksichtigung nur gebietet, ist dem Gemeinderat als Satzungsgeber ein erheblicher Regelungsspielraum eingeräumt. Er ist nach dem Gesetz weitgehend frei, die vertretungsrelevanten örtlichen Umstände zu bewerten, untereinander abzuwägen und ihnen durch eine von den Bevölkerungsanteilen abweichende Sitzverteilung im Gemeinderat Rechnung zu tragen. Erst wenn der Maßstab des Bevölkerungsanteils im Ergebnis gänzlich preisgegeben oder in einer das Gerechtigkeitsgefühl grob verletzenden Weise zurückgedrängt wird, liegt eine Verletzung des Berücksichtigungsgebots des § 27 Abs. 2 Satz 4 und des verfassungsrechtlichen Willkürverbots vor (VGH BW BWVPr. 1985, 18 = EKBW GemO § 27 E 11 mit weiteren Nachweisen; EKBW GemO § 27 E 15). Eine Unterre-

präsentation einzelner Ortsteile im Gemeinderat, die über die bei unechter Teilortswahl systembedingte Verzerrung der Vertretungsgewichte hinausgeht, kann aufgrund der örtlichen Verhältnisse gerechtfertigt sein, wenn diese Ortsteile gegenüber anderen überrepräsentierten Ortsteilen über eine Ortschaftsverfassung verfügen (VGH BW EKBW GemO § 27 E 17).

Nach Auffassung des VGH BW ist die geltende gesetzliche Regelung der unechten Teilortswahl *verfassungsgemäß* (BWVPr. 1988, 259 = EKBW GemO § 27 E 13; EKBW GemO § 27 E 17). Innerhalb eines herkömmlich geschlossenen Siedlungszusammenhanges, der räumlich getrennte Ortsteile nicht erkennen lässt, ist für die Einteilung mehrerer Wohnbezirke im Rahmen der unechten Teilortswahl kein Raum (VGH BW VBlBW 1990, 22 = EKBW GemO § 27 E 14). Andererseits kann die für die Bildung von Wohnbezirken erforderliche Trennung zwischen Ortsteilen auch dann bestehen, wenn ein punktueller Siedlungszusammenhang des einen Ortsteils mit einem Baugebiet eines anderen entstanden ist. Voraussetzung ist, dass die Ortsteile jeweils ihre Eigenständigkeit bewahrt haben und eine räumliche Abgrenzung noch erkennbar ist (VGH BW EKBW GemO § 27 E 15). Trotz unechter Teilortswahl bleibt die Gemeinde ein **einheitliches Wahlgebiet,** für das die Parteien und Wählervereinigungen einheitliche Wahlvorschläge einreichen. Jeder Bürger wählt die Gemeinderäte aller Wohnbezirke. Sein Recht zur gleichmäßigen Teilnahme an der Wahl sämtlicher Gemeinderäte bleibt unberührt. Aus der Tatsache, dass die Vertreter nicht ausschließlich von den Bürgern des Teilorts, sondern von den Bürgern der ganzen Gemeinde gewählt werden, ist die Bezeichnung *unechte* Teilortswahl zu erklären.

Die unechte Teilortswahl kann durch Änderung der Hauptsatzung **aufgehoben** werden. Bei der Einführung aufgrund einer Vereinbarung nach § 8 Abs. 2 und § 9 Abs. 4 ist dies allerdings nur zur übernächsten regelmäßigen Wahl möglich.

dd) Amtszeit. Die Amtszeit der Gemeinderäte beträgt fünf Jahre (§ 30). Sie endet mit Ablauf des Monats, in dem die regelmäßigen Wahlen der Gemeinderäte stattfinden, sofern nicht in Einzelfällen besondere Beendigungsgründe (vgl. § 31 Abs. 1) bestehen. Bis zum Zusammentreten des neugebildeten Gemeinderats führt der bisherige Gemeinderat die Geschäfte weiter. Eine Verschiebung von Wahlterminen und damit eine **Verlängerung oder Verkürzung der Amtszeit** von Gemeinderäten durch den Landesgesetzgeber ist verfassungsgemäß, wenn die Verschiebung im Verhältnis zur Dauer der grundsätzlichen Wahlperiode gering ist und eine solche Maßnahme durch wichtige Gründe des Gemeinwohls als gerechtfertigt erscheint (StGH DÖV 1975, 58 = EKBW LV Art. 71 E 8).

Beispiel:
Die Kommunalwahlen 2004 wurden (nach § 2 Abs. 1 KomWG zulässigerweise) gemeinsam mit der Europawahl am 13.6.2004 durchgeführt. Nach § 30 Abs. 2 endet die Amtszeit der Gemeinderäte (grds.) mit Ablauf des Monats, in dem die regelmäßigen Wahlen stattfinden.
Die Amtszeit der Gemeinderäte in der vorhergehenden Legislaturperiode hatte am 1.11.1999 begonnen und hätte bei den Kommunalwahlen im Juni 2004 ohne weitere Regelung mit Ablauf des 30.6.2004 geendet. Damit wäre die Amtszeit im Ergebnis um vier Monate verkürzt worden.

Dem Gemeinderatsmitglied steht wegen der vorzeitigen Beendigung der Wahlperiode das Verfahren der Verfassungsbeschwerde nach § 90 BVerfGG nicht zu (BVerfG NVwZ 1994, 56).

Treten Gewählte nicht in den Gemeinderat ein, scheiden Gemeinderäte vor Ablauf ihrer Amtszeit aus oder wird festgestellt, dass sie nicht wählbar waren, rücken die bereits bei der Wahl festgestellten *Ersatzpersonen* nach (§ 31 Abs. 2). Wenn ein Nachrücken nicht mehr möglich ist, weil keine einsatzfähigen Ersatzpersonen mehr vorhanden sind, wird eine **Ergänzungswahl** für den Rest der Amtszeit erst dann durchgeführt, wenn die tatsächliche Mitgliederzahl auf weniger als zwei Drittel der gesetzlichen Mitgliederzahl herabgesunken ist (§ 31 Abs. 3).

211 b) **Formelles Wahlrecht.** Im KomWG und in der KomWO, die das Wahlverfahren (formelles Wahlrecht) regeln, sind Vorschriften über die Vorbereitung der Wahl und die Wahlorgane (§§ 2 ff. KomWG, §§ 1 ff. KomWO), die Wahlhandlung (§§ 19 ff. KomWG, §§ 27 ff. KomWO), die Ermittlung und Feststellung des Wahlergebnisses (§§ 21 ff. und § 36 KomWG, §§ 36 ff. KomWO), die Wahlprüfung und Wahlanfechtung (§§ 29 ff. KomWG, § 47 KomWO) und die Wiederholungs- und Neuwahlen (§§ 34 ff. KomWG, §§ 48 ff. KomWO) enthalten. Die regelmäßigen Wahlen der Gemeinderäte finden in der Zeit zwischen dem 10. Mai und 20. November statt; sie können am Tag der Wahl der Abgeordneten des Europäischen Parlaments aus der Bundesrepublik Deutschland durchgeführt werden (§ 2 Abs. 1 KomWG).

212 aa) Wahlbezirke. Um allen Wahlberechtigten die Teilnahme an der Wahl möglichst zu erleichtern, bietet es sich in größeren Gemeinden an, das Wahlgebiet (Gemeindegebiet) in Wahlbezirke aufzuteilen (§ 4 KomWG, § 2 KomWO). Wahlbezirke sollen nicht mehr als 2500 Einwohner umfassen. Sie dürfen aber auch nicht so klein sein, dass dadurch das Wahlgeheimnis gefährdet werden kann. Wahlbezirke können nach örtlich abgegrenzten Bezirken (z. B. Ortsteilen, Straßenzügen), nach der Buchstabenfolge der Namen der Wahlberechtigten oder nach anderen Gesichtspunkten (z. B. für Kranken- oder sonstige Anstalten – **Sonderwahlbezirke** zur Stimmabgabe für Inhaber eines Wahlscheins, § 2 Abs. 3 KomWO) gebildet werden. In kleineren Anstalten ist die Bildung von **beweglichen Wahlvorständen** möglich (§§ 22 Abs. 4 und 34 KomWO).

213 bb) Förmliche Wahlvoraussetzung. Nach § 26 sind Bürger wahlberechtigt, die nicht nach § 14 ausgeschlossen sind. Förmliche Voraussetzung für die Ausübung des Wahlrechts ist jedoch die Eintragung im Wählerverzeichnis oder das Besitzen eines Wahlscheines (§ 5 KomWG). Da nicht erst am Wahltag geprüft werden kann, ob die erschienenen Personen auch tatsächlich die Voraussetzungen als Bürger erfüllen, kann auf das Wählerverzeichnis oder den Wahlschein als förmliche Wahlvoraussetzung (Garantie für einen reibungslosen Ablauf der Wahl) nicht verzichtet werden.
Alle am Wahltag Wahlberechtigten werden vom Bürgermeister in **Wählerverzeichnisse** eingetragen, die für jeden einzelnen Wahlbezirk aufgestellt werden (§ 6 KomWG, §§ 3 ff. KomWO). Wahlberechtigte, die nicht im Besitz eines

Wahlscheines sind, können nur in dem Wahlbezirk ihre Stimme abgeben, in dessen Wählerverzeichnis sie eingetragen sind.

Einen **Wahlschein** (§ 7 KomWG, § 9 KomWO) erhält auf Antrag, wer in einem Wählerverzeichnis **eingetragen** ist.
Wer in einem Wählerverzeichnis **nicht eingetragen** ist, erhält einen Wahlschein, wenn
- er nachweisen kann, dass eine Berechtigung ohne sein Verschulden unterblieben ist,
- sein Recht auf Teilnahme an der Wahl erst nach Ablauf der Auslegungsfrist entstanden ist oder
- sein Wahlrecht im Widerspruchsverfahren festgestellt worden und dies erst nach Abschluss des Wählerverzeichnisses dem Bürgermeister bekannt geworden ist.

Wer einen Wahlschein besitzt, kann auch in seinem eigenen Wahlbezirk nur noch mit dem Wahlschein (nicht mehr aufgrund seiner ursprünglichen Eintragung im Wählerverzeichnis) wählen.
Der Wahlscheininhaber kann auch durch **Briefwahl** wählen (§ 5 Abs. 2 Nr. 2 KomWG, § 11 Abs. 3 KomWO).

cc) Ermittlung und Feststellung des Wahlergebnisses. Die Ermittlung und Feststellung des Wahlergebnisses (§§ 21 ff. KomWG, §§ 36 ff. KomWO) erfolgt in jedem Wahlbezirk durch den Wahlvorstand (§ 14 KomWG). Der Gemeindewahlausschuss (§ 11 KomWG) stellt die Ergebnisse aller Wahlbezirke zusammen und ermittelt das Ergebnis für die Gemeinde. Ist in einer Gemeinde nur ein Wahlbezirk gebildet, nimmt der Gemeindewahlausschuss zugleich die Aufgaben des Wahlvorstandes wahr (§ 14 Abs. 3 KomWG).

Bei der **Verhältniswahl** werden die Gemeinderatssitze zunächst auf die einzelnen Wahlvorschläge (**Oberverteilung**) nach dem Verhältnis der ihnen zugefallenen Gesamtstimmenzahlen in der Weise vergeben, dass diese Zahlen der Reihe nach durch 1, 2, 3, 4 usw. geteilt und von den dabei gefundenen, der Größe nach zu ordnenden Zahlen soviel Höchstzahlen ausgesondert werden, als Bewerber zu wählen sind *(d'Hondt'sches Verfahren).* Jeder Wahlvorschlag erhält so viele Sitze wie Höchstzahlen auf ihn entfallen. Sind Höchstzahlen gleich, entscheidet über die Reihenfolge ihrer Zuteilung das Los (§ 25 Abs. 1 KomWG).

Bei der *unechten Teilortswahl* werden zunächst die Sitze in den Wohnbezirken nach dem Abstimmungsergebnis im Wohnbezirk zugeteilt. Danach werden die auf jeden Wahlvorschlag im Wahlgebiet entfallenen Gesamtstimmzahlen ermittelt und die im Wahlgebiet insgesamt zu besetzenden Sitze auf die Wahlvorschläge nach dem d'Hondt'schen Verfahren verteilt. Ergibt der Vergleich dieser beiden Sitzzuteilungsverfahren eine Übereinstimmung, ist nichts weiter zu unternehmen (kein Verhältnisausgleich).
Erhalten dagegen Parteien oder Wählervereinigungen nach der Zuteilung in den Wohnbezirken mehr Sitze, als ihnen nach dem verhältnismäßigen Stimmenanteil in der gesamten Gemeinde zustehen würden, bleiben ihnen diese *Mehrsitze* zwar erhalten. Um aber die Verhältnismäßigkeit der Sitzverteilung herzustellen, wird mit der Aussonderung von Höchstzahlen und damit der Verteilung von Sitzen solange fortgefahren, bis die Mehrsitze auch aufgrund der weiteren Höchstzahlen zuzuteilen sind. Dabei ist es möglich, dass auch

andere Wahlvorschläge weitere Höchstzahlen und damit weitere (Ausgleichs-)Sitze zugeteilt erhalten. Bei gleicher Höchstzahl fällt der letzte Sitz an den Wahlvorschlag, der Mehrsitze erlangt hat. Die Zahl dieser möglichen Ausgleichssitze wird jedoch auf höchstens 100 % der Normalzahl der Gemeinderatssitze beschränkt (§ 25 Abs. 2 KomWG).

Beispiel für die Sitzverteilung nach dem *d'Hond'schen Verfahren* (ohne Teilortswahl):
Annahmen:
1) Zahl der zu wählenden Gemeinderäte 8
2) An der Wahl beteiligte Parteien/Wählervereinigungen A = 310
   und die auf sie entfallenden Gesamtstimmenzahlen B = 80
   C = 200

Gesamt-Stimmenzahl geteilt durch	Höchstzahlen des Wahlvorschlags		
	A	B	C
1	310 (1)	80 (6)	200 (2)
2	155 (3)	40	100 (5)
3	103,33 (4)	26,66	66,66 (8)
4	77,50 (7)	20	50
5	62	16	40
Zahl der Sitze:	4	1	3

217 Die auf jeden Wahlvorschlag entfallenen Sitze werden auf deren Bewerber verteilt, wobei dann die Stimmenzahl der einzelnen Bewerber entscheidend ist (**Unterverteilung**). Bei Stimmengleichheit entscheidet die Reihenfolge der Benennung im Wahlvorschlag (§ 26 Abs. 1 KomWG).

Bei *unechter Teilortswahl* werden die Sitze auf die Bewerber der Wahlvorschläge getrennt für jeden Wohnbezirk in der Reihenfolge der auf sie entfallenen Stimmenzahlen verteilt. Die Ausgleichssitze erhalten die noch nicht zum Zuge gekommenen Bewerber (unabhängig, für welchen Wohnbezirk sie kandidierten) in der Reihenfolge der von ihnen erreichten Stimmenzahlen; bei gleicher Stimmenzahl entscheidet das Los (§ 26 Abs. 2 KomWG).

Falls auf einen Wahlvorschlag mehr Sitze entfallen als Bewerber vorhanden sind, bleiben die überschüssigen Sitze unbesetzt (§ 26 Abs. 4 KomWG).

218 Bei der **Mehrheitswahl** sind die Bewerber mit den höchsten Stimmenzahlen in der Reihenfolge dieser Zahlen gewählt. Bei Stimmengleichheit entscheidet das Los (§ 27 Abs. 1 KomWG).

Bei *unechter Teilortswahl* werden die Sitze innerhalb der Wohnbezirke in gleicher Weise verteilt (§ 27 Abs. 2 KomWG).

219 **Ersatzpersonen** der gewählten Gemeinderäte sind bei der Verhältniswahl die Bewerber, auf die kein Sitz entfällt. Die Reihenfolge bestimmt sich nach der von ihnen erreichten Stimmenzahl für ihren Wahlvorschlag. Bei der Mehrheitswahl sind Ersatzpersonen die nicht gewählten Bewerber in der Reihenfolge der auf sie entfallen Stimmenzahl. Auch Gewählte, die wegen eines Hinderungsgrundes nicht in den Gemeinderat eintreten können oder ausscheiden müssen, sind in der Reihenfolge der von ihnen erreichten Stimmenzahl Ersatzpersonen ihres Wahlvorschlags (§ 26 Abs. 1 und § 27 Abs. 1 KomWG).

Bei der *unechten Teilortswahl* (Mehrheitswahl) gilt dies entsprechend innerhalb der Wohnbezirke (§ 27 Abs. 2 KomWG).
Bei der Verhältniswahl sind Ersatzpersonen ihres Wahlvorschlags für den Wohnbezirk die Bewerber, auf die kein Sitz entfällt, in der Reihenfolge der von ihnen erreichten Stimmenzahlen. Auch der Inhaber eines Ausgleichssitzes bleibt Ersatzperson für einen unmittelbar im Wohnbezirk Gewählten.
Ersatzpersonen für die über einen Ausgleichssitz in den Gemeinderat Gewählten sind alle Bewerber ihres Wahlvorschlags (nicht begrenzt auf den Wohnbezirk), denen kein Sitz zugeteilt wurde (§ 26 Abs. 2 KomWG).

6. Gemeinderatssitzung

220 Der Gemeinderat ist ein Kollegialorgan, das aus gleichberechtigten Mitgliedern besteht. Als solches kann es nur durch gemeinsame Beratung und Beschlussfassung tätig werden. Der Gemeinderat trifft seine Entscheidungen grundsätzlich in Sitzungen, es sei denn, dass unter der in § 37 Abs. 1 vorgegebenen Voraussetzung (Gegenstände einfacher Art) die Beschlussfassung in Form der *Offenlegung* oder im *schriftlichen Verfahren* zulässig ist.
Die Gemeinderäte sind zur Teilnahme an den Sitzungen verpflichtet (§ 34 Abs. 3). Eine fehlerhafte Ladung gibt einem Gemeinderatsmitglied nicht das Recht, von der Sitzung fernzubleiben (BayVGH Fundstelle 1993 Rdnr. 355). Auch rechtliche oder politische Auseinandersetzungen rechtfertigen es nicht, „aus Protest" den Sitzungen fernzubleiben oder sie zu verlassen (VGH BW BWGZ 1997, 26 = EKBW GemO § 34 E 14). Zur Sicherung der Funktionsfähigkeit des Gemeinderats kann in derartigen Fällen ein Ordnungsgeld (§ 17 Abs. 4) verhängt werden (BayVGH DVBl. 1980, 63; VGH BW BWGZ 1997, 26 = EKBW GemO § 34 E 14).

221 a) **Geschäftsordnung.** Für das Verfahren im Gemeinderat gelten zunächst die gesetzlichen Bestimmungen der GemO über den Geschäftsgang des Gemeinderats. Da die GemO nur wenige grundsätzliche Bestimmungen für die Durchführung von Sitzungen des Gemeinderats und über die Beschlussfassung enthält, ist der Gemeinderat verpflichtet, seine inneren Angelegenheiten durch eine Geschäftsordnung zu regeln (§ 36 Abs. 2). Der Erlass einer Geschäftsordnung ist im Interesse eines reibungslosen Verlaufs der Arbeit des Gemeinderats notwendig. Außer dem Gang der Verhandlungen des Gemeinderats (z. B. Sitzungstage, Sitz- und Redeordnung, Fraktionen, Abstimmungsreihenfolge bei mehreren Anträgen, Geschäftsordnungsanträge, Offenlegungs- und schriftliches Verfahren usw.) besteht eine ausdrückliche gesetzliche Regelungspflicht in der Geschäftsordnung für:
– Verfahren über die Stellung und die Behandlung von Anfragen (§ 24 Abs. 4 Satz 2),
– Häufigkeit und das Verfahren der Fragestunde sowie der Anhörung (§ 33 Abs. 4 Satz 3),

- Verfahren zur Bildung eines Ältestenrates, dessen Zusammensetzung, seine Aufgaben und den Geschäftsgang (§ 33a Abs. 2),
- Regelung der Beteiligung von Jugendgemeinderäten an den Sitzungen des Gemeinderats in Jugendangelegenheiten (§ 41a).

Der Gemeinderat hat bei der Regelung seiner inneren Angelegenheiten eine weitgehende Gestaltungsfreiheit. Beschränkungen des **Rederechts**, insbes. zeitliche Begrenzungen, sind zulässig, soweit sie nach gleichen Grundsätzen erfolgen, zur Gewährleistung eines ordnungsgemäßen Geschäftsgangs erforderlich sind und nicht außer Verhältnis zur Schwierigkeit und Bedeutung der zu erörternden Angelegenheiten stehen (VGH BW VBlBW 1994, 99 = EKBW GemO § 36 E 12). Eine Redezeitbeschränkung für einzelne Tagesordnungspunkte erledigt sich mit Ablauf der Sitzung (Wochenspiegel Nr. 419/1993).

Die Grenzen der Geschäftsordnungsautonomie sind dann erreicht, wenn Regelungsgegenstände bereits durch die GemO oder andere Rechtsnormen abgedeckt sind, d. h. der Organisationsgegenstand abschließend geregelt ist. In einem solchen Fall kann der Wortlaut des in der GemO bereits enthaltenen Regelungsgegenstandes wörtlich oder kommentierend in die Geschäftsordnung übernommen werden. Eine „Mustergeschäftsordnung" des Gemeindetages Baden-Württemberg ist in BWGZ 1985, 653 abgedruckt. Die Geschäftsordnung muss nicht nach jeder Wahl zum Gemeinderat neu erlassen werden. Sie gilt auch für nachfolgende Gemeinderäte, solange sie nicht ausdrücklich aufgehoben oder geändert wird. Die Geschäftsordnung ist **keine Rechtsnorm**. Sie stellt lediglich eine Verwaltungsvorschrift ohne Außenwirkung dar, die als Richtlinie für den inneren Dienstbetrieb des Gemeinderats zu gelten hat (VGH BW VBlBW 1972, 40 = EKBW § 36 E 2). Sie bindet nur die Mitglieder des Gemeinderats. Sie bedarf (da es sich um keine Satzung handelt) keiner öffentlichen Bekanntmachung. Ein Verstoß allein gegen die Geschäftsordnung beeinträchtigt die Gültigkeit einer Entscheidung des Gemeinderats nicht. Anders ist dies nur zu sehen, wenn damit zugleich ein Verstoß gegen die GemO selbst verbunden ist.

Werden mit den Vorschriften der Geschäftsordnung auch Rechte und Pflichten der Gemeinderatsmitglieder geregelt, kann eine Geschäftsordnungsregelung Normcharakter haben (VGH BW BWVPr. 1978, 88 = EKBW GemO § 36 E 3). Insoweit sind Bestimmungen der Geschäftsordnung im Wege der Normenkontrolle auf Antrag eines Mitglieds des Gemeinderats überprüfbar (VGH BW VBlBW 2003, 119 = EKBW GemO § 36 E 13).

222 b) **Fraktion.** Gemeinderäte können sich freiwillig zu einer **Fraktion** zusammenschließen. Obwohl in der GemO selbst über die Fraktionen nichts geregelt ist, sind sie zulässig. Ihre Bildung ist freiwillig. Das Recht hierauf ergibt sich aus dem Grundrecht der Koalitionsfreiheit (Art. 9 GG). Ein Fraktionszwang für den einzelnen Gemeinderat hinsichtlich der Mitgliedschaft und der Abstimmung ist verboten (§ 32 Abs. 3).

Die Mitglieder einer Fraktion sind bei der Stimmabgabe im Gemeinderat durch einen Beschluss ihrer Fraktion rechtlich nicht gebunden (BVerwG DVBl. 1993, 204; BVerfG NVwZ 1993, 1182). Ein solcher Beschluss kann und wird sich zwar in der Regel auf ihr Abstimmungsverhalten auswirken, zumal dann, wenn *Fraktionsdisziplin* vereinbart ist.

Ein Fraktionsmitglied ist deswegen aber nicht an einer freien Ausübung seines Stimmrechts gehindert. Das Recht auf freies Mandat schützt seine Entscheidungsfreiheit gerade auch dadurch, dass es der Fraktionsdisziplin Grenzen setzt.

Die Fraktion hat die Aufgabe, die Meinungs- und Willensbildung im Gemeinderat durch politisch Gleichgesinnte vorab zu klären und vorzuformen. Der Vorteil der Fraktion ist darin zu sehen, dass sich die einzelnen Gemeinderäte besser spezialisieren und informieren und das erworbene Wissen dann den übrigen Fraktionsmitgliedern übermitteln können. Die Geschäftsordnung kann im Interesse einer Straffung und Konzentration der Arbeit im Plenum eine **Mindeststärke** der Fraktion festlegen (BVerwG DÖV 1979, 790 = EKBW GemO § 36 E 5; VGH BW BWVPr. 1978, 88 = EKBW GemO § 36 E 3; VBlBW 1989 178 = EKBW GemO § 36 E 10). Die Erhöhung der Fraktionsmindeststärke von zwei auf drei Ratsmitglieder ist in den rechtlichen Schranken des Willkürverbots, der Grundsätze der Chancengleichheit und des Minderheitenschutzes zulässig (VGH BW Fundstelle 2002 Rdnr. 431 = EKBW GemO § 36 E 13). Gemeinderatsfraktionen leisten einen wichtigen Beitrag zu einer sinnvollen und effizienten Aufgabenerledigung der Vertretungskörperschaft in der Informations-, Vorbereitungs- und Beschlussphase. Ebenso wie der Aufwand für die Arbeit des Gemeinderats und seiner Ausschüsse selbst kann daher grundsätzlich auch der notwendige **Aufwand für die Fraktionsarbeit** aus Haushaltsmitteln finanziert werden. Das Innenministerium hat für die Fraktionsfinanzierung aus kommunalen Haushaltsmitteln am 6.4.1992 Grundsätze aufgestellt. Zwar besteht auf die Gewährung von Fraktionszuschüssen kein Anspruch der Fraktionen. Sie haben jedoch im Falle der Bewilligung derartiger Zuwendungen einen kommunalverfassungsrechtlichen Anspruch auf eine sachgerechte und ermessensfehlerfreie Verteilung der bereitgestellten Haushaltsmittel (HessVGH NVwZ-RR 1996, 105). Ein Anspruch auf Vollkostenerstattung besteht nicht (OVG NRW DÖV 2003, 416). Auch die Gewährung von Zuwendungen aus Haushaltsmitteln der Gemeinden für die Aufwendungen der Geschäftsführung an Gruppen des Gemeinderats ohne Fraktionsstatus wird als zulässig angesehen (OVG NRW NVwZ-RR 2003, 59). Für Verbindlichkeiten der Fraktionen haften deren Mitglieder nicht persönlich (OLG Schleswig NVwZ 1996, 103). Die Fraktionen haben keinen Anspruch auf Bereithaltung eines Raums im Rathaus zu „spontanen" Sitzungen auch an Wochenenden und auf Aushändigung des hierfür erforderlichen Schlüssels (OVG NDS NVwZ-RR 1995, 215).

Unter Umständen ist ein **Fraktionsausschluss** möglich. Wenn Ratsfraktionen Gruppen von Mitgliedern der Gemeindevertretung mit jeweils gemeinsamen politischen Grundanschauungen sind, kann es ein wichtiger Grund für einen Fraktionsausschluss sein, wenn sich ein Mitglied von den gemeinsamen zentralen Grundwerten entfernt (OVG Saarland NVwZ-RR 1996, 462). Keinesfalls rechtfertigt aber ein abweichendes Stimmverhalten in einzelnen Fragen einen Ausschluss.

Das Fraktionsausschlussverfahren muss rechtsstaatlichen Prinzipien, insbesondere dem Verhältnismäßigkeitsgrundsatz, genügen (OVG NDS DÖV 1993, 1101; VG Giessen DÖV 2003, 776).

223 c) **Ältestenrat.** Durch die Hauptsatzung kann bestimmt werden, dass der Gemeinderat einen **Ältestenrat** bildet (§ 33a). Der Ältestenrat stellt eine freiwillige Einrichtung dar und hat die Aufgabe, den Bürgermeister in Fragen der Tagesordnung und des Gangs der Verhandlung des Gemeinderats zu beraten. Weitere Aufgaben (z. B. Vorberatung) können ihm nicht übertragen werden. Vorsitzender ist der Bürgermeister. Das Nähere über die Zusammensetzung, den Geschäftsgang und die Aufgaben ist in der Geschäftsordnung des Gemeinderats zu regeln. Die Festlegung der Aufgaben kann nur im Einvernehmen mit dem Bürgermeister erfolgen.
Eine Mindest- oder Höchstzahl ist gesetzlich nicht vorgeschrieben. Regelmäßig wird jedoch jede Fraktion (u. U. proportional) vertreten sein. Durch die frühzeitige Beteiligung der Fraktionen im Ältestenrat erhalten diese über die Sitzungsunterlagen (§ 34 Abs. 1 Satz 1) hinaus weitere wichtige Informationen über die Verhandlungsgegenstände.
Durch den Ältestenrat werden die Zuständigkeiten des Bürgermeisters gemäß §§ 35 Abs. 1, 36 Abs. 1 und 43 Abs. 1 nicht eingeschränkt. Der Ältestenrat gibt dem Bürgermeister lediglich eine Empfehlung. Der Ältestenrat ist kein Ausschuss des Gemeinderats i. S. der §§ 39 bis 41. Für Fragen der Tagesordnung und des Gangs der Verhandlungen der Ausschüsse und der Ortschaftsräte ist der Ältestenrat formal nicht zuständig, wobei es sich gar nicht vermeiden lässt und deshalb ständige Praxis ist, dass auch die Ausschussberatungen behandelt werden.

224 d) **Einberufung.** Die Vorbereitung der Sitzungen ist Aufgabe des Bürgermeisters (§ 34 Abs. 1). Hierzu gehört zunächst, dass er den Gemeinderat schriftlich mit angemessener Frist zur Sitzung einlädt und dabei die Verhandlungsgegenstände mitteilt.
Die Ladung muss an **sämtliche** Gemeinderäte ergehen, auch an die, bei denen bekannt ist, dass sie durch Krankheit oder Abwesenheit an der Teilnahme verhindert sind. Das Unterlassen der Ladung eines Gemeinderats stellt einen wesentlichen Verfahrensfehler dar, der aber durch dessen Erscheinen geheilt wird. Gemeinderäte, die nach § 36 Abs. 3 für mehrere Sitzungen ausgeschlossen sind, brauchen nicht geladen zu werden.

225 Die Einhaltung der **Schriftform** ist eine wesentliche Verfahrensvorschrift. Wenn auf eine mündliche Einladung des Bürgermeisters die Gemeinderäte vollständig erscheinen und den Verfahrensfehler nicht rügen, ist dieser Verfahrensfehler aber unerheblich (VGH BW EKBW DVO GemO § 1 E 14).

226 Das Einberufungsrecht des Bürgermeisters umfasst neben der Festlegung von **Sitzungsort und -tag** auch die Befugnis, den Zeitpunkt des **Sitzungsbeginns** zu bestimmen. Dieses Recht kann durch die Geschäftsordnung nicht eingeschränkt werden. Der Bürgermeister muss aber beim Festlegen der Tageszeit auf die Belange der Gemeinderäte Rücksicht nehmen (VGH BW DÖV 1992, 168 = EKBW GemO § 34 E 12).

227 Für die Angemessenheit der **Frist** gibt es keine feste Norm. Die Gemeinderäte müssen ausreichend Gelegenheit haben, sich vor der Sitzung mit der Tagesordnung vertraut zu machen und sich zu informieren. Als Mindestfrist sollten auch in kleinen Gemeinden drei Tage nicht unterschritten werden. In großen Gemeinden und Städten sowie allgemein bei schwierigen oder für die Gemeinde bedeutenden Verhandlungsgegenständen (z. B. Haushaltssatzung, Bauleitpläne, Satzungen) wird man als untere Grenze die Frist von einer Woche anzusehen haben (VGH BW BWVPr. 1976, 275 = EKBW GemO § 34 E 2).

Hält ein Ratsmitglied die Einberufung der Ratssitzung für verspätet und stellt gleichwohl keinen Vertagungsantrag, sondern beteiligt sich an der Sachdiskussion und der anschließenden Abstimmung, so ist der behauptete Verfahrensfehler geheilt (VGH BW Fundstelle 2002 Rdnr. 431 = EKBW GemO § 36 E 13). Hat der Gemeinderat über einen Verhandlungsgegenstand entschieden, kann nicht mehr nachträglich mit Erfolg geltend gemacht werden, die Einberufung der Sitzung oder die Informationen über den Verhandlungsgegenstand seien zu spät erfolgt, es sei denn ein Mitglied des Gemeinderats ist aus diesem Grund der Sitzung fern geblieben (VGH BW BWGZ 2000, 533). Die in § 34 Abs. 1 zur Übersendung der Unterlagen vorgeschriebene „angemessene Frist" dient nur den Mitgliedern des Gemeinderats. Stimmen diese ohne Beanstandung der Rechtzeitigkeit der ihnen zugeleiteten Informationen über den Verhandlungsgegenstand ab, so liegt darin der Verzicht auf eine längere Vorbereitungszeit. Dies gilt selbst dann, wenn nicht alle Gemeinderäte anwesend sind und keine Anhaltspunkte dafür vorliegen, dass ein Gemeinderatsmitglied gerade wegen der von ihm als zu kurz empfundenen Vorbereitungszeit der Sitzung ferngeblieben ist (VGH BW Fundstelle 1999 Rdnr. 410 = EKBW GemO § 34 E 19).

Der Bürgermeister ist verpflichtet, mit der Mitteilung der Tagesordnung auch die für die Beratung erforderlichen **Unterlagen** mit zu senden. Erforderlich sind die Unterlagen, die zur Vorbereitung der Gemeinderäte auf die Sitzung, die Bildung einer (vorläufigen) Meinung und zur Besprechung in den Fraktionen benötigt werden. Welche Unterlagen dies sind, lässt sich nicht allgemein, sondern nur nach der Art des jeweiligen Verhandlungsgegenstandes und nach Inhalt und Funktion des zu treffenden Beschlusses bestimmen (VGH BW DÖV 1988, 469 = EKBW GemO § 34 E 7, VBlBW 1989, 259 = EKBW GemO § 34 E 9). Die Unterlagen sind dann nicht der Einladung beizufügen, wenn sie bereits zuvor Beratungsgegenstand einer Ausschuss- oder Gemeinderatssitzung gewesen sind (VGH BW EKBW GemO § 34 E 16). Ob die Sitzungsunterlagen rechtzeitig zugegangen sind, beurteilt sich maßgeblich nach dem Umfang der Tagesordnung sowie nach der Bedeutung und Schwierigkeit der einzelnen Verhandlungsgegenstände und der anstehenden Entscheidungen. Für die rechtzeitige Übersendung der Unterlagen an den einzelnen Gemeinderat kann es von Bedeutung sein, dass er mit einem Verhandlungsgegenstand zuvor in einem Ausschuss befasst war und deshalb bereits Kenntnis von den relevanten Informationen hatte (VGH BW VBlBW 1990, 457 = EKBW GemO § 34 E 11). Sind sämtliche Ratsmitglieder aufgrund vorausgegangener interfraktioneller Gespräche über einen leicht überschaubaren Tagesordnungspunkt umfassend informiert, ist die Übermittlung der um ihn ergänzten und dadurch geänderten Tagesordnung (einschließlich der dazugehörigen Tischvorlagen) am Tag der Ratssitzung noch angemessen (VGH BW Fundstelle 2002 Rdnr. 431). Bei einfachen, leicht zu beurteilenden oder dem Gemeinderat bereits bekannten Beratungsgegenständen *kann* auf die Übersendung von Unterlagen verzichtet werden. Soweit das öffentliche Wohl oder berechtigte Interessen Einzelner ent-

gegenstehen, *muss* verzichtet werden. In diesen Fällen können Tischvorlagen gefertigt werden.
Für Fraktionen ergibt sich aus § 34 Abs. 1 kein Anspruch auf Überlassung von Beratungsunterlagen (OVG NRW DÖV 1989, 28). Auch im Hinblick auf die Sitzungsunterlagen gilt, dass bei rügeloser Verhandlung ein Verzicht angenommen werden kann, Beschlüsse also nicht zwingend rechtswidrig sind.

229 Mit der Einberufung der Sitzung kann gleichzeitig die erforderliche **ortsübliche Bekanntgabe** von Zeit, Ort und Tagesordnung der öffentlichen Sitzung erfolgen (§ 34 Abs. 1 letzter Satz). Bei der ortsüblichen Bekanntgabe gelten nicht die strengen Formerfordernisse wie bei der öffentlichen Bekanntmachung. Zum Schutz der interessierten Zuhörer darf aber die Art der Bekanntgabe nicht beliebig geändert werden.

230 In **Notfällen** kann der Gemeinderat auch ohne Frist formlos (auch ohne ortsübliche Bekanntgabe) und nur unter Angabe der Verhandlungsgegenstände einberufen werden (§ 34 Abs. 2).
Bis zur Eröffnung der Gemeinderatssitzung kann der Bürgermeister ohne Zustimmung des Gemeinderats die **Tagesordnung ändern** oder einen Tagesordnungspunkt absetzen. Für Änderungen gelten dieselben Form- und Fristvorschriften wie für die erstmalige Einberufung. Ein Verhandlungsgegenstand kann in einer nichtöffentlichen Sitzung durch einstimmigen Beschluss des Gemeinderats **nachträglich auf die Tagesordnung** gesetzt werden. Dies gilt jedoch nur, wenn alle Mitglieder des Gemeinderats anwesend sind. Das Nachschieben eines Verhandlungsgegenstandes in öffentlicher Sitzung ist wegen der fehlenden ortsüblichen Bekanntgabe (§ 34 Abs. 1 letzter Satz) nicht zulässig.

In Notfällen aber kann bei öffentlichen und nichtöffentlichen Sitzungen ein weiterer Gegenstand nachträglich auf die Tagesordnung gesetzt werden, wenn alle Mitglieder in der Sitzung anwesend sind. Ist dies nicht der Fall, müssen die nicht anwesenden, erreichbaren Mitglieder hierüber vorher mit einer entsprechenden formlosen Einladung nach § 34 Abs. 2, der sie noch rechtzeitig folgen können, unterrichtet werden.

231 Sitzungen des Gemeinderats sind einzuberufen, wenn es die **Geschäftslage erfordert**. Hierüber entscheidet der Bürgermeister. Mindestens einmal im Monat soll der Gemeinderat zusammentreten.
Er ist unverzüglich einzuberufen, wenn **ein Viertel der Gemeinderäte** eine Sitzung fordert und den vorgesehenen Verhandlungsgegenstand angibt. Mit derselben Minderheit kann auch die Aufnahme bestimmter Angelegenheiten auf die Tagesordnung spätestens der übernächsten Sitzung erwirkt werden. Die Angelegenheiten müssen aber zum Aufgabengebiet des Gemeinderates gehören. Es bedarf deshalb sowohl der Verbands- wie auch der Organzuständigkeit des Gemeinderates. Ist dies nicht der Fall, ist der Bürgermeister befugt, den Gegenstand nicht aufzunehmen. Die Quorumsregelung verstößt nicht gegen Art. 19 Abs. 4 GG (BVerfG NVwZ 1990, 355).
Dieses Minderheitenrecht umfasst auch den Anspruch des einzelnen Gemeinderats, in der Gemeinderatssitzung die Aufnahme eines Gegenstandes in die Tagesordnung einer der nächsten Gemeinderatssitzungen zu beantragen und so

das erforderliche Quorum herbeizuführen. Dieses Recht darf nicht durch Geschäftsordnungsbeschlüsse in seiner Verwirklichung verhindert werden. Eine hierzu ermächtigende Bestimmung der Geschäftsordnung ist nichtig. Der Anspruch des einzelnen Gemeinderats (wie auch der Gemeinderatsminderheit) führt aber nicht zu einem Anspruch auf Beratung derartiger Anträge bzw. Wortmeldungen hierzu in der Sitzung. Die einzelnen Mitglieder des Gemeinderats haben auch keinen Anspruch darauf, dass sie nach Abfragen des Quorums Erklärungen zu ihrem Abstimmungsverhalten zu Protokoll geben, da es sich hierbei um keine Abstimmung i. S. von § 38 Abs. 1 Satz 2 handelt (VGH BW DÖV 1989, 31 = EKBW GemO § 34 E 8).

§ 34 Abs. 1 oder andere Bestimmungen der GemO dienen nicht dem organschaftlichen Interesse des *einzelnen* Mitglieds der kommunalen Vertretungskörperschaft an der Aufnahme eines Verhandlungsgegenstandes in die Tagesordnung, soweit das Quorum nach § 34 Abs. 1 nicht erreicht ist. Ein Anspruch auf fehlerfreie Ermessensentscheidung des Mitglieds des Gemeinderats gegen den Bürgermeister auf Aufnahme eines Gegenstands in die Tagesordnung besteht daher nach § 34 Abs. 1 nicht (VGH BW BWVPr. 1984, 187 = EKBW GemO § 34 E 5).

Um einen Missbrauch zu verhindern, ist der Anspruch auf Behandlung ausgeschlossen, wenn der gleiche Verhandlungsgegenstand innerhalb der letzten sechs Monate bereits behandelt wurde, es sei denn, die der damaligen Entscheidung zugrundeliegenden Umstände hätten sich wesentlich verändert (OVG Rh.Pf. Fundstelle 1983 Rdnr. 557). Der Bürgermeister ist befugt, den Antrag eines Viertels der Gemeinderäte auf Aufnahme eines Verhandlungsgegenstandes in die Tagesordnung abzulehnen, wenn der Gegenstand nicht i. S. von § 34 Abs. 1 Satz 5 zum Aufgabengebiet des Gemeinderats gehört (VGH BW BWVPr. 1984, 184 = EKBW GemO § 34 E 6).

Eine Sitzung des Gemeinderats ist auch einzuberufen, wenn ein **Bürgerantrag** (§ 20b) erfolgreich war oder die **Rechtsaufsichtsbehörde** dies nach § 122 verlangt.

e) **Öffentlichkeit.** Die Sitzungen des Gemeinderats sind **grundsätzlich öffentlich** (§ 35 Abs. 1). Der Bürger soll die Möglichkeit haben, die von ihm gewählten Vertreter bei der Erfüllung ihrer Aufgaben zu beobachten und zu kontrollieren. Dadurch soll gleichzeitig sein Interesse an der Selbstverwaltung geweckt und verstärkt werden. Deshalb müssen Interessierte in zeitlicher und räumlicher Hinsicht in der Lage sein, die Sitzung zu besuchen. Durch den Beginn regelmäßiger Ratssitzungen – schon – um 16.15 Uhr an einem Werktag wird der Öffentlichkeitsgrundsatz jedoch nicht verletzt (OVG Saarland DÖV 1993, 964). Das Gebot der Öffentlichkeit umfasst die ortsübliche Bekanntgabe der Sitzung, den Zutritt zur Sitzung für jedermann und das Recht der Einwohner auf Einsichtnahme in die Niederschriften über öffentliche Sitzungen (§ 38 Abs. 2 letzter Satz). Ob ein Einwohner eine Abschrift (Fotokopie) der Niederschrift erhält, steht im Ermessen der Gemeinde. Die Gemeinde muss dafür Sorge tragen, dass die Sitzungen an einem **Ort** stattfinden, der **allgemein zugänglich** ist und ausreichend Platz für die interessierten Bevölkerungskreise bietet. Bei Überfüllung kann der Sitzungsraum jedoch in Ausübung der Ordnungsgewalt für weitere Zuhörer gesperrt werden. Auch sonstige vorbeugende Maßnahmen des Sit-

zungsleiters, die den Zugang zur Sitzung erschweren, sind zulässig, wenn sie notwendig sind, um einen ungestörten Ablauf der Verhandlung zu gewährleisten (VGH BW VBlBW 1983, 106 = EKBW GemO § 35 E 7).
Das Gebot der Öffentlichkeit beinhaltet aber nicht das Recht der Zuhörer, eigene **Tonbandaufzeichnungen** zu fertigen. Auch das Grundrecht der Pressefreiheit eines Journalisten wird deshalb nicht verletzt, wenn ihm der Bürgermeister in Ausführung eines entsprechenden Gemeinderatsbeschlusses dies untersagt (BVerwG DÖV 1991, 72).

233 Die Öffentlichkeit muss jedoch für einzelne Angelegenheiten ausgeschlossen werden, wenn es das öffentliche Wohl oder berechtigte Interessen Einzelner erfordern. Liegen diese Voraussetzungen vor, **muss nichtöffentlich** verhandelt werden. Das *öffentliche Wohl* erfordert den Ausschluss der Öffentlichkeit, wenn Interessen des Bundes, des Landes, der Gemeinde, anderer öffentlichrechtlicher Körperschaften oder der örtlichen Gemeinschaft durch eine öffentliche Sitzung mit Wahrscheinlichkeit wesentlich oder nachteilig verletzt werden könnten. *Berechtigte Interessen Einzelner* i. S. von § 35 Abs. 1 Satz 2 können rechtlich geschützte oder sonstige schutzwürdige Interessen sein. Sie erfordern den Ausschluss der Öffentlichkeit, wenn im Laufe der Sitzung persönliche oder wirtschaftliche Verhältnisse zur Sprache kommen können, an deren Kenntnisnahme schlechthin kein berechtigtes Interesse der Allgemeinheit bestehen kann und deren Bekanntgabe dem Einzelnen nachteilig sein könnte (VGH BW BWGZ 1980, 316 = EKBW GemO § 35 E 6). Es ist aber unzulässig, öffentlich zu verhandelnde Angelegenheiten in nichtöffentlicher Sitzung vorzuberaten. (VGH BW NVwZ-RR 2001, 462 = EKBW § 35 E 13). Nichtöffentliche Vorberatung wäre jedoch durch einen Ausschuss möglich (§ 39 Abs. 5 Satz 2, § 41 Abs. 3). Dem Gemeinderat ist es auch nicht verwehrt, sich außerhalb der regulären Gemeinderatssitzungen zu einer Informationsveranstaltung mit Vertretern der Gemeinde, z. B. in sog. Klausurtagungen, zusammenzusetzen und hierbei die Öffentlichkeit auszuschließen.
Die Entscheidung über Öffentlichkeit/Nichtöffentlichkeit der Sitzung trifft der Bürgermeister bei der Aufstellung der Tagesordnung. Über Anträge aus der Mitte des Gemeinderats, einen Verhandlungsgegenstand entgegen der Tagesordnung in öffentlicher oder nichtöffentlicher Sitzung zu behandeln, wird in nichtöffentlicher Sitzung beraten und entschieden (§ 35 Abs. 1). Das einzelne Mitglied des Gemeinderats hat kein im Wege des *Kommunalverfassungsstreits* durchsetzbares Recht auf öffentliche bzw. nichtöffentliche Verhandlung eines Gegenstands im Gemeinderat (VGH BW BWVPr. 1992, 135).
Die Behandlung eines vom nichtöffentlichen in den öffentlichen Teil verwiesenen Verhandlungsgegenstandes ist in der gleichen Sitzung nicht möglich, da es an dem Erfordernis der ortsüblichen Bekanntgabe dieses Tagesordnungspunktes fehlt (§ 34 Abs. 1 Satz 7).

Beispiele:
- Personalangelegenheiten, Unterstützungsanträge, Steuersachen verlangen i. d. R. eine nichtöffentliche Behandlung, weil meistens persönliche oder wirtschaftliche Verhältnisse zur Sprache kommen.

- Grundlegende, die Bürgerschaft allgemein interessierende Angelegenheiten wie Satzungen, Haushaltsplan, Bebauungspläne (VGH BW VBlBW 1965, 155 = EKBW GemO § 35 E 2; VBlBW 1967, 8 = EKBW GemO § 35 E 3) sind stets öffentlich zu verhandeln.
- Vergabeentscheidungen von Bauleistungen nach der Vergabe- und Vertragsordnung für Bauleistungen (VOB) sind grundsätzlich in öffentlicher Sitzung zu fassen (Nr. 3.3 der Verwaltungsvorschrift des Innenministeriums über die Vergabe von Aufträgen im kommunalen Bereich – VergabeVwV – vom 20. November 2008 – GABl. S. 366, zuletzt geändert durch VwV vom 1.10.2010 – GABl. S. 325).
- Über ein der Gemeinde zustehendes Vorkaufsrecht nach § 24 BauGB ist in öffentlicher Sitzung zu verhandeln und zu beschließen (VGH BW BWGZ 1981, 316 = EKBW GemO § 35 E 6; EKBW GemO § 35 E 6/1; BWGZ 1991, 147 = EKBW GemO § 35 E 8).

In nichtöffentlicher Sitzung gefasste Beschlüsse sind entweder unmittelbar nach Wiederherstellung der Öffentlichkeit oder, wenn dies ungeeignet ist, in der nächsten öffentlichen Sitzung **bekannt zu geben**. Eine Bekanntgabe in der Weise, dass aus ihnen nicht auf den Teil des Inhalts geschlossen werden kann, dessen vertrauliche Beratung Zweck des Ausschlusses der Öffentlichkeit war, ist zulässig (BVerwG VerwRspr. 27, 85). Die Bekanntgabe unterbleibt, wenn das öffentliche Wohl oder berechtigte Interessen Einzelner entgegenstehen.

Über alle Angelegenheiten, die in nichtöffentlicher Sitzung behandelt werden, sind die Gemeinderäte so lange zur **Verschwiegenheit** verpflichtet, bis sie der Bürgermeister von der Schweigepflicht entbindet. Dabei darf der Bürgermeister die Verschwiegenheitspflicht nicht grundsätzlich, sondern nur bezogen auf einzelne Fälle aufheben (VGH BW BWGZ 1976, 79 = EKBW GemO § 35 E 5/1; Urteil des VG Stuttgart vom 16.5.2007, 7 K 3581/06). Die Verschwiegenheitspflicht gilt nicht für Beschlüsse, die öffentlich bekannt gegeben wurden (§ 35 Abs. 2). Aufgrund des Geheimhaltungsbedürfnisses dürfen Mehrfertigungen von Niederschriften über nichtöffentliche Sitzungen nicht ausgehändigt werden (§ 38 Abs. 2 – VGH BW BWVPr. 1974, 34 = EKBW GemO § 35 E 5). Mitnahme persönlicher Notizen über nichtöffentliche Sitzungen des Gemeinderats ist jedoch zulässig.

f) Verhandlungsleitung. Die Verhandlungsleitung in den Gemeinderatssitzungen obliegt dem Vorsitzenden, also dem Bürgermeister oder seinem Stellvertreter. Er eröffnet, leitet und schließt die Sitzung. Eine Sitzungsunterbrechung ist möglich. Die Unterbrechung kann vom Vorsitzenden angeordnet oder vom Gemeinderat beschlossen werden. Sofern jedoch die Sitzung längere Zeit nicht fortgeführt wird (länger als ein Tag), muss neu einberufen werden.

Der Vorsitzende **handhabt die Ordnung** und übt das **Hausrecht** gegenüber den Zuhörern aus (§ 36 Abs. 1).
Zur Aufrechterhaltung der Ordnung in einer Gemeinderatssitzung kann der Vorsitzende einem Mitglied optische Kundgaben zur **Demonstration politischer Auffassungen** (wie Transparente, Plakate, Tragen von Aufklebern) untersagen, ohne dass er dadurch dessen Meinungsfreiheit einschränkt (BVerwG VBlBW 1989, 15). Sollte ein Gemeinderat oder Zuhörer während der Sitzung in den

Sitzungsräumen rauchen, ist der Vorsitzende gemäß § 5 LNRSchG gehalten, dies zu unterbinden.

238 Bei grober Ungebühr oder wiederholten **Verstößen gegen die Ordnung** kann ein Gemeinderat vom Vorsitzenden aus dem Beratungsraum verwiesen werden. Eine grobe Ungebühr liegt dann vor, wenn das Verhalten des Gemeinderats den Gang der Verhandlungen in besonders hohem Maße stört (VGH BW VBlBW 1993, 259 = EKBW GemO § 36 E 11). Bei wiederholten schweren Ordnungsverstößen kann er vom Gemeinderat für eine oder mehrere Sitzungen (höchstens sechs) ausgeschlossen werden (§ 36 Abs. 3). Dies gilt entsprechend für sachkundige Einwohner, die beratend hinzugezogen worden sind.

Gegen derartige Ordnungsmaßnahmen des Vorsitzenden oder des Gemeinderats ist verwaltungsgerichtliche Klage im Rahmen eines *Kommunalverfassungsstreitverfahrens* zulässig (OVG Rh.Pf. DÖV 1996, 474). Da die Ordnungsmaßnahmen, wie auch die Maßnahmen des Hausrechts im Ermessen des Vorsitzenden stehen, wird im gerichtlichen Verfahren das Einhalten der Grenzen des eingeräumten Ermessens geprüft. Diese sind beispielsweise überschritten, wenn der Vorsitzende, ohne dass die Redezeit überschritten ist, einem Gemeinderat das Wort entzieht.

239 Soweit der Bürgermeister einen Gemeinderat mit einem **Hausverbot** belegt, damit dieser nach seinem Ausschluss vom Gemeinderat nicht als Zuhörer stören kann, handelt es sich um einen Verwaltungsakt (VGH BW VBlBW 1983, 342 = EKBW GemO § 36 E 8). Das Gleiche gilt, wenn der Bürgermeister einem Zuhörer, der die Sitzungen des Gemeinderats wiederholt in erheblichem Maße gestört hat, den Besuch der Gemeinderatssitzungen für eine bestimmte Zeitdauer verbietet (VGH BW BWVPr. 1970, 135 = EKBW GemO § 36 E 1).

Wenn ein aus dem Beratungsraum Verwiesener (Zuhörer oder Gemeinderatsmitglied) den Sitzungsraum nicht verlässt, kann er sich wegen Hausfriedensbruchs strafbar machen (OLG Karlsruhe BWVPr. 1980, 60 = EKBW GemO § 36 E 6).

240 g) **Teilnahme sonstiger Personen.** Der Gemeinderat kann **sachkundige Einwohner** und **Sachverständige** zu den Beratungen einzelner Angelegenheiten hinzuziehen (§ 33 Abs. 3). Durch sie soll dem Gemeinderat die fehlende Sachkunde vermittelt und dadurch die Entscheidungsfindung erleichtert werden. Soweit Bürger als sachkundige Einwohner hinzugezogen werden, sind sie zur Teilnahme verpflichtet (§ 15). Das Verhältnis der Sachverständigen zur Gemeinde ist im Gegensatz zu den sachkundigen Einwohnern privatrechtlich. Sachverständige wird die Gemeinde zuziehen, wenn ihr keine sachkundigen Einwohner zur Verfügung stehen oder die geforderte Beratung so umfangreich oder schwierig ist, dass sie billigerweise nicht als ehrenamtliche Leistung gefordert werden kann.

241 Ebenfalls mit beratender Stimme nehmen die **Beigeordneten** an den Sitzungen teil (§ 33 Abs. 1). Anders als der Bürgermeister sind sie nicht Mitglieder des Gemeinderats. Die beratende Stimme gibt ihnen aber die Möglichkeit, sich jederzeit zu Wort zu melden. Das gleiche Recht haben auch **Ortsvorsteher und**

Bezirksvorsteher, die nicht Gemeinderäte sind (§ 71 Abs. 4 i. V. m. § 65 Abs. 4). Mit beratender Stimme nimmt auch die **Betriebsleitung** eines Eigenbetriebs an den Sitzungen teil (§ 5 Abs. 2 EigBG). Zu seiner Entlastung kann der Vorsitzende den Vortrag in den Sitzungen einem **Beamten oder Angestellten** übertragen, wobei diese an Weisungen gebunden sind. Auf Verlangen des Gemeinderats muss er einen Bediensteten zu sachverständigen Auskünften zuziehen (§ 33 Abs. 2). Eine Übertragung des Vorsitzes auf Gemeindebedienstete ist aber unzulässig, da dies keine Verwaltungsaufgabe ist (Arg. aus § 53).

Der Gemeinderat kann bei öffentlichen Sitzungen Einwohnern, nicht in der Gemeinde wohnenden Grundstücksbesitzern und Gewerbetreibenden sowie juristischen Personen und nicht rechtsfähigen Personenvereinigungen die Möglichkeit einräumen, Fragen zu Gemeindeangelegenheiten zu stellen oder Anregungen und Vorschläge zu unterbreiten (**Fragestunde**). Das Fragerecht des Einwohners umfasst nicht die Befugnis, eigene politische Stellungnahmen während der Ratssitzung abzugeben (VG Braunschweig Fundstelle 1998 Rdnr. 211). Der Vorsitzende des Gemeinderats nimmt zu den Fragen Stellung; eine Diskussion mit dem Gemeinderat ist nicht Zweck der Fragestunde. Gemeinderatsmitglieder sind nicht zur Teilnahme an der Fragestunde berechtigt, da sie ein eigenes Fragerecht nach § 24 Abs. 4 Satz 1 haben (OVG NRW NVwZ 1990, 185). Weiter kann der Gemeinderat betroffenen Personen und Personengruppen die Gelegenheit geben, vor Eintritt in seine Beratungen ihre Auffassung im Gemeinderat vorzutragen (**Anhörung** – § 33 Abs. 4). Die Anhörung ist in erster Linie Informationsmittel des Gemeinderats. Den Betroffenen wird keine beratende Mitwirkung eingeräumt. Sie haben kein subjektives öffentliches Recht auf Anhörung.

Das Nähere über die Fragestunde und die Anhörung ist in der Geschäftsordnung des Gemeinderats zu regeln.

7. Beschlussfassung im Gemeinderat

Eine Beschlussfassung und Beratung ist nur in ordnungsmäßig einberufener und geleiteter Sitzung möglich (§ 37 Abs. 1 Satz 1). Über Gegenstände einfacher Art kann auch **außerhalb von Sitzungen** im Wege der Offenlegung oder im schriftlichen Verfahren beschlossen werden. Zu den Gegenständen einfacher Art gehören Angelegenheiten von geringer Bedeutung, die keiner mündlichen Erläuterung oder Erörterung bedürfen. Ob ein Gegenstand einfacher Art gegeben ist, unterliegt der verwaltungsgerichtlichen Nachprüfung (VGH Freiburg VBlBW 1959, 15 = EKBW GemO § 37 E 1; VGH BW ESVGH 22, 17 = EKBW GemO § 37 E 3). Bei der **Offenlegung** werden die Akten im Rathaus aufgelegt. Darauf ist schriftlich unter Festlegung einer bestimmten Äußerungsfrist hinzuweisen. Beim **schriftlichen Verfahren** wird eine Ausfertigung des Antrags allen Gemeinderäten gleichzeitig zur Unterschrift zugeleitet. In beiden Fällen ist ein Antrag nur dann angenommen, wenn kein Gemeinderatsmitglied widerspricht (§ 37 Abs. 1 Satz 2). Eine Zustimmung unter Bedingungen wäre als Widerspruch anzusehen.

244 a) **Beschlussfähigkeit.** Der Gemeinderat ist beschlussfähig, wenn **mindestens die Hälfte** – bei Befangenheit von mehr als der Hälfte mindestens ein Viertel – aller Mitglieder anwesend und stimmberechtigt ist (§ 37 Abs. 2). Für die Zahl der Gemeinderäte ist nicht die gesetzliche Mitgliederzahl (§ 25 Abs. 2) maßgebend, sondern die Zahl der tatsächlich besetzten Sitze. Bei Beschlussunfähigkeit des Gemeinderats infolge Abwesenheit oder Befangenheit von Mitgliedern kann in einer zweiten Sitzung Beschluss gefasst werden, wenn **mindestens drei Mitglieder** anwesend und stimmberechtigt sind. Bei Einberufung der Sitzung muss aber darauf hingewiesen werden. Die zweite Sitzung entfällt, wenn weniger als drei Mitglieder stimmberechtigt sind (§ 37 Abs. 3).

245 Der **Bürgermeister entscheidet** anstelle des Gemeinderats nach Anhörung der nichtbefangenen Gemeinderäte allein, wenn auch in der zweiten Sitzung keine Beschlussfähigkeit gegeben ist, weil weniger als drei stimmberechtigte Mitglieder erschienen sind, oder die zweite Sitzung mangels ausreichend vieler stimmberechtigter Mitglieder gegenstandslos ist. Die Entscheidung des Bürgermeisters ist ebenfalls in einer ordnungsmäßig einberufenen und geleiteten Sitzung zu treffen (VGH BW Fundstelle 1972 Rdnr. 815 = EKBW GemO § 37 E 3).
Sind auch der Bürgermeister und seine Stellvertreter befangen, kann der Gemeinderat – unter Vorsitz des Bürgermeisters – einen weiteren nicht befangenen **Stellvertreter** aus seiner Mitte für diese Entscheidung wählen (§ 37 Abs. 4 Satz 2). Macht der Gemeinderat von diesem Recht keinen Gebrauch, wird die Beschlussfassung durch eine Maßnahme der Rechtsaufsichtsbehörde – **Bestellung eines Beauftragten** – (§ 124) ersetzt.

246 b) **Beschlüsse.** Die Beschlussfassung des Gemeinderats geschieht entweder durch Abstimmung oder durch Wahl (§ 37 Abs. 5). Beide unterscheiden sich durch der der Beschlussfassung zugrunde liegende voneinander abweichende Fragestellung und durch die verschiedene Ausgestaltung des Verfahrens.
Die **Abstimmung** ist die Form der Entscheidung in Sachfragen. Bei der Abstimmung wird ein Antrag, d. h. eine Frage gestellt, die mit *Ja* oder *Nein* beantwortet werden kann. Der Gemeinderat stimmt in der Regel **offen** ab (§ 37 Abs. 6). Bei Vorliegen besonderer Umstände (das Gesetz enthält keine ausdrücklichen Voraussetzungen, eine Orientierung gibt § 35 Abs. 1 Satz 2 GemO) kann geheime, d. h. verdeckte Abstimmung erfolgen. Näheres kann in der Geschäftsordnung geregelt werden, z. B. die im Gesetz nicht erwähnte namentliche Abstimmung.
Die Beschlüsse werden mit **Stimmenmehrheit** gefasst. Stimmenmehrheit heißt: mehr Ja- als Nein-Stimmen. Bei Stimmengleichheit ist der Antrag abgelehnt (§ 37 Abs. 6).
Im Gegensatz zum früheren Recht, bei dem die Stimmenthaltung als Ablehnung zählte, werden Stimmenthaltungen bei der Feststellung des Abstimmungsergebnisses nicht mehr berücksichtigt.
In wenigen Ausnahmefällen kennt die GemO eine über diese Regelmehrheit hinausgehende **qualifizierte Mehrheit.**

Beispiele:
– Erlass der Hauptsatzung (§ 4 Abs. 2),
– Vereinbarung über Grenzänderungen (§ 8 Abs. 2),

- Zulässigkeit eines Bürgerentscheids (§ 21 Abs. 1),
- Abberufung des Leiters des Rechnungsprüfungsamtes (§ 109 Abs. 4).

Die **Wahl** ist die Form der Entscheidung in Personalfragen. Als Wahl ist eine Beschlussfassung dann zu bezeichnen, wenn die gestellte Frage nicht mit *Ja* oder *Nein* beantwortet werden kann, sondern eine Auswahl unter mehreren Bewerbern stattfindet. Jedoch ist auch die Beschlussfassung mit nur einem Kandidaten eine Wahl im Sinne der GemO.

247

Gesetzlich festgelegte Wahlen:
- Ernennung und Einstellung von Gemeindebediensteten einschließlich der nicht nur vorübergehenden Übertragung einer höher bewerteten Tätigkeit bei einem Angestellten oder Arbeiter (§ 37 Abs. 7),
- Wahl der Stellvertreter des Bürgermeisters (§ 48 Abs. 1),
- Wahl der Beigeordneten (§ 50 Abs. 2),
- Wahl des Bezirksvorstehers (§ 65 Abs. 4),
- Wahl des Ortsvorstehers und seines Stellvertreters (§ 71 Abs. 1).

Wahlen werden grundsätzlich **geheim** mit Stimmzetteln vorgenommen; offene Wahl ist möglich, wenn kein Gemeinderatsmitglied widerspricht. Bei geheimer Wahl ist sicherzustellen, dass jeder Wahlberechtigte, ohne anderen Wählern oder Dritten die Möglichkeit einer Beobachtung zu bieten, seine Stimme abgeben kann und dass sein Wahlverhalten auch nach der Stimmabgabe geheim bleibt (OVG NRW Fundstelle 1983 Rdnr. 329; OVG NDS DÖV 1985, 152). Die Verwendung bestimmter Abstimmungsschutzvorschriften wie Wahlkabinen ist für geheime Wahlen innerhalb des Gemeinderats gesetzlich nicht vorgeschrieben (VGH BW BWGZ 1993, 164 = EKBW GemO § 40 E 7). Verstöße gegen den Grundsatz der geheimen Wahl müssen in unmittelbarem Zusammenhang mit dem Wahlvorgang gerügt werden (VGH BW BWVPr. 1994, 45).

248

Gewählt ist, wer mehr als die Hälfte der Stimmen der anwesenden Stimmberechtigten erhalten hat, insoweit kommt einer Stimmenthaltung hier eine Bedeutung zu. Wird die erforderliche Mehrheit nicht erreicht, findet zwischen den beiden Bewerbern mit den meisten Stimmen in der gleichen Sitzung eine Stichwahl statt, bei der die einfache Mehrheit ausreicht. Bei Stimmengleichheit der Stichwahl entscheidet das Los (§ 37 Abs. 7). Tritt bei einer Wahl mit mehr als zwei Bewerbern einer der beiden Stichwahlbewerber vor der Stichwahl zurück, ist der gesamte Wahlvorgang als ergebnislos zu werten. Der Gemeinderat kann nun entweder mit den bisherigen (verbleibenden) Bewerbern das Wahlverfahren noch einmal von vorn beginnen oder die Stelle neu ausschreiben.

249

Die einfache Mehrheit bei der Stichwahl reicht nicht aus, wenn es sich um eine Personalmaßnahme i. S. des § 24 Abs. 2 handelt, zu der der Bürgermeister sein Einvernehmen nicht gegeben hat. In diesem Fall benötigt der Gemeinderat auch im zweiten Wahlgang eine Zweidrittelmehrheit.

Bei Wahlen mit **nur einem Bewerber** findet ein zweiter Wahlgang statt, wenn dieser Bewerber im ersten Wahlgang die erforderliche Stimmenmehrheit nicht erlangt. Dieser zweite Wahlgang soll frühestens eine Woche nach dem ersten

durchgeführt werden, damit Gelegenheit für die Bildung neuer Mehrheiten gegeben ist (§ 37 Abs. 7 Satz 6 und 7). Mit dieser Regelung will man erreichen, dass neue zeitraubende Ausschreibungen erst dann notwendig sind, wenn mit größter Sicherheit feststeht, dass der bisherige Bewerber die erforderliche Mehrheit nicht erhält.
Erreicht dieser Bewerber in diesem zweiten Wahlgang nicht die absolute Mehrheit, ist er nicht gewählt. Dieses Verfahren bei nur einem Bewerber gilt auch dann, wenn bei mehreren Bewerbern nur ein Bewerber Stimmen erhält oder bei zwei Bewerbern einer vor der Stichwahl ausscheidet.

250 Sowohl bei der Abstimmung als auch bei der Wahl hat der **Bürgermeister** als Mitglied des Gemeinderats – im Gegensatz zum Beigeordneten – grundsätzlich **Stimmrecht** (§ 37 Abs. 6 und 7; Ausnahme: z. B. § 40 Abs. 2).

251 c) **Wiederholte Behandlung desselben Verhandlungsgegenstandes.** Die wiederholte Behandlung eines bereits abschließend behandelten oder vertagten Tagesordnungspunktes in der gleichen Sitzung ist grundsätzlich unzulässig. Ein Tagesordnungspunkt ist dann abgeschlossen, wenn eine endgültige Beschlussfassung zustande gekommen oder ein neuer Tagesordnungspunkt aufgerufen worden ist. Einem etwaigen Antrag auf Fortführung der Beratung mit dem Ziel einer nochmaligen Abstimmung kann die Mehrheit des Gemeinderats durch einen Antrag auf Übergang zur Tagesordnung entgegenwirken. Wenn aber die erforderliche Mehrheit bei einer Sachentscheidung nicht erreicht wird, kann, soweit keine Vertagung beschlossen wird, erneut in die Beratung eingetreten und es können neue Anträge gestellt werden (VGH BW VBlBW 1972, 40 = EKBW GemO § 36 E 2). Ein bereits abschließend behandelter Verhandlungsgegenstand **muss** aber in einer späteren Sitzung nochmals behandelt werden, wenn
– ein Widerspruch des Bürgermeisters nach § 43 Abs. 2 vorliegt,
– die Rechtsaufsichtsbehörde dies im Rahmen ihrer Aufsichtsmittel (§§ 120 ff.) verlangt,
– ein nach § 20b zulässiger und zustande gekommener Bürgerantrag vorliegt,
– dies durch eine Bürgerversammlung (§ 20a) erforderlich wird,
– ein Viertel der Gemeinderäte dies beantragt und derselbe Verhandlungsgegenstand nicht innerhalb der letzten sechs Monate im Gemeinderat bereits behandelt wurde (§ 34 Abs. 1).

252 d) **Änderung, Aufhebung, Überprüfung von Beschlüssen.** Der Gemeinderat kann seine Beschlüsse in einer ordnungsmäßig einberufenen und geleiteten Sitzung grundsätzlich jederzeit wieder aufheben oder abändern (VGH BW GemO § 34 E 18). Einschränkungen dieses Grundsatzes ergeben sich, wenn der Beschluss bereits vollzogen ist. Gegen ordnungsmäßig zustande gekommene Beschlüsse hat die überstimmte Mehrheit keine Rechtsmittel.
Einzelne Gemeinderatsmitglieder können die Ungültigkeit von Beschlüssen im *Kommunalverfassungsstreitverfahren* geltend machen, soweit sie sich in ihren kommunalverfassungsrechtlichen Rechten verletzt fühlen. Einen im Rechtsweg verfolgbaren Anspruch darauf, dass der Gemeinderat nur gesetzmäßige Beschlüsse fasst, hat ein Gemeinderatsmitglied aber nicht (BayVGH JZ 1977, 129; VGH BW DÖV 1988, 469 = EKBW GemO § 34 E 7).

Die Rechtsaufsichtsbehörde kann jederzeit rechtswidrige Beschlüsse des Gemeinderates beanstanden und – soweit noch nicht vollzogen – ihre Aufhebung verlangen (§§ 121, 122).

e) **Verletzung von Verfahrensvorschriften.** Eine Verletzung der für die Einberufung und Leitung bestehenden wesentlichen Verfahrensvorschriften (§ 37 Abs. 1 i. V m. §§ 34 bis 36) hat zur Folge, dass die Beschlüsse rechtswidrig sind. Verstöße gegen Vorschriften, die nur dem Schutz der Interessen der einzelnen Gemeinderatsmitglieder dienen, können aber geheilt werden, wenn von den betroffenen Gemeinderatsmitgliedern die Fehler toleriert werden (z. B. schriftliche und rechtzeitige Einberufung, Mitteilung der Verhandlungsgegenstände, Übersendung der Beratungsunterlagen).
In **Notfällen** kann nach § 34 Abs. 2 auf die Verfahrensvorschriften verzichtet werden, ohne dass dies eine Verletzung darstellt. Ein Notfall liegt immer dann vor, wenn ohne Verzicht auf die für die Einberufung vorgesehenen Verfahrensvorschriften der Bürgermeister von seinem Eilentscheidungsrecht nach § 43 Abs. 4 Gebrauch machen könnte oder müsste (VGH BW ESVGH 27, 150 = EKBW GemO § 34 E 3).

253

f) **Niederschrift.** Über den wesentlichen Inhalt der Verhandlungen des Gemeinderats ist eine Niederschrift zu fertigen. Der Vorsitzende und jedes Mitglied des Gemeinderats können verlangen, dass ihre Erklärungen oder Abstimmungen in der Niederschrift festgehalten werden. Die Niederschrift ist innerhalb eines Monats zur Kenntnis des Gemeinderats zu bringen (§ 38). Die Sitzungsniederschrift ist eine öffentliche Urkunde i. S. des § 415 ZPO. Sie begründet (positiv) vollen Beweis der darin bezeugten Vorgänge und Tatsachen, nicht aber (negativ) dafür, dass bestimmte Vorgänge nicht stattgefunden haben oder Beschlüsse nicht gefasst worden sind (VGH BW EKBW GemO § 38 E 3). Ihre erhöhte Beweiskraft bezieht sich nur auf den in § 38 Abs. 1 Satz 1 vorgeschriebenen oder zugelassenen Inhalt. Dazu gehört nicht die Erklärung eines Gemeinderatsmitglieds, die weder auf sein Verlangen noch im Wortlaut festgehalten, sondern in ihrem Inhalt zusammengefasst sinngemäß wiedergegeben wird (VGH BW VBlBW 1990, 186 = EKBW GemO § 38 E 5). Die Niederschrift ist keine Gültigkeitsvoraussetzung für gefasste Beschlüsse. Sie dient lediglich einem späteren Nachweis darüber.

254

Auch Entscheidungen, die im Wege der *Offenlegung* oder des *schriftlichen Verfahrens* gefasst werden, sind in die Niederschrift aufzunehmen.

Den Einwohnern ist die **Einsichtnahme** in die Niederschriften über die öffentlichen Sitzungen gestattet (§ 38 Abs. 2 Satz 5). Es steht dabei im Ermessen der Gemeinde, ob sie einem Einwohner eine Abschrift der Niederschrift anfertigt (VGH BW Beschluss vom 27.1.1976 – I 1494/75). Den Gemeinderäten steht daneben grundsätzlich auch das Recht auf Einsichtnahme in Niederschriften über nichtöffentliche Sitzungen des Gemeinderats zu (VGH BW BWVPr. 1974, 81 = EKBW GemO § 38 E 1). Mehrfertigungen von Niederschriften über nichtöffentliche Sitzungen dürfen aber nicht ausgehändigt werden, da das den Schutzzweck des § 35 Abs. 2 gefährden könnte (VGH BW BWVPr. 1974, 34 =

255

EKBW GemO § 38 E 2). Werden bei einer Gemeinderatssitzung **Tonaufzeichnungen** zur Herstellung der Niederschrift benutzt, hat jeder Gemeinderat auch das Recht zum Abhören (HessVGH DÖV 1988, 37).

III. Ausschüsse des Gemeinderats

256 Zur Entlastung des Gemeinderats können beschließende und beratende Ausschüsse gebildet werden. Dies ist in allen Gemeinden ohne Rücksicht auf die Größe möglich. Die Ausschüsse haben lediglich vom Gemeinderat abgeleitete Zuständigkeiten, die im Übrigen auch jederzeit wieder aufgehoben werden können. Sie sind daher keine (selbstständigen) Organe der Gemeinde.

1. Beschließende Ausschüsse

257 a) **Bildung.** Durch die **Hauptsatzung** kann der Gemeinderat beschließende Ausschüsse einrichten und ihnen bestimmte Aufgabengebiete zur dauernden Erledigung übertragen (§ 39 Abs. 1). Eine in der Hauptsatzung enthaltene pauschale Bestimmung, wonach ein beschließender Ausschuss für alle Angelegenheiten aus dem Geschäftskreis eines Beigeordneten zuständig ist, ist durch § 39 Abs. 1 aber nicht gedeckt. Die Zuständigkeit muss in der Hauptsatzung einzeln bestimmt sein (VGH BW BWGZ 1984, 459 = EKBW GemO § 39 E 2). Ein einfacher **Gemeinderatsbeschluss** genügt, um die Erledigung einzelner Angelegenheiten auf bestehende Ausschüsse zu übertragen oder für die Erledigung einzelner Angelegenheiten beschließende Ausschüsse zu bilden. Eine Übertragung bestimmter in § 39 Abs. 2 enumerativ aufgezählter Angelegenheiten ist nicht möglich.

Beispiele:
– Bestellung der Ausschussmitglieder,
– Bestellung der Stellvertreter des Bürgermeisters und der Beigeordneten,
– Erlass von Satzungen,
– allgemeine Festsetzung von Abgaben.

Es handelt sich um die wichtigsten, das Leben der Gemeinde am stärksten beeinflussenden Fragen.

258 Die Gemeinde kann unter gewissen Voraussetzungen zur Bildung von beschließenden Ausschüssen verpflichtet sein (**Pflichtausschüsse**).

Beispiele:
– Gemeindewahlausschuss (§ 11 KomWG, § 21 KomWO),
– Umlegungsausschuss (§ 3 der VO der Landesregierung und des Wirtschaftsministeriums zur Durchführung des Baugesetzbuches (Durchführungsverordnung zum Baugesetzbuch BauGB-DVO) vom 2.3.1998 (GBl. S. 185)),
– Jugendhilfeausschuss (§ 70 f. SGB VIII, § 5 Abs. 2 LKJHG).

259 b) **Zusammensetzung.** Die Zusammensetzung der beschließenden Ausschüsse ist in der GemO nicht abschließend vorgeschrieben. Es heißt lediglich, dass sie aus dem Vorsitzenden (Bürgermeister/Stellvertreter/u. U. Gemeinderat) und mindestens vier Mitgliedern bestehen (§ 40 Abs. 1). Die Zahl ist in der Hauptsatzung bzw. dem Beschluss festzulegen. Die Mitglieder und die Stellvertreter werden vom Gemeinderat aus seiner Mitte bestellt. Eine Neubildung der beschließenden Ausschüsse muss nach jeder Wahl vom Gemeinderat erfolgen. Im Übrigen kann – da die Mitglieder widerruflich bestellt werden – auch während der Amtsperiode des Gemeinderats jederzeit eine Neubildung mit einfacher Mehrheit beschlossen werden (VGH BW BWGZ 1993, 164 = EKBW GemO § 40 E 7; Fundstelle 1998 Rdnr. 158 = EKBW LKrO § 35 E 1). Grundsätzlich geht die GemO davon aus, dass bei der Bildung der beschliessenden Ausschüsse **Einigung** in der Weise erzielt wird, dass sich im Ausschuss die politische Zusammensetzung des Gemeinderats widerspiegelt. Einigkeit setzt formal die Einigung über die Annahme eines einheitlichen Wahlvorschlags aller Ratsmitglieder durch einstimmigen Beschluss des Rats voraus. Es reicht nicht aus, dass nur eine nicht die Mehrheit des Rates umfassende Fraktion einen Wahlvorschlag unterbreitet, auch wenn dieser einstimmig angenommen wird (OVG NRW NVwZ-RR 2003, 228). Kommt es zu keiner Einigung, werden die Ausschussmitglieder von den Gemeinderäten nach den Grundsätzen der Verhältnis- oder Mehrheitswahl gewählt (§ 40 Abs. 2; § 10 DVO GemO). Wahlvorschläge können einzelne Gemeinderäte, Gruppen von Gemeinderäten, Fraktionen und Gruppen von Fraktionen einreichen.

Die Anwendung des *d'Hondt'schen Höchstzahlverfahrens* ist verfassungsgemäß, auch wenn eine im Gemeinderat vertretene kleine Gruppierung keinen Sitz erhält und eine andere Berechnungsweise zur Zuteilung eines Sitzes führen würde (BVerwG DÖV 1978, 415 = EKBW GemO § 40 E 4; NVwZ-RR 1994, 109 = EKBW GemO § 40 E 8). Eine Rechtspflicht des Gemeinderats, die Mitgliederzahl der beschließenden Ausschüsse so zu bemessen, dass eine „proporzgenaue" Weitergabe der Repräsentation der im Gemeinderat vertretenen Fraktionen und Gruppen gewährleistet ist, lässt sich aus § 40 nicht entnehmen (VGH BW DÖV 1988, 472 = EKBW GemO § 40 E 5; BVerwG NVwZ 1988, 41 = EKBW GemO § 40 E 6; DVBl. 1993, 890).

Gemeinderäte werden durch die Nichtbeteiligung an Ausschüssen nicht an der Wahrnehmung der ihnen obliegenden elementaren Rechte und Aufgaben in einer mit ihrer Stellung nicht zu vereinbarenden Weise beeinträchtigt (VGH BW BWVPr. 1977, 204 = EKBW GemO § 40 E 3; OVG Rh.Pf. Fundstelle 1982 Rdnr. 809; VGH BW BWGZ 1993, 164 = EKBW GemO § 40 E 7; BVerwG NVwZ-RR 1994, 109 = EKBW GemO § 40 E 8). Es ist möglich, in beschließende Ausschüsse durch den Gemeinderat sachkundige **Einwohner** als beratende Mitglieder zu berufen, die ehrenamtlich tätig sind. Die Zahl der sachkundigen Einwohner darf die der Gemeinderäte in den einzelnen Ausschüssen aber nicht erreichen (§ 40 Abs. 1). Für die sachkundigen Einwohner als dauerhaft tätige Mitglieder von Ausschüssen des Gemeinderats gelten die für die Gemeinderäte geltenden Vorschriften zur Sicherung der Mandatsausübung in § 32 Abs. 2 (§ 40 Abs. 1 Satz 4).

Die Wahl der Mitglieder eines beschließenden Ausschusses ist ein Gemeinderatsbeschluss im Sinne des § 37 Abs. 5 und unterliegt als Verwaltungshandeln, das Organ- und Mitgliedschaftsrechte begründet oder berührt, dem verfassungsrechtlichen Willkürverbot.

Allein das Missfallen an dem Ergebnis der ersten Wahl ist kein sachlicher Grund für eine erneute Wahl eines Ausschusses (VG Stuttgart Fundstelle 2002 Rdnr. 563 = EKBW § 40 E 9).

260 c) **Zuständigkeit.** Im Rahmen ihrer Zuständigkeit entscheiden die beschließenden Ausschüsse **an Stelle des Gemeinderats** (§ 39 Abs. 3).
Der Ausschuss (mit Ausnahme des Betriebsausschusses nach § 7 EigBG; der bisherige Verweis in § 8 Abs. 2 EigBG auf § 39 Abs. 2 Satz 2 GemO wurde gestrichen) kann jedoch durch Mehrheitsbeschluss eine für die Gemeinde besonders bedeutende Angelegenheit dem Gemeinderat zur Beschlussfassung unterbreiten. Dieses Recht kann in der Hauptsatzung auch einer Minderheit (mindestens ein Viertel) eingeräumt werden. Der Gemeinderat kann die Behandlung ablehnen, wenn er die Voraussetzungen der Verweisung als nicht gegeben ansieht. Dann muss der Ausschuss selbst entscheiden. Dem Gemeinderat andererseits kann in der Hauptsatzung das Recht vorbehalten werden, dem beschließenden Ausschuss allgemein oder im Einzelfall Weisungen zu erteilen, jede Angelegenheit an sich zu ziehen sowie noch nicht vollzogene Beschlüsse zu ändern oder aufzuheben (§ 39 Abs. 3). In diesem Fall kann weiter bestimmt werden, dass die Beschlüsse eines Ausschusses erst nach Ablauf einer bestimmten Frist vollzogen werden dürfen.
Den beschließenden Ausschüssen kommt weiterhin **beratende Funktion** zu, soweit Angelegenheiten dem (Gesamt-)Gemeinderat vorbehalten sind. Diese sollen den beschließenden Ausschüssen zur Vorberatung zugewiesen werden (§ 39 Abs. 4). Die Hauptsatzung kann bestimmen, dass Anträge, die nicht vorberaten wurden, auf Antrag des Vorsitzenden oder eines Fünftels aller Mitglieder des Gemeinderats dem zuständigen beschließenden Ausschuss zur Vorberatung überwiesen werden müssen.

261 d) **Geschäftsgang.** Auf den Geschäftsgang finden die für den Gemeinderat geltenden Bestimmungen (§§ 33, 34 bis 38) entsprechende Anwendung (§ 39 Abs. 5). Die Beteiligung des Ältestenrats (§ 33a) bei der Aufstellung der Tagesordnung der Ausschüsse ist nicht vorgesehen. Bei Beschlussunfähigkeit infolge Befangenheit entscheidet der Gemeinderat. Das Minderheitsbeschlussrecht des § 37 Abs. 2 Satz 2 gilt bei Ausschüssen somit nicht; § 39 Abs. 5 Satz 3.
Wer den Vollzug der Beschlüsse der beschließenden Ausschüsse überwacht, ist in der GemO nicht ausdrücklich geregelt. Man muss aber davon ausgehen, dass mit der Übertragung der Entscheidung auf den beschließenden Ausschuss auch diese Befugnis und das Informationsrecht (§ 24 Abs. 3) übergingen. Wird der beschließende Ausschuss vorberatend tätig, sind seine Sitzungen in der Regel nichtöffentlich (§ 39 Abs. 5 Satz 2).
Die Tagesordnung für Sitzungen der beschließenden Ausschüsse sind auch den Gemeinderäten zuzustellen, die keine Mitglieder sind. Sie können als Zuhörer an den Verhandlungen, auch den nichtöffentlichen, teilnehmen. Sie haben aber nicht das Recht, in den Sitzungen dieser Ausschüsse Anträge mündlich zu stellen, zu begründen und an der Diskussion teilzunehmen (VGH BW VB1BW 1990, 346 = EKBW GemO § 39 E 4).

2. Beratende Ausschüsse

a) Bildung. Zur Vorberatung seiner Verhandlungen kann der Gemeinderat beratende Ausschüsse bestellen (§ 41 Abs. 1). Dies kann durch die Hauptsatzung, eine sonstige Satzung, die Geschäftsordnung oder auch einen einfachen Gemeinderatsbeschluss geschehen.

b) Zusammensetzung. Beratende Ausschüsse werden aus der Mitte des Gemeinderats gebildet. Über ihre Zusammensetzung und ihr Zustandekommen enthält die GemO keine Vorschriften. Sachkundige Einwohner können als Mitglieder berufen werden, die ebenfalls ehrenamtlich tätig sind. Wie bei den beschließenden Ausschüssen darf ihre Zahl die der Gemeinderäte in dem Ausschuss nicht erreichen. Auch für sie als dauerhaft tätige Mitglieder von Ausschüssen des Gemeinderats gelten die für die Gemeinderäte maßgeblichen Vorschriften zur Sicherung der Mandatsausübung in § 32 Abs. 2 (§ 41 Abs. 1 Satz 3). Vorsitzender ist der Bürgermeister oder ein von ihm beauftragter Stellvertreter oder Gemeinderat. Im Gegensatz zum Gemeinderat und den beschließenden Ausschüssen hat hier der Beigeordnete als Vorsitzender Stimmrecht (§ 41 Abs. 2).

c) Zuständigkeit. Die beratenden Ausschüsse haben keine Entscheidungsbefugnis. Ihre Aufgabe besteht allein in der **Vorberatung** der Verhandlungen des Gemeinderats.

d) Geschäftsgang. Für den Geschäftsgang gelten die §§ 33, 34, 36 bis 38 und 39 Abs. 5 Satz 2 und 3 entsprechend (§ 41 Abs. 3). Sitzungen der beratenden Ausschüsse sind in der Regel nichtöffentlich. Eine öffentliche Verhandlung ist nur in Ausnahmefällen zulässig. Bei Beschlussunfähigkeit eines beratenden Ausschusses wegen Befangenheit entscheidet der Gemeinderat ohne Vorberatung. Das Minderheitsbeschlussrecht nach § 37 Abs. 2 Satz 2 gibt es für den beratenden Ausschuss nicht.

e) Rechtsfolgen bei fehlerhafter Vorberatung in Ausschüssen. War die Vorberatung in Ausschüssen, z. B. weil der Ausschuss nicht ordnungsgemäß geladen war, fehlerhaft, so dürfte sich dies auf die Rechtmäßigkeit des nachfolgenden Gemeinderatsbeschlusses nicht auswirken, wenn und soweit dieser selbst nicht zu beanstanden ist. Letztendlich ist die Entscheidung des Gemeinderats die nach außen wirkende Entscheidung. Etwas anderes dürfte beim Vorliegen von Befangenheitsgründen gelten, da § 18 nicht erfordert, dass die beratende Mitwirkung in **der** Sitzung erfolgte, in der dann auch die letztendliche Entscheidung getroffen wurde.

f) Jugendgemeinderat. Eine besondere Art von beratendem Ausschuss ist der **Jugendgemeinderat**. Zur Beteiligung junger Einwohner in der Selbstverwaltung wurde der Jugendgemeinderat in die GemO (§ 41a) aufgenommen. Die Jugendgemeinderäte sind ehrenamtlich tätig; auf sie sind die Vorschriften über Pflichten und Rechte ehrenamtlich Tätiger (§ 17 Abs. 1 und § 19) anwendbar. Durch die Geschäftsordnung kann die Beteiligung von Jugendgemeinderäten an den Sitzungen des Gemeinderats in Jugendangelegenheiten geregelt werden; insbes. können ein Vorschlagsrecht und ein Anhörungsrecht vorgesehen werden.

IV. Bürgermeister

1. Organstellung

268 Der Bürgermeister ist neben dem Gemeinderat das **zweite selbstständige Organ** der Gemeinde. Er hat einen **gesetzlich festgelegten Zuständigkeitsbereich,** der grundsätzlich der Einflussnahme durch den Gemeinderat entzogen ist. Die Zuständigkeiten zwischen Gemeinderat und Bürgermeister sind so voneinander abgegrenzt, dass der Gemeinderat als Hauptorgan der Gemeinde (§ 24 Abs. 1) über alle Angelegenheiten entscheidet, soweit nicht der Bürgermeister zuständig ist. Für den Gemeinderat gilt also eine Kompetenzvermutung. Der Bürgermeister ist dagegen nur zuständig für Angelegenheiten, die ihm
- gesetzlich zugewiesen sind,
- vom Gemeinderat durch Hauptsatzung oder Einzelbeschluss übertragen worden sind.

2. Beamtenrechtliche Stellung

269 a) **Wahlbeamter auf Zeit.** Der Bürgermeister ist grundsätzlich Wahlbeamter auf Zeit (§ 42 Abs. 2). In Gemeinden mit weniger als 2000 Einwohnern ist der Bürgermeister **Ehrenbeamter** auf Zeit. Durch die Hauptsatzung kann allerdings bestimmt werden, dass der Bürgermeister in Gemeinden mit mehr als 500 Einwohnern bereits hauptamtlicher Beamter auf Zeit ist. In allen Gemeinden ab 2000 Einwohnern ist der Bürgermeister kraft Gesetzes **hauptamtlicher Beamter auf Zeit.**
Für die Bürgermeister gelten die besonderen Bestimmungen des § 134 LBG. Die Bestimmungen der Landesdisziplinarordnung gelten für den Bürgermeister ebenfalls. Das Beamtenverhältnis beginnt mit dem Amtsantritt. Eine Ernennungsurkunde ist für den Bürgermeister nicht erforderlich, denn die beamtenrechtlichen Wirkungen treten unmittelbar durch Wahl und Amtsantritt ein. Aus der beamtenrechtlichen Stellung des Bürgermeisters ergibt sich eine besondere Treuepflicht gegenüber der Gemeinde, die Pflicht zur Verschwiegenheit sowie in gewissem Umfang auch das Vertretungsverbot und die Untersagung der Mitwirkung bei Befangenheit. Diese für ehrenamtliche Tätige in §§ 17, 18 normierten Verpflichtungen sind nach § 52 auf Bürgermeister (Beigeordnete) entsprechend anwendbar.

Begehrt ein Gemeinderatsmitglied von der Gemeinde Kostenerstattung für eine von ihm gegen den Bürgermeister erhobene Dienstaufsichtsbeschwerde, so darf der Bürgermeister an der Beschlussfassung des Gemeinderats hierüber wegen Befangenheit nicht mitwirken, falls die Entscheidung zu einem Ansehensgewinn oder -verlust für ihn führen kann (VGH BW BWGZ 1995, 148 = EKBW GemO § 18 E 38).
Die beamtenrechtlichen Verpflichtungen gegenüber der Dienstaufsichtsbehörde stellen keine kommunalrechtliche, sondern eine dienstrechtliche Angelegenheit dar, hinsichtlich derer dem Gemeinderat keine Kontrollbefugnis zusteht (VGH BW DÖV 2002, 259).

In Stadtkreisen und Großen Kreisstädten führt der Bürgermeister die Amtsbezeichnung **Oberbürgermeister** (§ 42 Abs. 4).

b) Besoldung, Versorgung. Die **Besoldung** richtet sich nach dem Landeskommunalbesoldungsgesetz vom 9.11.2010 (GBl. 793, 962). **270**
Den ehrenamtlichen Bürgermeistern steht eine **Aufwandsentschädigung** nach dem Gesetz über die Aufwandsentschädigung der ehrenamtlichen Bürgermeister und der ehrenamtlichen Ortsvorsteher (Aufwandsentschädigungsgesetz) i. d. F. vom 19.6.1987 (GBl. S. 281 zuletzt geändert durch VO des Innenministeriums vom 11.11.2009, GVBl. 2009/692) zu. Durch die steuerfrei gewährte Dienstaufwandsentschädigung sind grundsätzlich alle durch den Dienst veranlassten Aufwendungen abgegolten (Finanzgericht Baden-Württemberg BWGZ 1998, 717).
Die Erstattung von **Reisekosten** richtet sich nach dem Landesreisekostengesetz. Hauptamtliche Bürgermeister erhalten **Versorgung** nach den für Beamte auf Zeit geltenden Vorschriften. Ehrenamtliche Bürgermeister erhalten einen **Ehrensold** nach § 6 Aufwandsentschädigungsgesetz.

3. Wahl

Der Bürgermeister wird von den Bürgern in allgemeiner, unmittelbarer, freier, **271**
gleicher und geheimer Wahl nach den Grundsätzen der **Mehrheitswahl** gewählt. Gewählt ist, wer mehr als die Hälfte der gültigen Stimmen erhalten hat (§ 45 Abs. 1). Erreicht kein Bewerber diese absolute Mehrheit, findet eine **Neuwahl** statt, bei der die relative (einfache) Mehrheit entscheidet. Neue Bewerber sind hier ebenfalls zugelassen. Bei Stimmengleichheit entscheidet das Los (§ 45 Abs. 2).
Das Wahlverfahren, die Wahlprüfung und die Anfechtung der Wahl des Bürgermeisters sind im KomWG und in der KomWO geregelt.

Um die Bewerbung nicht ernst zu nehmender Kandidaten bei Bürgermeisterwahlen (sog. „Juxkandidaten") zu erschweren, gibt es in Gemeinden über 20 000 Einwohnern für den Kandidaten das Erfordernis einer bestimmten Anzahl von Unterstützungsunterschriften (§ 10 Abs. 3 KomWG). Das Erfordernis einer bestimmten Unterschriftenzahl ist nach der ständigen Rechtsprechung des BVerfG sachlich gerechtfertigt, wenn und soweit es dazu dienen soll, den Wahlakt auf ernsthafte Bewerber zu beschränken, das Stimmgewicht der einzelnen Wählerstimme zu sichern und so indirekt der Stimmenzersplitterung vorzubeugen. Auch hinsichtlich der Höhe des in § 10 Abs. 3 KomWG festgelegten Quorums bestehen keine verfassungsrechtlichen Bedenken. Denn diese Regelung knüpft in sachgerechter Weise an die Einwohnerzahl der Gemeinde an, in der der Bürgermeister zu wählen ist. Ebenso wenig verletzt die gesetzliche Vorgabe, dass das Unterschriftenquorum innerhalb der Einreichungsfrist (§ 10 Abs. 2 Satz 1 KomWG i. V. m. § 45 Abs. 2) zu erbringen ist, die Chancengleichheit der Bewerber (VG Karlsruhe VBlBW 1999, 155 = EKBW KomWG § 10 E 4; VG Sigmaringen, Urt. vom 17.7.2003 – 6 K 754/03 –; VGH BW, Beschluss vom 29.10.2003 – 1 S 1865/03).

Durch die unmittelbare **Volkswahl** wird die Stellung des Bürgermeisters gegenüber der Bevölkerung und gegenüber dem Gemeinderat gestärkt. Sie ist gleichzeitig Ausdruck für die dem Bürgermeister obliegende Fülle von Aufgaben und seine große Verantwortung.

272 Zum Bürgermeister **wählbar** sind Personen, bei denen folgende Voraussetzungen vorliegen (§ 46 Abs. 1):
- Deutscher i. S. von Art. 116 GG oder
- Unionsbürger, die vor Zulassung der Bewerbungen in der Bundesrepublik Deutschland wohnen,
- Vollendung des 25., aber noch nicht des 65. Lebensjahres am Wahltag,
- Gewähr für jederzeitiges Eintreten für die freiheitlich demokratische Grundordnung im Sinne des GG.

Die Höchstaltersgrenze von 65 Lebensjahren für die Wählbarkeit zum Bürgermeister ist verfassungsgemäß (VGH BW Fundstelle 1991 Rdnr. 555 = EKBW KomWG § 31 E 15; BVerfG DVBl. 1994, 43; Fundstelle 1998 Rdnr. 287).

273 **Nicht wählbar** ist ein Bewerber, bei dem einer der Gründe vorliegt, die nach § 28 Abs. 2 (Wählbarkeit in den Gemeinderat) zum Ausschluss der Wählbarkeit führen (§ 46 Abs. 2 Satz 1). Nicht wählbar ist des Weiteren, wer
- als Beamter im förmlichen Disziplinarverfahren aus dem Dienst entfernt worden ist, was auch hinsichtlich der Entlassung in einem entsprechenden Verfahren in einem anderen EU-Land gilt (§ 46 Abs. 2 Satz 2 Nr. 1);
- wegen einer Freiheitsstrafe verurteilt worden ist, die bei einem Beamten kraft Gesetzes die Beendigung des Beamtenverhältnisses zur Folge hat. Das Gleiche tritt bei der Verurteilung zu einer Freiheitsstrafe in einem anderen EU-Land ein, wenn sie zur Entlassung geführt hat (§ 46 Abs. 2 Satz 2 Nr. 2).

Der Verlust der Wählbarkeit besteht für fünf Jahre seit Rechtskraft der diesbezüglichen Entscheidung.
Fachliche Voraussetzungen für das Amt des Bürgermeisters sind nicht vorgeschrieben. Sie können auch nicht durch Satzung oder Gemeinderatsbeschluss festgelegt werden.

274 Wählbar, aber **am Amtsantritt gehindert** (Interessenkollision) sind Bedienstete der Rechtsaufsichtsbehörde, der oberen oder obersten Rechtsaufsichtsbehörde, des Landratsamts und des Landkreises. Für ehrenamtliche Bürgermeister gilt dies nur, wenn sie unmittelbar mit der Ausübung der Rechtsaufsicht befasst sind (§ 46 Abs. 3). Ebenso wenig kann der Bürgermeister neben seinem Amt gleichzeitig eine andere Planstelle in der Gemeinde innehaben oder sonst deren Bediensteter sein (§ 46 Abs. 4). Die Wahl des Bürgermeisters ist innerhalb bestimmter Fristen durchzuführen (§ 47 Abs. 1). Spätestens zwei Monate vor der Wahl ist die Stelle des hauptamtlichen Bürgermeisters öffentlich **auszuschreiben** (§ 47 Abs. 2). Die Regelungen über die Einreichung und Rücknahme von Bewerbungen zur Bürgermeisterwahl sowie über deren Zulassung und öffentlichen Bekanntmachung sind in § 10 KomWG enthalten. Nur innerhalb der Ausschreibungsfrist eingereichte Bewerbungen werden öffentlich bekanntgemacht und in den Stimmzettel aufgenommen.

4. Amtszeit

275 Die Amtszeit des Bürgermeisters beträgt **acht Jahre** (§ 42 Abs. 3). Sie verkürzt sich aber um eine evtl. Amtszeit als Amtsverweser nach § 48 Abs. 3. Die Amtszeit **beginnt** nach der ersten Wahl mit dem Amtsantritt, bei einer Wahlanfechtung erst nach Feststellung der Gültigkeit der Wahl. Im Falle der unmittelbaren Wiederwahl schließt sich die neue Amtszeit an das Ende der vorangegangenen an. Dies gilt auch dann, wenn die Wiederwahl angefochten wird und sich deshalb der Amtsantritt verzögert. Der Bürgermeister wird in öffentlicher Gemeinderatssitzung von einem vom Gemeinderat gewählten Mitglied im Namen des Gemeinderats **vereidigt und verpflichtet** (§ 42 Abs. 6). Dies geschieht in der Form des beamtenrechtlichen Diensteids (§ 71 LBG), obwohl der Gemeinderat nicht Vorgesetzter und Dienstvorgesetzter des Bürgermeisters ist. Vereidigung und Verpflichtung haben daher auch nur formelle Bedeutung. Von ihnen hängt die Rechtsgültigkeit der Amtshandlungen nicht ab.

Vor dem Ablauf der Amtszeit des Bürgermeisters kann eine **zwangsweise Beendigung** nur erfolgen durch
- vorzeitige Beendigung der Amtszeit wegen erheblicher Missstände in der Verwaltung (§ 128),
- Versetzung in den Ruhestand wegen Dienstunfähigkeit nach §§ 134, 130, 53 LBG,
- Disziplinarverfahren nach §§ 5 und 8 ff. des Landesdisziplinargesetzes,
- Verurteilung zu einer Freiheitsstrafe von einem Jahr bzw. 6 Monaten nach § 24 BStatG.

Eine **Abwahlmöglichkeit** kennt die GemO nicht. Dies erscheint auch in Ländern der *Süddeutschen Ratsverfassung* wegen der unmittelbaren Volkswahl des Bürgermeisters wenig sinnvoll.

In anderen Bundesländern besteht die Möglichkeit der Abwahl des Hauptverwaltungsbeamten (Bürgermeister/Gemeinde-/Stadtdirektor). Die Abwahlmöglichkeit wird von BVerfG und BVerwG als zulässig angesehen (BVerfG E 7, 155; BVerwG DÖV 1990, 31).

Durch die Bestellung eines Beauftragten nach § 124 kann der Bürgermeister zeitweilig einzelner oder aller Funktionen enthoben werden. Die Amtszeit **endet** ferner gemäß § 134 Nr. 2 LBG **mit** der **Vollendung des 68. Lebensjahres.**

Nach dem Ende seiner Amtszeit **führt** der Bürgermeister **die Geschäfte weiter,** bis der neu gewählte Bürgermeister sein Amt antreten kann. Dies gilt nur dann nicht (§ 42 Abs. 5), wenn
- der Bürgermeister vor dem Freiwerden seiner Stelle schriftlich oder elektronisch seine Ablehnung mitgeteilt hat, die Geschäfte weiterzuführen,
- der Bürgermeister vorläufig des Dienstes enthoben ist,
- gegen den Bürgermeister öffentliche Klage wegen eines Verbrechens erhoben ist,
- der Bürgermeister ohne Rücksicht auf Wahlprüfung und Wahlanfechtung nach Feststellung des Gemeindewahlausschusses nicht wiedergewählt ist.

5. Rechtsstellung

Die Rechtsstellung des Bürgermeisters weist vier Merkmale auf:
- Vorsitzender des Gemeinderats und der Ausschüsse,
- Leiter der Gemeindeverwaltung,

- gesetzlicher Vertreter der Gemeinde,
- hauptamtlicher Beamter auf Zeit (in den Gemeinden ab 2000 Einwohnern immer, in Gemeinden mit mehr als 500 Einwohnern, wenn dies in der Hauptsatzung so bestimmt ist).

279 a) **Stellung im Gemeinderat.** Als Vorsitzender des Gemeinderats und der Ausschüsse hat der Bürgermeister die Möglichkeit, bei der Beschlussfassung des Gemeinderats und der Ausschüsse mitzuwirken und somit die Verbindung zwischen Gemeindeverwaltung und bürgerschaftlicher Vertretung herzustellen.

280 aa) Vorsitz. Als Vorsitzender kraft Gesetzes hat der Bürgermeister die **Sitzungen vorzubereiten,** zu **leiten** und die **Beschlüsse** des Gemeinderats und der Ausschüsse zu **vollziehen** (§ 43 Abs. 1).
Vorbereitung und Leitung der Sitzungen sind im Einzelnen in §§ 34 bis 37 geregelt. Hierzu gehören auch der Sachvortrag und die Aufrechterhaltung der Ordnung in der Sitzung. Der Vollzug der Beschlüsse obliegt dem Bürgermeister als Organ (§ 43 Abs. 1). Vollzug bedeutet dabei die Umsetzung eines Beschlusses, d. h. die rechtliche und tatsächliche Verwirklichung entsprechend dessen Inhalt durch den Bürgermeister, was regelmäßig im Bereich der öffentlich-rechtlichen Außenrechtswirkungen eines Gemeinderatsbeschlusses durch Verwaltungsakt geschieht (VGH BW Fundstelle 1994 Rdnr. 324 = EKBW GemO § 43 E 7). Es wäre unzulässig, zur Entlastung des Bürgermeisters z. B. einen „Vollzugsausschuss" einzusetzen. Die Anordnung des Sofortvollzugs eines Gemeinderatsbeschlusses nach § 80 Abs. 2 Nr. 4 VwGO fällt ebenfalls in die Zuständigkeit des Bürgermeisters (VGH BW VB1BW 1991, 113 = EKBW GemO § 43 E 4). Als Mitglied des Gemeinderats besitzt der Bürgermeister Stimmrecht.

281 bb) Widerspruch. Der Bürgermeister **muss** Beschlüssen des Gemeinderats oder beschließender Ausschüsse widersprechen, wenn er sie für gesetzwidrig hält. Er **kann** widersprechen, wenn er sie als nachteilig für die Gemeinde ansieht (§ 43 Abs. 2, 3); nachteilig im Sinne der Vorschrift können wirtschaftliche, aber auch ideelle Gründe sein. Maßgebend für den Widerspruch ist nicht die objektiv festgestellte Gesetzwidrigkeit oder Nachteiligkeit, sondern die *subjektive Wertung* durch den Bürgermeister im Zeitpunkt seiner Entscheidung. Der Widerspruch muss unverzüglich, spätestens jedoch binnen einer Woche nach Beschlussfassung gegenüber allen Mitgliedern des Gemeinderats bzw. des beschließenden Ausschusses (auch denen, die an der Beschlussfassung nicht beteiligt waren) ausgesprochen werden. Er hat aufschiebende Wirkung.
In einer einzuberufenden Sitzung, die spätestens drei Wochen nach der ersten Sitzung stattfinden muss, ist ein **erneuter Beschluss** zu fassen. Hält der Bürgermeister auch diesen Beschluss für gesetzwidrig, hat er erneut zu widersprechen und unverzüglich die Entscheidung der Rechtsaufsichtsbehörde, bei beschließenden Ausschüssen die des Gemeinderats, herbeizuführen. Bei einem lediglich als nachteilig angesehenen zweiten Beschluss besteht kein erneutes Widerspruchsrecht (Umkehrschluss aus § 43 Abs. 2 Satz 5).
Zuständig für die Erhebung des Widerspruchs ist im Falle der **Verhinderung** des Bürgermeisters auch der allgemeine Stellvertreter (§ 48 Abs. 1 und § 49 Abs. 3). Nicht widerspruchsberechtigt sind dagegen die Beigeordneten, wenn sie als

ständige Sondervertreter (§ 49 Abs. 2) im Rahmen ihres Geschäftskreises tätig werden.
Ist mit dem Vorsitz in einem beschließenden Ausschuss gemäß § 40 Abs. 3 ein Stellvertreter, ein Beigeordneter oder ein Mitglied des Ausschusses beauftragt, steht diesem das Widerspruchsrecht nur zu, wenn er vom Bürgermeister ausdrücklich damit beauftragt wurde. Der Bürgermeister kann sowohl seinen eigenen als auch den von seinem allgemeinen Stellvertreter eingelegten Widerspruch **zurücknehmen.** Unterlässt es der Bürgermeister, einem Beschluss zu widersprechen, dessen Rechtswidrigkeit ihm erkennbar ist, haftet er gegenüber der Gemeinde (gemäß § 48 BStatG). Ein Rechtsanspruch Dritter auf Widerspruch besteht nicht (VGH BW VBlBW 1968, 120 = EKBW GemO § 43 E 1).

cc) Eilentscheidungsrecht. In dringenden Angelegenheiten besteht das Recht der Eilentscheidung (§ 43 Abs. 4).
Wenn eine Angelegenheit nicht bis zu einer – auch formlos und ohne Fristeinhaltung (§ 34 Abs. 2) einberufenen – Gemeinderatssitzung aufgeschoben werden kann, entscheidet der Bürgermeister **an Stelle des Gemeinderats.** Der Bürgermeister handelt also nicht in Vertretung im Namen des Gemeinderats, sondern als Organ an Stelle des handlungsunfähigen Gemeinderats aus der gleichen Rechtsstellung heraus wie dieser. Die Willensbildung geht in vollem Umfang auf den Bürgermeister über. Eine nachträgliche Genehmigung ist daher nicht vorgesehen. Es bedarf lediglich der Unterrichtung des Gemeinderats.

Ein Mitglied im Gemeinderat kann eine möglicherweise rechtswidrige Eilentscheidung des Bürgermeisters nicht mit einer kommunalverfassungsrechtlichen Feststellungsklage angreifen (VGH BW BWVPr. 1993, 42 = EKBW GemO § 43 E 5).

Das Eilentscheidungsrecht gilt auch für Angelegenheiten, für deren Entscheidung ein beschließender Ausschuss zuständig ist. Der Bürgermeister darf von seinem Eilentscheidungsrecht nur Gebrauch machen, wenn von der Verzögerung der Entscheidung wesentliche Nachteile für die Gemeinde oder Einzelne zu erwarten sind (vgl. hierzu OVG Rh.Pf. DÖV 1987, 452; OVG NRW DÖV 1989, 29). Im Fall der Verhinderung des Bürgermeisters ist sein allgemeiner Stellvertreter zuständig. Auch hier ist das Recht der Eilentscheidung nicht kraft Gesetzes auf die Beigeordneten als ständige Sondervertreter des Bürgermeisters innerhalb ihres Geschäftskreises übertragen. Der Bürgermeister kann dies jedoch tun.
Das Eilentscheidungsrecht gilt auch für Angelegenheiten, für deren Entscheidung ein beschließender Ausschuss zuständig ist.

dd) Ersatzbeschlussrecht. Im Falle der Beschlussunfähigkeit des Gemeinderats entscheidet der Bürgermeister an dessen Stelle (§ 37 Abs. 4).
Zuvor sind die nichtbefangenen Gemeinderäte zu hören, an deren Meinung der Bürgermeister aber nicht gebunden ist.

ee) Unterrichtungspflicht. Der Bürgermeister hat die Pflicht, den Gemeinderat über alle wichtigen die Gemeinde und ihre Verwaltung betreffenden Angelegenheiten zu unterrichten (§ 43 Abs. 5).

Bei wichtigen Planungen ist der Gemeinderat möglichst frühzeitig über die Absichten und Vorstellungen der Gemeindeverwaltung und laufend über den Stand und den Inhalt der Planungsarbeiten zu unterrichten. Von der Informationspflicht ausgeschlossen sind geheim zu haltende Angelegenheiten (§ 43 Abs. 5 letzter Satz, § 44 Abs. 3 Satz 3). Hier ist – sofern er gebildet wurde – der Beirat nach § 55 zu unterrichten.

285 b) **Leiter der Gemeindeverwaltung.** – aa) Organisationsrecht. Als Leiter der Gemeindeverwaltung ist der Bürgermeister verantwortlich für die sachgemäße **Erledigung** der Aufgaben und den **ordnungsmäßigen Gang der Verwaltung** (§ 44 Abs. 1).

286 Zur Vermeidung von Störungen des Ganges der Verwaltung steht ihm gegenüber der Gemeindeverwaltung die **Ordnungsgewalt,** gegenüber außenstehenden Personen das **Hausrecht** zu (vgl. hierzu StGH NJW 1988, 3199; OVG NRW DÖV 1990, 979).

Der Bürgermeister regelt ferner die **innere Organisation** der Verwaltung und grenzt im Einvernehmen mit dem Gemeinderat die Geschäftskreise **der Beigeordneten** ab (§ 44 Abs. 1).

Zu der inneren Organisation gehören die Geschäftsverteilung, die Aufgliederung der Ämter und ihre personelle Ausstattung, die Regelung der gegenseitigen Vertretung der Bediensteten, die Unterschriftsbefugnis. Das Organisationsrecht wird beschränkt durch den Haushaltsplan und den Stellenplan sowie bei Beigeordneten durch das für die Abgrenzung der Geschäftskreise erforderliche Einvernehmen mit dem Gemeinderat. Auch durch Gesetz einzelnen Bediensteten übertragene Aufgaben und Zuständigkeiten haben Einschränkungen zur Folge (z. B. Kassenverwalter, Standesbeamte, Leiter/in des Rechnungsprüfungsamts). Kommt bei der Abgrenzung der Geschäftskreise der Beigeordneten eine Einigung zwischen Bürgermeister und Gemeinderat nicht zustande, muss die Rechtsaufsicht nach §§ 122, 123 entscheiden (VG Karlsruhe, Beschluss vom 5.11.1992 – 11 K 11078/92).

287 bb) Geschäfte der laufenden Verwaltung. Der Bürgermeister erledigt in eigener sachlicher Zuständigkeit die Geschäfte der laufenden Verwaltung (§ 44 Abs. 2). Hierbei handelt es sich um Angelegenheiten des weisungsfreien Wirkungskreises, die nach der grundsätzlichen Seite noch für den Gemeindehaushalt von erheblicher Bedeutung sind und zu den normalerweise anfallenden Geschäften der Gemeinde gehören (BGHZ 8, 396; 14, 89; 21, 59; 32, 375 und NJW 1980, 117; VGH BW ESVGH 13, 14 = EKBW GemO § 44 E 1; EKBW GemO § 44 E 6). Die Beurteilung ist abhängig vom Einzelfall, auch von der Größe, der Struktur, der Finanzkraft und der Verwaltungsintensität der Gemeinde, aber auch von der Häufigkeit des Geschäfts. So gehört z. B. die Erhebung von Vorausleistungen auf Erschließungsbeiträge, ebenso wie die Erhebung von Erschließungsbeiträgen selbst, zu den Geschäften der laufenden Verwaltung (VGH BW VB1BW 1996, 30 = EKBW GemO § 44 E 15). Der Bürgermeister hat in eigener Zuständigkeit zu prüfen, ob ein Geschäft der laufenden Verwaltung vorliegt. Bei Streitigkeiten hierüber mit dem Gemeinderat kann mittels *Kommunalverfassungsstreitverfahrens* Klärung herbeigeführt werden.

Beispiele für Fälle, die kein Geschäft der laufenden Verwaltung sind:
- Entscheidung über die Festlegung von Abrechnungsgebieten nach § 130 Abs. 2 BauGB und die Kostenspaltung (VGH BW VBlBW 1971, 42 = EKBW GemO § 44 E 5),
- Erlass allgemeiner Richtlinien über Sondernutzungserlaubnisse für Plakattafeln und Werbeanlagen im öffentlichen Straßenraum (VGH BW VB1BW 1987, 344 = EKBW GemO § 44 E 7; EKBW GemO § 44 E 21),
- Entscheidung über die Zusammenfassung von Gehwegen, für deren Unterhaltung Beiträge nach § 47 Straßengesetz erhoben werden (VGH BW BWVPr. 1988, 255 = EKBW GemO § 44 E 9),
- Erlass allgemeiner Richtlinien über die Zulassung von Bewerbern zu Volksfesten und Märkten (VGH BW VB1BW 1991, 185 = EKBW GemO § 24 E 9; VB1BW 1991, 381; Bay VGH NVwZ-RR 2003, 771),
- Zusage der Einstellung leitender Beamter (BVerwGE 48, 65, 82),
- Entscheidung über die Ausübung eines gemeindlichen Vorkaufsrechts (VGH BW Fundstelle 1998 Rdnr. 56, 57 = EKBW GemO § 42 E 9),
- Abschluss einer die gesetzliche Gebührenpflicht weit überschreitenden Honorarvereinbarung mit einem Rechtsanwalt (VG Sigmaringen VBlBW 1998, 391 = EKBW GemO § 44 E 19).

Zur Vermeidung von Kompetenzschwierigkeiten zwischen Bürgermeister und Gemeinderat empfiehlt es sich, in der Hauptsatzung Aufgaben auf den Bürgermeister so zu übertragen, dass die Geschäfte der laufenden Verwaltung damit praktisch einbezogen sind (vgl. hierzu auch VGH BW EKBW GemO § 24 E 9/1). Durch kompetenzverlagernde Regelungen der Hauptsatzung darf der Kernbereich der Verantwortlichkeit des Bürgermeisters nicht ausgehöhlt werden. Eine Verantwortlichkeit des Bürgermeisters ohne Zuständigkeit darf durch die Hauptsatzung nicht herbeigeführt werden (VG Aachen NVwZ-RR 2002, 214).

288 cc) Vom Gesetz oder Gemeinderat übertragene Aufgaben. Der Bürgermeister erledigt ebenso die ihm sonst durch Gesetz oder vom Gemeinderat übertragenen Aufgaben (§ 44 Abs. 2). Bei Übertragung zur dauernden Erledigung durch den Gemeinderat ist eine Regelung durch die Hauptsatzung erforderlich; sonst genügt ein einfacher Gemeinderatsbeschluss. Aufgaben, die der Gemeinderat aufgrund ihrer Bedeutung nicht auf beschließende Ausschüsse übertragen darf (§ 39 Abs. 2), kann er auch nicht auf den Bürgermeister übertragen.

289 dd) Weisungsaufgaben. Der Bürgermeister erledigt in eigener Zuständigkeit die Weisungsaufgaben (§ 44 Abs. 3; § 2 Abs. 3), soweit gesetzlich nichts anderes bestimmt ist.

Beispiele:
- Aufgaben der Ortspolizeibehörde als Pflichtaufgabe nach Weisung (§ 62 Abs. 4 PolG),
- Zuweisung der Aufgaben der unteren Verwaltungsbehörde an den Bürgermeister (§ 15 Abs. 2 LVG).

Abweichend hiervon obliegt dem Gemeinderat der Erlass von Satzungen und Verordnungen auch im Bereich der Weisungsaufgaben, soweit hierzu eine besondere Ermächtigung vorliegt und nicht spezielle Gesetzesregelungen (§ 13 Satz 2 PolG) entgegenstehen.

Der Erlass einer gemeindlichen Sperrzeitverordnung erfordert einen Beschluss des Gemeinderats. Sie ist keine Polizeiverordnung, die der Bürgermeister mit Zustimmung des Gemeinderats erlässt (VGH BW NVwZ-RR 2001, 462 = EKBW § 44 E 20).

290 ee) **Beamtenrechtliche Zuständigkeiten.** Der Bürgermeister ist im beamtenrechtlichen Sinn Vorgesetzter, Dienstvorgesetzter und oberste Dienstbehörde der Gemeindebediensteten (§ 44 Abs. 4; § 4 LBG).
Als **Vorgesetzter** kann der Bürgermeister einem Beamten für dienstliche Tätigkeit Anordnungen erteilen.
Als **Dienstvorgesetzter** ist er für beamtenrechtliche Entscheidungen über die persönlichen Angelegenheiten der ihm nachgeordneten Beamten zuständig. Die Zuständigkeiten der **obersten Dienstbehörde** stehen dem Bürgermeister als Organ zu.

Beispiele:
- Feststellung der Nichtigkeit der Beamtenernennung (§ 11 BStatG; jetzt nur noch falls erforderlich),
- Rücknahme einer Ernennung (§ 12 BStatG),
- Verbot der Führung der Dienstgeschäfte (§ 39 BStatG),
- Genehmigung von Nebentätigkeiten (§ 40 BStatG),
- Zustimmung zur Annahme von Belohnungen und Geschenken (§ 42 Abs. 1 Satz 2 BStatG),
- Einleitung des förmlichen Disziplinarverfahrens nach dem Landesdisziplinargesetz (§§ 8, 5 LDG).

291 ff) **Personalentscheidungen.** Der Bürgermeister hat das Recht auf **Mitwirkung** bei Ernennung, Einstellung und Entlassung von **Gemeindebediensteten;** das Gleiche gilt für die nicht nur vorübergehende Übertragung einer anders bewerteten Tätigkeit bei einem Angestellten oder Arbeiter sowie für die Festsetzung der Vergütung oder des Lohnes, sofern kein Anspruch aufgrund eines Tarifvertrages besteht (§ 24 Abs. 2). Die Einvernehmensregelung soll dem Bürgermeister in dem Bereich, in dem der Gemeinde als Dienstherrin ein Beurteilungs- und Ermessensspielraum zusteht, ein wirksames Mitwirkungsrecht bei bedeutsamen Personalentscheidungen einräumen. Der Gemeinderat hat keinen Anspruch gegen den Bürgermeister auf Erteilung des Einvernehmens zu der von ihm beschlossenen Personalmaßnahme (VG Karlsruhe EKBW GemO § 24 E 16). Der Bürgermeister ist allein zuständig, wenn die Entscheidung auf ihn übertragen wurde oder zu den Geschäften der laufenden Verwaltung zählt.
Kommt es zu keinem Einvernehmen zwischen Gemeinderat und Bürgermeister, entscheidet der Gemeinderat mit einer Mehrheit von zwei Dritteln der Stimmen der anwesenden Mitglieder allein. Die Personalmaßnahme muss unterbleiben, wenn diese Mehrheit nicht zustande kommt.

Kein Einvernehmen ist erforderlich bei der Wahl
- des Amtsverwesers (§ 48 Abs. 2 und 3),
- des Beigeordneten (§ 50 Abs. 2),
- des Bezirksvorstehers (§ 65 Abs. 4),
- des Ortsvorstehers (§ 71 Abs. 1).

gg) **Sonstige Aufgaben.** Daneben hat der Bürgermeister noch die Pflicht zur **Beratung und Betreuung der Gemeindeeinwohner** (vgl. auch § 94 LVwVfG; § 1 Gesetz zur Bestimmung von Auskunftsstellen nach § 15 des Ersten Buches des Sozialgesetzbuches vom 8.12.1981 – GBl. S. 592). Weitere Aufgaben können ihm spezialgesetzlich übertragen werden (z. B. Erstellung eines Nottestaments § 2249 BGB; Aufgabenwahrnehmung als **Vergleichsbehörde** (§ 380 StPO, § 37 AGGVG)).

c) **Gesetzlicher Vertreter.** Als gesetzlicher Vertreter der Gemeinde (§ 42 Abs. 1) vertritt der Bürgermeister die Gemeinde **nach außen.** Dieses Recht steht dem Gemeinderat nicht zu, da er lediglich ein internes Willensbildungsorgan ist (VGH BW VBlBW 1982, 49 = EKBW GemO § 42 E 4).
Die sich unmittelbar aus der Organstellung ergebende **Vertretungsmacht** erstreckt sich auf alle Geschäfte öffentlichen wie privaten Rechts, auf gerichtliche wie auf außergerichtliche Erklärungen. Die Vertretungsmacht ist allumfassend und unbeschränkbar (BGH VBlBW 1966, 95 = EKBW GemO § 42 E 1; BGH, Urteil vom 4.12.2003, III ZR 30/02). Sie kann durch den Gemeinderat nicht eingeschränkt werden. Die **Vertretungsbefugnis**, d. h. die (interne) Berechtigung zur Abgabe von Willenserklärungen im Namen der Gemeinde, ist jedoch teilweise gesetzlich eingeschränkt.

Beispiele:
– Ausschluss von den Kassengeschäften (§ 93 Abs. 2),
– Einschränkung durch die Vertretungsbefugnis der Werkleitung eines Eigenbetriebs (§ 5 Abs. 1 EigBG),
– Ausschluss bei Befangenheit (§ 52 i. V. m. § 18),
– Mitwirkung der Rechtsaufsichtsbehörde bei genehmigungspflichtigen Rechtsgeschäften, Geltendmachung von Ansprüchen gegen den Bürgermeister oder Gemeinderäte (§ 126), die Ersatzvornahme (§ 123) oder Bestellung eines Beauftragten (§ 124).

Gibt der Bürgermeister eine Willenserklärung unter **Überschreitung** seiner (internen) Befugnis ab, verpflichtet oder berechtigt diese dennoch die Gemeinde unmittelbar (LG Stuttgart NVwZ 1982, 57 = EKBW GemO § 42 E 2; VGH BW VBlBW 1983, 210 = EKBW GemO § 42 E 4/1; VBlBW 1990, 140 = EKBW GemO § 42 E 6; EKBW GemO § 42 E 7).
Folgen: Bei Überschreitung seiner Befugnisse auf dem Gebiet des **Privatrechts** kann sich der Bürgermeister jedoch der Gemeinde gegenüber schadensersatzpflichtig machen (§ 96 Abs. 1 Satz 1 LBG; VGH BW BWGZ 1985, 546 = EKBW GemO § 43 E 3; VG Sigmaringen EKBW GemO § 44 E 19). Er kann disziplinarrechtlich belangt werden.
Erlässt der Bürgermeister auf dem Gebiet der **hoheitlichen Betätigung** unter Überschreitung seiner Befugnisse einen Verwaltungsakt, ist dieser wegen eines Verfahrensfehlers rechtswidrig (anfechtbar). Auf dem Gebiet der öffentlich-rechtlichen Vereinbarung tritt bei Außerachtlassen der Zuständigkeit des Gemeinderats dieselbe Rechtsfolge ein wie beim privatrechtlichen Vertrag (VGH BW VBlBW 1983, 210 = EKBW GemO § 42 E 4/1).
Die Gemeinde ist aber nicht an Zusagen des Bürgermeisters auf Satzungserlass bzw. -änderung (hier: Bebauungsplanänderung) gebunden, da hierfür der Gemeinderat zuständig ist und dessen Mitglieder bei der Beschlussfassung frei und

nicht an vorherige Meinungsäußerungen gebunden sind. Das Gleiche gilt, wenn der Bürgermeister jemand eine leitende Beamtenstelle ohne Mitwirkung des Gemeinderats zusichert (VGH BW BWGZ 1982, 633 = EKBW § 42 E 2).
In Kommunalwahlkämpfen ist dem Bürgermeister als Gemeindeorgan eine verfassungsrechtliche Neutralitätspflicht auferlegt. Wahlempfehlungen zugunsten einer Partei oder eines Wahlbewerbers, die ein Bürgermeister in amtlicher Eigenschaft abgibt, werden nicht durch das Grundrecht auf freie Meinungsäußerung (Art. 5 Abs. 1 Satz 1 GG) gedeckt (BVerwG DVBl. 1997, 1276). Im Gegensatz dazu ist z. B. der einzelne Gemeinderat in der Regel nicht zur Neutralitätspflicht im Bürgermeisterwahlkampf verpflichtet (VGH BW NVwZ-RR 1998, 126; wohl aber der gesamte Gemeinderat als Organ).

V. Stellvertretung des Bürgermeisters

294 Zur Sicherstellung einer reibungslosen Verwaltung müssen in allen Gemeinden Vertreter des Bürgermeisters bestellt werden. Die GemO kennt unterschiedliche Formen der Stellvertretung. Er wird in seiner Stellung **als Organ vertreten**
– durch den ehrenamtlichen, aus der Mitte des Gemeinderats gewählten Stellvertreter (§ 48),
– durch hauptamtliche Beigeordnete (§ 49).
Nicht als Organ, sondern **nur in einzelnen Angelegenheiten** wird der Bürgermeister vertreten
– aufgrund öffentlich-rechtlicher Beauftragung (§ 53 Abs. 1),
– durch rechtsgeschäftliche Bevollmächtigung (§ 53 Abs. 2).
Um weitere, gesetzlich begründete Vertretungsfälle handelt es sich beim Ortsvorsteher und beim Bezirksvorsteher (§ 71 Abs. 3 und § 65 Abs. 4), bei der Werkleitung (§ 5 EigBG) und beim Kassenverwalter (§ 93).

1. Ehrenamtliche Stellvertreter

295 In Gemeinden ohne Beigeordnete **muss** der Gemeinderat nach jeder Gemeinderatswahl aus seiner Mitte einen oder mehrere Stellvertreter des Bürgermeisters bestellen (§ 48 Abs. 1). Sind Beigeordnete vorhanden, **können** weitere ehrenamtliche Stellvertreter bestellt werden (§ 49 Abs. 1 Satz 3). Bei mehreren Stellvertretern wählt der Gemeinderat in der Reihenfolge der Stellvertretung in getrennten Wahlgängen (§ 37 Abs. 7).

296 Die **Amtszeit** beträgt im Regelfall fünf Jahre; bei vorzeitigem Ausscheiden aus dem Gemeinderat bis zu diesem Zeitpunkt. Eine vorzeitige Abberufung ist unzulässig. Sind alle bestellten Stellvertreter vorzeitig ausgeschieden oder sind bei der Verhinderung des Bürgermeisters auch alle Stellvertreter verhindert, so hat der Gemeinderat unverzüglich einen oder mehrere Stellvertreter neu (also bis zum Ende der Amtszeit des Gemeinderats) oder für die Dauer der Verhinderung zusätzlich zu bestellen. Bis zu diesem Zeitpunkt nimmt das an Lebensjahren älteste, nicht verhinderte Gemeinderatsmitglied die Aufgaben des Bürgermeisterstellvertreters wahr (§ 48 Abs. 1).

Unabhängig hiervon kann bei Befangenheit des Bürgermeisters und seiner Stellvertreter auch für eine bestimmte Entscheidung ein stimmberechtigtes Mitglied des Gemeinderats zum Stellvertreter bestellt werden (§ 37 Abs. 4 Satz 2).

297 Der Stellvertreter des Bürgermeisters nach § 48 Abs. 1 ist **ehrenamtlich tätig**, jedoch nicht Ehrenbeamter, da sich seine Funktion unmittelbar aus dem Gemeinderatsmandat ergibt. Der ehrenamtliche Stellvertreter hat gemäß § 19 Anspruch auf Ersatz seiner durch die Vertretungstätigkeit entstehenden Auslagen und des Verdienstausfalls.
Es handelt sich um eine reine **Verhinderungsvertretung**. Wenn der Bürgermeister tatsächlich (z. B. Urlaub, Krankheit) oder rechtlich (z. B. Befangenheit) verhindert ist, tritt der Stellvertreter automatisch in dessen Organstellung ein. Die Stellvertretung findet auch statt, wenn die Stelle des Bürgermeisters nicht besetzt ist. Hat eine Gemeinde Beigeordnete, darf der ehrenamtliche Stellvertreter nur tätig werden, wenn auch diese verhindert sind (§ 49 Abs. 1 Satz 3). Durch die Beschränkung auf den Verhinderungsfall ist die Übertragung eines ständigen Arbeitsgebiets auf ehrenamtliche Stellvertreter unzulässig.

Ausnahme: Übertragung des Vorsitzes in Ausschüssen (§§ 40 Abs. 3, 41 Abs. 2).

Die Vertretungsmacht des ehrenamtlichen Stellvertreters ist unbeschränkt und unbeschränkbar wie die des Bürgermeisters; allerdings nur dann, wenn ein Fall der Verhinderungsvertretung vorliegt. Ansonsten handelt der Stellvertreter ohne Vertretungsmacht, was im öffentlichen Bereich dazu führt, dass das Geschäft nichtig ist und im privatrechtlichen Bereich eine schwebende Unwirksamkeit nach sich zieht. Die Vertretungsbefugnis im Innenverhältnis kann durch allgemeine oder Einzelweisungen des Bürgermeisters beschränkt werden.

2. Beigeordnete

298 Ein oder mehrere hauptamtliche Beigeordnete als Stellvertreter des Bürgermeisters
– müssen in Stadtkreisen und
– können in Gemeinden mit mehr als 10 000 Einwohnern
bestellt werden (§ 49 Abs. 1 Satz 1). Neben der Vertretung im Verhinderungsfall sollen sie den Bürgermeister ständig bei der Erledigung von Verwaltungsaufgaben entlasten. Daher wird ihnen ein bestimmter Geschäftskreis zur ständigen Wahrnehmung übertragen. Sie sind **ständige Vertreter** des Bürgermeisters, soweit es sich um den im Rahmen der Gemeindeverwaltung übertragenen Geschäftsbereich handelt. Als allgemeiner Stellvertreter im Sinne des § 49 Abs. 3 ist der Erste Beigeordnete umfassend vertretungsberechtigt, also nicht auf den übertragenen Geschäftsbereich beschränkt, sondern auch als Geschäftsbereich und die Vertretung des (Ober-)Bürgermeisters in dessen Organstellung (Vorbereitung und Leitung der Gemeinderatssitzungen, aber ohne Stimmrecht, Widerspruch, Eilentscheidungsrecht).
Die nächsten Beigeordneten übernehmen die allgemeine Stellvertretung, wenn (Ober-)Bürgermeister und Erster Beigeordneter verhindert sind.

Der Erste Beigeordnete führt in Stadtkreisen und Großen Kreisstädten die Amtsbezeichnung Bürgermeister. Den weiteren Beigeordneten kann diese Amtsbezeichnung durch den Gemeinderat verliehen werden (§ 49 Abs. 3).
Der Erste Beigeordnete wird in diesem Fall die Amtsbezeichnung Erster Bürgermeister erhalten.

299 a) **Wahl und Rechtsstellung.** Die Beigeordneten werden **vom Gemeinderat gewählt** (§ 50 Abs. 2). Es liegt im Ermessen des Gemeinderats, wie viele Beigeordnete in Stadtkreisen bestellt werden. In Gemeinden mit mehr als 10 000 Einwohnern, die nicht Stadtkreise sind, gilt diese Ermessensfreiheit auch hinsichtlich der Frage, ob überhaupt Beigeordnete bestellt werden. Ihre Zahl muss in der Hauptsatzung festgelegt werden.
Die Wahl erfolgt in je einem besonderen Wahlgang entsprechend § 37 Abs. 7.
Im Interesse der kommunalpolitischen Entscheidungsfreiheit kann der Gemeinderat beschließen, dass bei Freiwerden der Stelle des Ersten Beigeordneten zunächst ein Bewerber gewählt wird. Anschließend kann dann der Gemeinderat aus dem Kreis der Beigeordneten und des zum Beigeordneten gewählten Bewerbers den Ersten Beigeordneten wählen (§ 50 Abs. 2 Satz 2).
Der Bürgermeister hat Stimmrecht. Sein Einvernehmen gemäß § 24 Abs. 2 ist jedoch nicht erforderlich.
Falls die Hauptsatzung mehrere Beigeordnete vorsieht, sollen nach der GemO die Parteien und Wählervereinigungen gemäß ihren Vorschlägen nach dem Verhältnis ihrer Sitze im Gemeinderat berücksichtigt werden (§ 50 Abs. 2 Satz 3). Ansprüche einer Partei oder Wählervereinigung auf Übertragung einer Beigeordnetenstelle erwachsen hieraus jedoch nicht. Die Beigeordneten sind als **hauptamtliche Beamte** zu bestellen (§ 50 Abs. 1 Satz 1).

300 Beigeordnete erhalten also eine Ernennungsurkunde und leisten den durch § 71 LBG vorgeschriebenen Diensteid. Die für die Gemeindebeamten geltenden beamten- und disziplinarrechtlichen Vorschriften finden auf die Beigeordneten in vollem Umfang Anwendung, soweit gesetzlich nichts anderes bestimmt ist (§ 136 LBG).
Wählbar ist jeder, der die Bedingungen erfüllt, die für eine Ernennung zum Beamten verlangt werden. Er muss also insbesondere Deutscher im Sinne des Art. 116 GG oder Unionsbürger sein und die Gewähr dafür bieten, dass er jederzeit für die freiheitliche demokratische Grundordnung im Sinne des GG eintritt (§ 6 Abs. 1 LBG).
Die Stelle der Beigeordneten ist innerhalb der auch für die Wahl des Bürgermeisters geltenden Fristen zu besetzen (§§ 50 Abs. 3, 47 Abs. 1). Spätestens zwei Monate vor der Besetzung ist die Stelle öffentlich auszuschreiben.
Trotz gültiger Bestellung durch den Gemeinderat kann die Tätigkeit eines Beigeordneten nicht ausgeübt werden, wenn einer der in § 51 aufgeführten Hinderungsgründe zutrifft, z. B. der Gewählte eine andere Planstelle in der Gemeinde innehat.
Auf den Beigeordneten finden – wie auf den Bürgermeister – die Bestimmungen für ehrenamtlich Tätige über die allgemeine Treuepflicht, Verschwiegenheitspflicht, Vertretungsverbot und Befangenheit Anwendung (§ 52).

Obwohl es sich bei den Beigeordneten um die leitenden Fachkräfte der Gemeinde handelt, werden von ihnen – wie vom Bürgermeister – keine fachlichen Voraussetzungen verlangt.
Der Beigeordnete muss die in § 116 Abs. 2 geforderte Vorbildung besitzen, wenn die in § 116 Abs. 1 vorgeschriebene Zusammenfassung der haushalts- und finanzwirtschaftlichen Tätigkeiten bei ihm persönlich erfolgt.

301 Die **Amtszeit** des Beigeordneten beträgt acht Jahre (§ 50 Abs. 1). Da für den Beigeordneten die Bestimmungen des LBG gelten, endet seine Amtszeit mit Ablauf des 65. Lebensjahres. Die in § 60 Abs. 2 LBG vorgesehenen Verlängerungsmöglichkeiten um jeweils ein Jahr bis zum 68. Lebensjahr sind ebenfalls zulässig, § 136 LBG.

302 Die **Besoldung** der Beigeordneten ist in der Landeskommunalbesoldungsverordnung geregelt.

303 Die Beigeordneten nehmen an den **Sitzungen des Gemeinderats** und der Ausschüsse mit **beratender Stimme** teil (§ 33 Abs. 1). Als Vorsitzende in einem beratenden Ausschuss haben sie Stimmrecht (§ 41 Abs. 2 Satz 2). Bei der Vertretung des Bürgermeisters als Vorsitzender des Gemeinderats oder eines beschließenden Ausschusses haben sie kein Stimmrecht. Das Stimmrecht ist in diesen Fällen in § 37 Abs. 6 und 7 auf den Bürgermeister beschränkt, weil die Beigeordneten nicht aus unmittelbarer Volkswahl hervorgegangen und nicht Mitglied des Gemeinderats sind.

304 b) **Ständige Sondervertreter.** Die Beigeordneten haben die Rechtsstellung ständiger Sondervertreter des Bürgermeisters innerhalb ihres Geschäftskreises (Dezernats). Aus der Abgrenzung ihres Geschäftskreises, die der Bürgermeister im Einvernehmen mit dem Gemeinderat vornimmt (§ 44 Abs. 1), ergibt sich der Umfang ihrer Vertretungsbefugnis. Im Innenverhältnis kann die Befugnis zur sachlichen Entscheidung durch allgemeine oder Einzelweisungen des Bürgermeisters beschränkt werden (§ 49 Abs. 3). Nach außen besteht die Vertretungsmacht der Beigeordneten jedoch im Rahmen ihres jeweiligen Geschäftskreises und ist hierin unbeschränkbar. Insoweit steht ihnen die Vertretungsmacht in dem Umfang zu, den auch der Bürgermeister hätte.

305 c) **Ständiger allgemeiner Stellvertreter.** Der Erste Beigeordnete ist außerdem der ständige allgemeine Stellvertreter des Bürgermeisters (§ 49 Abs. 3), ohne dass dieser tatsächlich oder rechtlich verhindert sein muss.
Er nimmt in dieser Funktion auch alle Rechte des Bürgermeisters (Stimmrecht jedoch nur in beratenden Ausschüssen) wahr.
Das Widerspruchsrecht (§ 43 Abs. 2 und 3), das Eilentscheidungsrecht (§ 43 Abs. 4) und der Vorsitz im Gemeinderat können durch den ständigen allgemeinen Stellvertreter jedoch nur im Verhinderungsfall ausgeübt werden, da es sich hierbei um die gerade aus der Organstellung des Bürgermeisters erwachsenden Rechte handelt.

306 **d) Allgemeine Stellvertreter im Verhinderungsfalle.** Die weiteren Beigeordneten sind nur allgemeine Stellvertreter für den Fall der Verhinderung des Bürgermeisters und des Ersten Beigeordneten. Die Vertretungsmacht (nach außen) ist dann indes umfassend und unbeschränkbar wie die des Bürgermeisters selbst.
Im Innenverhältnis unterliegt der Erste Beigeordnete wie jeder Beigeordnete dem Weisungsrecht des Bürgermeisters. In der Praxis wird insoweit auch die allgemeine Vertretungsbefugnis, im Innenverhältnis auf den Fall der Verhinderung des Bürgermeisters beschränkt sein, dies ändert jedoch nichts an der Vertretungsmacht des Ersten Beigeordneten nach außen.

3. Amtsverweser

307 Die Bestellung eines Amtsverwesers ist vorgesehen, wenn in Gemeinden ohne Beigeordnete die Stelle des Bürgermeisters **längere Zeit unbesetzt** ist oder der Bürgermeister sein Amt längere Zeit **nicht ausüben kann** (§ 48 Abs. 2).
Der Amtsverweser wird vom Gemeinderat mit der Mehrheit aller Mitglieder bestellt, wobei der Gewählte nicht aus der Mitte des Gemeinderats zu kommen braucht. Er ist zum Beamten der Gemeinde (u. U. auch Ehrenbeamten) zu ernennen. Im Übrigen muss er zum Bürgermeister wählbar sein. Die Hinderungsgründe des § 46 Abs. 2 gelten für ihn nicht. Der Amtsverweser übernimmt sämtliche Funktionen des Bürgermeisters. Da er nicht aus einer unmittelbaren Volkswahl hervorgegangen ist, hat er im Gemeinderat und in den beschließenden Ausschüssen allerdings kein Stimmrecht. Bei der **Anfechtung einer Bürgermeisterwahl** kann – auch in Gemeinden mit Beigeordneten – der zum Amtsverweser Gewählte zum Amtsverweser bestellt werden (§ 48 Abs. 3). Die Amtszeit beträgt zwei Jahre; Wiederbestellung ist zulässig. Die Amtszeit endet vorzeitig mit der Rechtskraft der Entscheidung über die Gültigkeit der Wahl zum Bürgermeister. Der Amtsverweser führt die Bezeichnung Bürgermeister (Oberbürgermeister). Der Amtsverweser erhält eine **Besoldung** nach § 9 LKomBesG. Während beim Amtsverweser nach § 48 Abs. 3 die Höhe der Besoldung und der Aufwandsentschädigung der des Bürgermeisters entspricht, liegt beim Amtsverweser nach § 48 Abs. 2 die Besoldung mindestens eine Besoldungsgruppe unter der für den Bürgermeister geltenden Gruppe. In Gemeinden mit ehrenamtlichem Bürgermeister erhält der Amtsverweser dessen Aufwandsentschädigung (§ 48 Abs. 3 Satz 6).

4. Beauftragung, Vollmacht

308 Da es dem Bürgermeister und den Beigeordneten nicht möglich ist, alle in ihrem Zuständigkeitsbereich anfallenden Aufgaben selbst zu erledigen, kann der Bürgermeister Bedienstete der Gemeinde mit seiner Vertretung in bestimmten Aufgabengebieten oder in einzelnen Angelegenheiten **beauftragen** (§ 53 Abs. 1). Dies umfasst sowohl die Befugnis zur sachlichen Entscheidung als auch zur entsprechenden Vertretung nach außen.

309 Der Umfang der Vertretungsmacht richtet sich nach dem Inhalt des dienstlichen Auftrags. Eine Beschränkung des Auftrags wirkt auch nach außen.

Neben der dienstlichen Beauftragung kann der Bürgermeister durch **rechtsgeschäftliche Bevollmächtigung** dritte Personen zur Vornahme von Rechtsgeschäften für die Gemeinde ermächtigen (§ 53 Abs. 2). Der typische Fall ist die Vollmachtserteilung an einen Rechtsanwalt zur Vertretung der Gemeinde vor Gericht.

5. Verpflichtungserklärungen

Erklärungen, durch welche die Gemeinde verpflichtet werden soll, bedürfen nach § 54 der Schriftform, sofern keiner der Ausnahmefälle des Abs. 4 vorliegt. Diese besondere Formvorschrift dient primär dem Ziel, im öffentlichen Interesse zweifelsfreie Unterlagen über die eingegangenen Verpflichtungen zu erhalten (Kunze/Bronner/Katz, GemO § 54 Rdnr. 1). Unter Erklärungen, durch welche die Gemeinde verpflichtet werden soll, sind sowohl öffentlich-rechtliche als auch privatrechtliche Verpflichtungserklärungen zu verstehen.

310

Verpflichtungserklärungen sind vom Bürgermeister handschriftlich zu unterzeichnen. Im Falle der Vertretung des Bürgermeisters sind sein allgemeiner Stellvertreter (der ehrenamtliche Stellvertreter nach § 48 Abs. 1 und § 49 Abs. 1 Satz 3, der Amtsverweser nach § 48 Abs. 2 und 3 sowie der Erste Beigeordnete nach § 49 Abs. 4) und die weiteren Beigeordneten im Rahmen ihrer Vertretungsmacht (§ 49) allein unterzeichnungsberechtigt. In allen anderen Fällen sind zwei Unterschriften von vertretungsberechtigten Beamten oder Angestellten notwendig.

Den Unterschriften soll die Amtsbezeichnung und im Falle der Vertretung des Bürgermeisters ein für das Vertretungsverhältnis kennzeichnender Zusatz beigefügt werden (§ 54 Abs. 3).

Die **Verletzung** von zwingenden **Formvorschriften** kann, je nachdem um welche Art von Erklärung es sich handelt, unterschiedliche Rechtsfolgen haben (z. B. bei Stiftungserrichtung oder Ausüben von Gestaltungsrechten). Nichtig sind öffentlich-rechtliche Verträge – § 59 LVwVfG i. V m. § 125 BGB – und sonstige öffentlich-rechtliche Verpflichtungserklärungen in entsprechender Anwendung des § 125 BGB. Im privatrechtlichen Rechtsverkehr führt die Nichtbeachtung der für Verpflichtungserklärungen vorgeschriebenen Form zur Unwirksamkeit des Rechtsgeschäfts. Dies ergibt sich aber nicht aus § 125 BGB. Denn § 54 ist keine privatrechtliche Vorschrift über die Form von Rechtsgeschäften, da dem Landesgesetzgeber der Erlass derartiger Vorschriften nach Art. 55 EGBGB verwehrt ist. Nach Meinung des BGH handelt es sich vielmehr um materielle Vorschriften, die die Vertretungsmacht zur rechtswirksamen Vertretung der Gemeinde regeln, wozu der Landesgesetzgeber ermächtigt ist (BGH NJW 2001, 2626 = EKBW § 54 E 6). Bei einem Verstoß handelt der Vertreter damit außerhalb der Vertretungsmacht. Es finden die Vorschriften der §§ 177 ff. BGB über die Vertretung ohne Vertretungsmacht Anwendung, d. h. Verträge sind schwebend unwirksam, einseitige Rechtsgeschäfte nach § 180 BGB grundsätzlich nichtig (OLG Karlsruhe VB1BW1984, 320). Eine Berufung auf den Grundsatz von Treu und Glauben gegenüber einem Formmangel kommt nur dann in Betracht, wenn die Nichtigkeitsfolge für den anderen Vertragsteil schlechthin untragbar ist. Da die Formvorschrift des § 54 aber in erster Linie die Gemeinde schützen soll, beschränken sich evtl. Schadenersatzansprüche auf den Ersatz des Vertrauensschadens. Der Vertreter persönlich (i. d. R. der Bürgermeister) haftet nicht nach § 179 BGB als Vertreter ohne Vertretungsmacht. In Betracht kommt allerdings eine persönliche Haftung nach § 839 BGB, die nicht nach Art. 34 Satz 1 GG überzuleiten ist (BGH NJW 2001, 2626 = EKBW § 54 E 6). Eine Verletzung des Abs. 3, der eine Ordnungsvorschrift darstellt, macht die Verpflichtungserklärung nicht unwirksam (Kunze/Bronner/Katz, GemO § 54 Rdnr. 17). Abweichend hiervon hält der BGH eine Verpflichtungserklärung, die vom Bürgermeister ohne Beifügung der Amtsbezeichnung und des Dienstsiegels unterzeichnet ist, für nichtig. Das Gericht geht aber davon aus, dass dieser Mangel nach Treu und Glauben unbeachtlich sein kann (BGH DVBl. 1979, 514).

Die Formvorschriften des § 54 Abs. 1 bis 3 gelten nicht für Erklärungen in Geschäften der laufenden Verwaltung oder aufgrund einer in der Form dieser Absätze ausgestellten Vollmacht (§ 54 Abs. 4). Die Formvorschrift gilt ebenfalls nicht bei reinen Verfügungsgeschäften (Näheres Kunze/Bronner/Katz, GemO § 54 Rdnr. 5).

L. Gemeindebedienstete

311 Zur Erfüllung ihrer Aufgaben muss die Gemeinde die erforderlichen und geeigneten Kräfte (Beamte, Angestellte, Arbeiter) einstellen (§ 56). Die **Beschäftigungspflicht** besteht als Rechtspflicht nur gegenüber der Allgemeinheit. Ein Bewerber kann daraus keinen Einstellungsanspruch ableiten.

Die Zahl und die Bewertung ihrer im Haushaltsjahr voraussichtlich besetzbaren Stellen bestimmt die Gemeinde im **Stellenplan**, der Bestandteil des Haushaltsplans ist (§ 57; § 1 Abs. 1 Nr. 3; § 5 GemHVO).

Die Gemeindeordnung regelt auch, dass sich die Gemeinden an der **Ausbildung** der im Vorbereitungsdienst befindlichen Bediensteten beteiligen (§ 56 Abs. 2) und die Fortbildung ihrer Bediensteten fördern (§ 56 Abs. 3). Ein Rechtsanspruch der Bediensteten gegen die Gemeinde ergibt sich hieraus jedoch nicht.

312 Damit die Verwaltungsgeschäfte fachgerecht erledigt werden, muss grundsätzlich jede Gemeinde mindestens einen Bediensteten mit der Befähigung zum gehobenen oder höheren Verwaltungsdienst, einen **Gemeindefachbediensteten** haben (§ 58 Abs. 1).

Eine Ausnahme gilt dann, wenn die Gemeinde einer Verwaltungsgemeinschaft angehört und diese der Gemeinde einen Gemeindefachbediensteten zur Erledigung der Verwaltungsfachgeschäfte zur Verfügung stellt (§ 58 Abs. 1 Satz 2).

Der Begriff des Gemeindefachbediensteten ist keine Funktionsbezeichnung, sondern ein Qualifikationsbegriff. Dienststellung und Aufgaben sind in der GemO nicht vorgeschrieben. Dies zu regeln ist Teil des Organisationsrechts des Bürgermeisters.

Die Vergütung der Gemeindebediensteten richtet sich nach dem öffentlichen Besoldungsrecht (Beamte) und dem Tarifrecht für den öffentlichen Dienst (Angestellte, Arbeiter).
Gemeindebediensteten, die auf dienstliche Anordnung an den Sitzungen des Gemeinderats oder seiner Ausschüsse teilnehmen, darf eine Sitzungsentschädigung oder Mehrarbeitsvergütung nur aufgrund und im Rahmen einer gesetzlichen Ermächtigung gezahlt werden. Eine Regelung hierfür enthalten §§ 1, 6 LBesG; einer analogen Anwendung von § 19 GemO bedarf es daher nicht (VGH BW DÖV 1995, 521 = EKBW GemO § 19 E 2).

M. Zwischengemeindliche Zusammenarbeit

313 Gemeinden (und Landkreise) greifen in Folge demographischer Veränderungen und aus wirtschaftlichen Gründen in steigendem Maße auf Instrumente zwischengemeindlicher Zusammenarbeit zurück. Komplexere Aufgaben, die Notwendigkeit effizienter Aufgabenerfüllung, die Übernahme neuer erweiterter Aufgaben führen dazu, dass die Gemeinden neue Modelle zur Kooperation entwickeln und umsetzen.
Daneben führen die Entwicklung des Verkehrs, das immer häufigere Auseinanderfallen von Wohnort und Arbeitsplatz, die regionale Entwicklungsplanung vermehrt zu Berührungspunkten unter den Gemeinden und erfordern eine stärkere Verzahnung. Gemeindliche Entscheidungen und Entwicklungen wirken deshalb auch über die Grenzen der jeweiligen Kommune hinaus.
Eine Zusammenarbeit in der Gemeindewirtschaft, z. B. bei der Raumordnung und Planung, bei der Wasserversorgung und der Abwasserbeseitigung, bei der Abfallwirtschaft oder im Bereich der allgemeinen Verwaltung zur Stärkung der Verwaltungskraft und Erhöhung der Wirtschaftlichkeit, z. B. in der Datenverarbeitung, ist daher unumgänglich.

314 **Öffentlich-rechtliche Formen** kommunaler Zusammenarbeit sind in der GemO, im GKZ und in speziellen Gesetzen enthalten. Es sind dies die Verwaltungsgemeinschaft, der Zweckverband, die öffentlich-rechtliche Vereinbarung, die Nachbarschafts- und Regionalverbände, der Verband Region Stuttgart, sowie öffentlich-rechtliche Verträge nach § 54 Abs. 1 LVwVfG.
Für die **privatrechtliche** Zusammenarbeit können die Gemeinden die Organisationsformen des Zivilrechts (Verein, GmbH, AG, Gesellschaft des Bürgerlichen Rechts) nutzen.

I. Zweckverbandsrecht

315 Rechtsgrundlage für die zwischengemeindliche Zusammenarbeit in öffentlich-rechtlicher Form ist das GKZ. Danach können Gemeinden und Landkreise Zweckverbände bilden oder öffentlich-rechtliche Vereinbarungen schließen, um bestimmte Aufgaben, zu deren Erledigung sie berechtigt oder verpflichtet sind, für alle oder gemeinsam zu erledigen. Gemäß § 2 Abs. 2 GKZ können auch andere Körperschaften, Anstalten und Stiftungen des öffentlichen Rechts Mitglied eines Zweckverbandes in Form des Freiverbands sein, soweit nicht die für sie geltenden besonderen Vorschriften die Beteiligung ausschließen oder beschränken. Ebenso können natürliche Personen und juristische Personen des Privatrechts Mitglied eines Freiverbands sein, wenn die Erfüllung der Verbandsaufgaben dadurch gefördert wird und Gründe des öffentlichen Wohls nicht entgegenstehen (z. B. im Rahmen der Versorgung mit regenerativen Energien). Das GKZ findet keine Anwendung, wenn durch Gesetz die gemeinsame Erledigung der Aufgaben ausgeschlossen oder hierfür eine andere Rechtsform vorgeschrieben ist (§ 1 GKZ). Auf sondergesetzliche Formen der Zusammenarbeit findet es ebenfalls Anwendung, wenn gesetzlich keine abweichenden Regelungen getroffen sind, z. B. Nachbarschaftsverbände, Verwaltungsgemeinschaften, Feuerlöschverbände, Planungsverbände, Schulverbände (§ 30 GKZ).

1. Zweckverband

316 a) **Arten.** Es gibt den **Freiverband** nach § 6 GKZ und den **Pflichtverband** nach § 11 GKZ. Letzterer kann durch die Rechtsaufsichtsbehörde bei Vorliegen eines dringenden öffentlichen Bedürfnisses veranlasst werden.

317 b) **Rechtscharakter.** Der Zweckverband ist eine **Körperschaft des öffentlichen Rechts** (§ 3 GKZ), der seine Angelegenheiten im Rahmen der Gesetze unter eigener Verantwortung verwaltet. Er ist keine Gebietskörperschaft, sondern eine Personalkörperschaft und genießt die Selbstverwaltungsgarantie des Art. 28 GG; Art. 71 Abs. 1 Satz 1 LV innerhalb seines gesetzlichen Aufgabenbereichs.

318 c) **Bildung.** Zur Bildung des Zweckverbands vereinbaren die Beteiligten eine Verbandssatzung, die der Genehmigung der Rechtsaufsichtsbehörde bedarf (§§ 6, 7 GKZ). Wird ein Pflichtverband von den Beteiligten innerhalb der von der Rechtsaufsichtsbehörde gesetzten Frist nicht gebildet, erlässt die Rechtsaufsichtsbehörde die Verbandssatzung (§§ 11 Abs. 2; 6 Abs. 2 GKZ).
Die Verbandssatzung und deren Genehmigung durch die Rechtsaufsichtsbehörde sind öffentlich bekannt zu machen.
Der Zweckverband entsteht am Tage nach der öffentlichen Bekanntmachung oder zu einem späteren, in der Satzung genannten Zeitpunkt (§ 8 GKZ).

319 d) **Organe.** Gesetzliche Organe des Zweckverbands (§ 12 Abs. 1 GKZ) sind
– die Verbandsversammlung (§ 13 GKZ) und
– der Verbandsvorsitzende (§ 16 GKZ).
Die Verbandssatzung kann als weiteres Organ
– den Verwaltungsrat vorsehen (§ 12 Abs. 2 GKZ).
Die **Verbandsversammlung** ist das Hauptorgan des Zweckverbands. Sie besteht aus mindestens einem Vertreter eines jeden Verbandsmitglieds (§ 13 Abs. 2 und 4 GKZ), (Bürgermeister/Landrat; evtl. weitere Mitglieder werden vom Gemeinderat/Kreistag gewählt). Die Vertreter der Verbandsmitglieder sind ehrenamtlich tätig (§ 13 Abs. 6 GKZ). Durch die Verbandssatzung können **beschließende Ausschüsse** der Verbandsversammlung gebildet werden (§ 14 GKZ). Der von

der Verbandsversammlung aus seiner Mitte gewählte **Verbandsvorsitzende** ist Vorsitzender der Verbandsversammlung und des Verwaltungsrats. Er ist Leiter der Verbandsverwaltung und vertritt den Zweckverband. Er ist ehrenamtlich tätig (§ 16 GKZ). Zusammensetzung und Zuständigkeit des **Verwaltungsrats** sind in der Verbandssatzung zu bestimmen.

e) **Aufgaben.** Jede gemeindliche Aufgabe kann auf den Zweckverband übertragen werden, soweit dies nicht gesetzlich ausgeschlossen ist. Bestimmte Aufgaben, z. B. die Wasserversorgung, die Abwasserbeseitigung, können zu Pflichtaufgaben für mehrere kommunale Aufgabenträger erklärt werden (§ 10 GKZ). Es können nur **bestimmte Aufgaben** einer Gemeinde und nicht alle übertragen werden. Mit dem Übergang von Aufgaben auf den Zweckverband tritt eine **Kompetenzverlagerung** ein mit der Folge, dass die Gemeinden von dieser Tätigkeit befreit sind und sich dieser Tätigkeit enthalten müssen (§ 4 GKZ). Innerhalb seines Aufgabengebiets hat der Zweckverband das Recht, Satzungen zu erlassen (§ 5 GKZ). **320**

f) **Finanzierung.** Soweit seine sonstigen Einnahmen zur Deckung des Finanzbedarfs nicht ausreichen, kann der Zweckverband von den Verbandsmitgliedern eine Umlage erheben (§ 19 GKZ). **321**

g) **Personal.** Der Zweckverband hat das Recht Beamte zu haben (§ 17 GKZ). **322**

h) **Änderung, Auflösung.** Eine Änderung des Zweckverbands, z. B. durch Übertragung weiterer Aufgaben, erfolgt durch Änderung der Verbandssatzung. Die Auflösung des Zweckverbands ist von der Verbandsversammlung mit einer Mehrheit von mindestens zwei Dritteln der satzungsmäßigen Stimmenzahlen der Verbandsmitglieder zu beschließen. Der Beschluss über die Auflösung bedarf der Genehmigung der Rechtsaufsichtsbehörde (§ 21 GKZ). **323**

2. Öffentlich-rechtliche Vereinbarung

Anstelle des Zweckverbands können Gemeinden und Landkreise vereinbaren, dass eine der beteiligten Körperschaften bestimmte Aufgaben für alle Beteiligten erfüllt, insbesondere den übrigen Beteiligten die Mitbenutzung einer von ihr betriebenen Einrichtung gestattet. Durch die Vereinbarung gehen das Recht und die Pflicht der übrigen Körperschaften zur Erfüllung der Aufgabe auf die übernehmende Körperschaft über. Die Vereinbarung ist schriftlich abzuschließen und bedarf der Genehmigung der Rechtsaufsichtsbehörde (§ 25 GKZ). Die zur Erfüllung der Aufgabe verpflichtete Körperschaft kann im Rahmen der ihr übertragenen Aufgabengebiete Satzungen erlassen, mit Ausnahme der Erhebung von Steuern (§ 26 GKZ). Unter den gleichen Voraussetzungen wie bei Pflichtzweckverbänden sind auch Pflichtvereinbarungen zulässig (§ 27 GKZ). **324**

II. Verwaltungsgemeinschaft

325 Eine Verwaltungsgemeinschaft (§§ 59 bis 62) kann als **Gemeindeverwaltungsverband oder als vereinbarte Verwaltungsgemeinschaft** gebildet werden. Die sich beteiligenden Gemeinden bleiben selbstständig.

1. Allgemeines

326 a) **Entstehung.** Die Institution der Verwaltungsgemeinschaft verdankt ihre Entstehung der Forderung, durch geeignete Reformmaßnahmen die Verwaltungskraft kleinerer Gemeinden zu stärken und größere leistungsfähige Verwaltungseinheiten zu schaffen (erstmalige Einführung durch Gesetz zur Stärkung der Verwaltungskraft kleinerer Gemeinden vom 26.3.1968; GBl. S. 114).

327 b) **Organisationsziele.** Nach den Organisationszielen der **Gemeindereform** sollte im ländlichen Raum, insbesondere in Gebieten mit geringer Bevölkerungsdichte oder größeren Entfernungen zwischen den Gemeinden, die nicht zu einer Einheitsgemeinde zusammengefasst werden können, die Verwaltungsgemeinschaft die vorherrschende Organisationsform einer örtlichen Verwaltungseinheit sein. Die Mitgliedsgemeinden sollen auf Dauer Bestand haben. Sie müssen nach ihrer Verwaltungs- und Leistungskraft in der Lage sein, einen Grundbestand gemeindlicher Aufgaben wahrzunehmen. Dies wird bei einer Einwohnerzahl von mindestens 2000 in der Regel anzunehmen sein. Benachbarte Gemeinden desselben Landkreises, die diese Voraussetzungen erfüllen, können eine Verwaltungsgemeinschaft bilden. Eine Gemeinde kann nur einer Verwaltungsgemeinschaft angehören (§ 59). Die Verwaltungsgemeinschaft soll nach der Zahl der Gemeinden und ihrer Einwohner sowie nach der räumlichen Ausdehnung unter Berücksichtigung der örtlichen Verhältnisse und landesplanerischen Gesichtspunkte (vgl. hierzu VGH BW BWVPr. 1975, 129 = EKBW GemO § 60 E 1) so abgegrenzt werden, dass sie ihre Aufgaben zweckmäßig und wirtschaftlich erfüllen kann (§ 59 Satz 3).

Bei den örtlichen Verwaltungseinheiten (Verwaltungsgemeinschaften oder Einheitsgemeinden) geht man in der Regel von einer **Einwohnerzahl** von mindestens 8000 aus.

328 c) **Verfassungsrechtliche Zulässigkeit.** Die Bildung von Verwaltungsgemeinschaften zur Verbesserung der Leistungs- und Verwaltungskraft der örtlichen Verwaltungseinheiten kann zwar verfassungsrechtlich im Hinblick auf die Garantie des Selbstverwaltungsrechts (Art. 28 Abs. 2 GG; Art. 71 Abs. 1 LV) problematisch sein, wenn durch Aufgabenentzug und Übertragung auf den Verband der Kernbereich gemeindlicher Selbstverwaltung berührt wird. Durch die gegenwärtigen Zuständigkeiten der Verwaltungsgemeinschaften wird der Wesensgehalt des Selbstverwaltungsrechts der Mitgliedsgemeinden **jedoch** nicht berührt (hierzu: BVerfG DVBl. 2003, 919).

Die Kompetenz zur Flächennutzungsplanung durch die Verwaltungsgemeinschaften (bzw. Nachbarschaftsverbände) ist aber verfassungskonform zu handhaben. Planungen gegen den Willen einer Mitgliedsgemeinde (beteiligten Gemeinde) dürfen nur vorgenommen werden, wenn und soweit sie durch überörtliche, raumordnerische oder landesplanerische Gesichtspunkte (Belange einer überörtlichen Abstimmung und Entwicklung des ganzen Verwaltungsraumes, raumordnerische und landesplanerische Ziele) gerechtfertigt sind. Im Übrigen ist den überörtlich nicht relevanten Planungswünschen jeder Mitgliedsgemeinde Rechnung zu tragen (StGH DÖV 1976, 595, 599 = EKBW LV Art. 71 E 10; DÖV 1976, 599 = EKBW LV Art. 71 E 11).

d) Arten. Die GemO geht von zwei Typen der Verwaltungsgemeinschaft aus: **329**
- Gemeindeverwaltungsverband und
- vereinbarte Verwaltungsgemeinschaft.

Während der Gemeindeverwaltungsverband vor allem für im Wesentlichen gleich große und verwaltungsmäßig gleich strukturierte Gemeinden in Frage kommt, wird die Form der vereinbarten Verwaltungsgemeinschaft regelmäßig dann gewählt, wenn eine Gemeinde mit genügender Verwaltungsausstattung den übrigen beteiligten Gemeinden ihr Verwaltungspersonal und ihre Verwaltungseinrichtungen zusätzlich zur Verfügung stellen kann. Die rationellste und sparsamste Form der Verwaltungsgemeinschaft ist die vereinbarte Verwaltungsgemeinschaft, weil bei ihr kein neuer Rechtsträger gebildet wird und ein bereits eingespielter Verwaltungsapparat zur Verfügung steht, der beim Gemeindeverwaltungsverband häufig erst geschaffen werden muss.

2. Gemeindeverwaltungsverband

a) Rechtscharakter. Der Gemeindeverwaltungsverband ist wie der Zweckverband eine **Personalkörperschaft** der sich verbindenden Gemeinden. Es handelt sich um eine spezielle Art des Zweckverbands, dessen Organisation grundsätzlich übernommen ist. **330**
Im Unterschied zum Zweckverband verwaltet der Gemeindeverwaltungsverband aber nicht einzelne Aufgaben, sondern ganze Aufgabenbündel. Gemeindeverwaltungsverbände haben nicht die Befugnis, eigene Wappen und Flaggen zu führen (VGH BW BWVPr. 1975, 250 = EKBW GemO § 60 E 2).

b) Bildung. Zur Bildung eines Gemeindeverwaltungsverbandes bedarf es der Vereinbarung einer Verbandssatzung (§ 60 Abs. 1 GemO; § 6 GKZ), die von der Rechtsaufsichtsbehörde genehmigt werden muss (§ 7 GKZ), wobei ihr ein Ermessen zusteht (§ 60 Abs. 2 GemO), während die Genehmigung des Satzung des Zweckverbandes eine gebundene Entscheidung darstellt (VGH BW BWVPr. 1975, 129 = EKBW GemO § 60 E 1). **331**
Auch hier bedarf es zur Wirksamkeit der öffentlichen Bekanntmachung (§ 60 Abs. 1; § 8 GKZ).

c) Organe. Organe sind die Verbandsversammlung und der Verbandsvorsitzende; als weiteres Organ kann ein Verwaltungsrat vorgesehen werden (§§ 60 Abs. 1, 12 GKZ).

Die **Verbandsversammlung** des Gemeindeverwaltungsverbandes (als Hauptorgan) besteht nach näherer Bestimmung der Verbandssatzung aus dem Bürgermeister und mindestens einem weiteren Vertreter jeder Mitgliedsgemeinde. Die **333** weiteren Vertreter werden nach jeder regelmäßigen Gemeinderatswahl vom Gemeinderat aus seiner Mitte gewählt (§ 60 Abs. 3).

Gemeinderäte der Mitgliedsgemeinden, die nicht Vertreter in der Verbandsversammlung sind, dürfen an den nichtöffentlichen Sitzungen der Verbandsversammlung (und bei der vereinbarten Verwaltungsgemeinschaft der des gemeinsamen Ausschusses) weder als Zuhörer teilnehmen, noch besitzen sie ein Recht auf Protokolleinsicht (VGH BW BWVPr. 1978, 128 = EKBW GemO § 60 E 3).

Die Vertreter in der Verbandsversammlung (auch die Bürgermeister) sind ehrenamtlich tätig (§§ 60 Abs. 1, 13 Abs. 6 GKZ – wegen der Entschädigung vgl. § 19). Im Gegensatz zur Regelung des § 32 für Gemeinderäte sind sie weisungsgebunden (§§ 60 Abs. 1, 13 Abs. 5 GKZ).
Die evtl. mehreren Stimmen eines Verbandsmitgliedes können nur einheitlich abgegeben werden (§§ 60 Abs. 1, 13 Abs. 2 Satz 3 GKZ).

334 Der **Verbandsvorsitzende** ist Vorsitzender der Verbandsversammlung (und des Verwaltungsrats) sowie Leiter der Verbandsverwaltung und Vertreter des Verbands. Er wird von der Verbandsversammlung aus ihrer Mitte gewählt. Es muss ein Bürgermeister einer Mitgliedsgemeinde sein, wenn vom Gemeindeverwaltungsverband Weisungsaufgaben erledigt werden (§§ 60 Abs. 1, 16 Abs. 1 und 3 GKZ).

335 Die näheren Bestimmungen über Zusammensetzung, Bestellung und Zuständigkeit des **Verwaltungsrats** sind in der Verbandssatzung zu treffen. Ihm gehören außer den Bürgermeistern ebenfalls nur Gemeinderäte von Mitgliedsgemeinden (üblicherweise Vertreter in der Verbandsversammlung) an. Gesetzliche Bestimmungen darüber gibt es nicht. Die Bildung eines Verwaltungsrats kommt insbesondere für größere Verwaltungsgemeinschaften mit zahlreichen Mitgliedern zur Entlastung der Verbandsversammlung in Frage, soweit dort nicht für einzelne Aufgabengebiete Ausschüsse gebildet werden (§ 60 Abs. 1 i. V. m. § 14 Abs. 1 GKZ).

336 In der Regel wird der Gemeindeverwaltungsverband eine **eigene Verwaltung** mit eigenen Bediensteten haben. Er kann sich jedoch auch aufgrund einer Vereinbarung und gegen Kostenersatz der Bediensteten und Verwaltungsmittel einer Mitgliedsgemeinde bedienen (= *Verwaltungsleihe;* siehe hierzu auch VGH BW VBlBW 1994, 412 = EKBW GemO § 61 E 4).

337 d) **Aufgaben.** Die **Aufgabe** des Gemeindeverwaltungsverbands besteht zunächst in der **Beratung** seiner Mitgliedsgemeinden (§ 61 Abs. 1). Er kann ihnen **Gemeindefachbedienstete** und sonstige **Bedienstete zur Verfügung stellen** (§ 61 Abs. 2). Wesentlich ist jedoch, dass personell und sachlich besonders schwierige und aufwendige Verwaltungsaufgaben zentral von der Verwaltungsgemeinschaft erledigt werden. Dabei sind zu unterscheiden:
– Erledigungsaufgaben und
– Erfüllungsaufgaben.

Bei den **Erledigungsaufgaben** bleiben die Mitgliedsgemeinden für die Sachentscheidung zuständig. Der Gemeindeverwaltungsverband übernimmt lediglich im Namen der jeweiligen Mitgliedsgemeinde die technische Abwicklung. Dabei muss der Gemeindeverwaltungsverband nach außen erkennen lassen, dass er bei der Wahrnehmung von Erledigungsaufgaben im Namen der Mitgliedsgemeinde handelt (VGH BW EKBW GemO § 61 E 2). **338**
Er erledigt auf diese Weise die folgenden Angelegenheiten nach den Beschlüssen und Anordnungen der Gemeindeorgane (§ 61 Abs. 3):
– technische Angelegenheiten bei der Aufstellung von Bebauungsplänen; Durchführung von Bodenordnungsmaßnahmen sowie von Maßnahmen nach dem StBauFG (jetzt BauGB),
– Planung, Bauleitung und örtliche Bauaufsicht bei Hoch- und Tiefbauvorhaben,
– Gewässerunterhaltung und -ausbau (bei Gewässern zweiter Ordnung),
– Abgaben-, Kassen- und Rechnungsgeschäfte.

Erlässt bei einer Erledigungsaufgabe anstelle des zuständigen Gemeindeverwaltungsverbandes die Mitgliedsgemeinde einen Abgabenbescheid, so ist dieser rechtswidrig, nicht aber nichtig (VGH BW GemO § 61 E 3).

Bei den **Erfüllungsaufgaben** erfüllt der Gemeindeverwaltungsverband die Verwaltungsaufgaben anstelle seiner Mitgliedsgemeinden in eigener Zuständigkeit. Die Mitgliedsgemeinden dürfen die übertragene Erfüllungsaufgabe selbst nicht mehr wahrnehmen (VGH BW EKBW GemO § 61 E). Sie haben nur noch mittelbar über die Vertreter in der Verbandsversammlung Einfluss auf die Entscheidungsfindung. **339**
Als Erfüllungsaufgaben sind dem Gemeindeverwaltungsverband übertragen (§ 61 Abs. 4):
– vorbereitende Bauleitplanung (Flächennutzungsplanung),
– Aufgaben des Trägers der Straßenbaulast für die Gemeindeverbindungsstraßen.
Die Aufzählung des Gesetzes enthält einen Aufgabenkatalog, von dem durch die Rechtsaufsichtsbehörde **Ausnahmen** – bei Erfüllungsaufgaben nur in besonderen Fällen – zugelassen werden können.

Die in § 61 Abs. 4 Nr. 1 aufgeführte vorbereitende Bauleitplanung (Flächennutzungsplanung) ist Kern und damit unverzichtbarer Bestandteil einer Verwaltungsgemeinschaft. Eine (ausnahmsweise) Rückübertragung auf eine Mitgliedsgemeinde ist daher unzulässig (VGH BW VBlBW 2000, 317 = EKBW GemO § 62 E 2).

Die Mitgliedsgemeinden können andererseits einzeln oder gemeinsam **weitere Aufgaben** als Erledigungs- oder Erfüllungsaufgaben durch die Verbandssatzung auf den Gemeindeverwaltungsverband übertragen. Dies ist ebenfalls bei Weisungsaufgaben möglich, wenn Bundesrecht nicht entgegensteht (§ 61 Abs. 5).

Nach § 17 LVG kann der Gemeindeverwaltungsverband zur **unteren Verwaltungsbehörde** erklärt werden. Seine Aufgaben erledigt er als *Pflichtaufgaben nach Weisung* (§ 15 Abs. 2 LVG). Der in § 19 LVG aufgeführte Negativkatalog (Angelegenheiten, die von der Zuständigkeit des Gemeindeverwaltungsver- **340** bands ausgeschlossen sind) wurde im Zuge der Verwaltungsreform in Baden-Württemberg durch das Gesetz zur Verwaltungsstruktur, zur Justizreform und zur Erweiterung des kommunalen Handlungsspielraums (Verwaltungsstruktur-Reformgesetz – VRG) vom 1. Juli 2004 (GBl. S. 469) erheblich verkleinert. Auf Antrag kann er auch örtliche Straßenverkehrsbehörde werden (§ 1 des Gesetzes über die Zuständigkeiten nach der Straßenverkehrs-Ordnung vom 17.12.1990 – GBl. S. 427). Soweit für Erfüllungsaufgaben bereits Zweckverbände bestehen oder öffentlich-rechtliche Vereinbarungen gelten, tritt der Gemeindeverwaltungsverband in die Rechtsstellung seiner daran beteiligten Mitgliedsgemeinden ein (§ 61 Abs. 6). Daneben sind den Gemeindeverwaltungsverbänden durch Gesetz oder aufgrund von Gesetzen Zuständigkeiten übertragen worden (vgl. hierzu Bekanntmachung des Innenministeriums vom 1.7.1976, GABl. S. 1131; Fundstelle 1977 Rdnr. 136).

341 e) **Finanzierung.** Soweit die Finanzierung des Gemeindeverwaltungsverbands nicht durch kostendeckende Entgelte (z. B. Entschädigungssätze nach Zeitaufwand oder Honorarordnungen) oder über Zuschüsse gedeckt ist, können von den Mitgliedsgemeinden Umlagen erhoben werden. Die nähere Regelung ist in der Verbandssatzung zu treffen.

342 f) **Änderung.** Eine Änderung des Gemeindeverwaltungsverbands (z. B. weitere Aufgaben, weitere Mitglieder) erfolgt durch Änderung der Verbandssatzung (§§ 60 Abs. 1, 61 Abs. 5, i. V. m. § 21 GKZ).

343 g) **Auflösung.** Die Auflösung des Gemeindeverwaltungsverbands ist aus Gründen des öffentlichen Wohls möglich (§ 62 Abs. 1). Stimmen alle beteiligten Gemeinden und der Gemeindeverwaltungsverband zu, genügt eine Rechtsverordnung des Innenministeriums.

Eine Gemeinde, die mit Zustimmung der übrigen Mitglieder aus einer Verwaltungsgemeinschaft ausscheiden will, kann einen Anspruch auf Erlass einer dieser ermöglichenden Rechtsverordnung haben, wenn Gründe des öffentlichen Wohls ihr Ausscheiden erfordern. Die Gewichtung und Abwägung der Belange, die schließlich zu dem Ergebnis führen, ob Gründe des öffentlichen Wohls das Ausscheiden rechtfertigen, kann, da dafür der Exekutive ein Bewertungsspielraum oder eine Einschätzungsprärogative überlassen ist, von einem Gericht nicht ersetzt werden. Über das vom Innenministerium gefundene und in dem Ablehnungsbescheid mitgeteilte Ergebnis kann sich das Gericht deshalb nur dann hinwegsetzen, wenn es eindeutig widerlegbar oder offensichtlich fehlerhaft oder im Widerspruch mit der verfassungsrechtlichen Ordnung zustande gekommen ist (VGH BW VBlBW 2000, 317 = EKBW GemO § 62 E 2).

Gegen den Willen eines Beteiligten kann die Auflösung nur durch Gesetz erfolgen. Das Gleiche gilt für das **Ausscheiden von Gemeinden** aus einer Verwaltungsgemeinschaft. Im Falle der Auflösung oder des Ausscheidens regeln die Beteiligten die erforderliche Auseinandersetzung durch Vereinbarung. Sie bedarf der Genehmigung durch die Rechtsaufsichtsbehörde. Kommt eine Vereinbarung nicht zustande, trifft die Rechtsaufsichtsbehörde auf Antrag eines Beteiligten nach Anhörung der Beteiligten die im Interesse des öffentlichen Wohls erforderliche Regelung.

Die Vereinbarung bzw. die Bestimmung der Rechtsaufsichtsbehörde begründet unmittelbar Rechte und Pflichten der Beteiligten. Sie bewirkt auch den Übergang, die Beschränkung oder Aufhebung dinglicher Rechte, wie z. B. des Eigentums an Grundstücken.

3. Vereinbarte Verwaltungsgemeinschaft

344 Bei der vereinbarten Verwaltungsgemeinschaft werden die Aufgaben eines Gemeindeverwaltungsverbandes von einer Mitgliedsgemeinde (erfüllende Gemeinde) mit erfüllt.
Diese Art der Verwaltungsgemeinschaft entsteht durch genehmigungsbedürftige öffentlich-rechtliche Vereinbarung (§§ 59 Satz 1; 60 Abs. 1 i. V. m. § 25 GKZ), wobei der Rechtsaufsichtsbehörde (wie bei der Genehmigung der Verbandssatzung des Gemeindeverwaltungsverbands) ein Ermessen zusteht (§ 60 Abs. 2). Einer Verbandssatzung bedarf es nicht.

345 An die Stelle der Verbandsversammlung tritt ein **gemeinsamer Ausschuss** (§ 60 Abs. 4) der beteiligten Gemeinden. Dem gemeinsamen Ausschuss gehören ebenfalls die Bürgermeister und mindestens ein weiterer Vertreter der beteiligten Gemeinden an. Zum Schutz gegen eine unzulässige Majorisierung darf keine der Gemeinden mehr als 60 v. H. aller Stimmen haben. Bei mehreren Stimmen eines Mitglieds können diese nur einheitlich abgegeben werden. Vorsitzender ist der Bürgermeister der erfüllenden Gemeinde (§ 60 Abs. 4). Die Vertreter der übrigen beteiligten Gemeinden im gemeinsamen Ausschuss (Bürgermeister und weitere Vertreter) sind ehrenamtlich tätig und haben einen Anspruch auf Entschädigung gemäß § 13 Abs. 6 GKZ i. V. m. § 19 gegen die erfüllende Gemeinde. Auf den Bürgermeister der erfüllenden Gemeinde trifft dies nicht zu, weil die gesetzliche Funktion als Vorsitzender zu seinen gesetzlichen Pflichten gehört. Für die weiteren Vertreter der erfüllenden Gemeinde gelten die Vorschriften über ihre Entschädigung als Gemeinderäte.
Der gemeinsame Ausschuss **entscheidet** nach § 60 Abs. 4 **anstelle des Gemeinderats** der erfüllenden Gemeinde über die Erfüllungsaufgaben (§ 61 Abs. 4), nicht dagegen über die der erfüllenden Gemeinde weiter obliegenden Erledigungsaufgaben. Insoweit verbleibt die Sachentscheidungsbefugnis bei den beteiligten Gemeinden (§ 60 Abs. 3), soweit nicht der Bürgermeister der erfüllenden Gemeinde kraft Gesetzes zuständig ist (z. B. Geschäfte der laufenden Verwaltung und Weisungsaufgaben (§ 44 Abs. 2 Satz 1 und Abs. 3) oder ihm der gemeinsame Ausschuss bestimmte Angelegenheiten überträgt.

346 Beschlüsse des gemeinsamen Ausschusses sind den betroffenen Gemeinden mitzuteilen. Diese haben binnen zwei Wochen ein **Einspruchsrecht** bei Angelegenheiten von besonderer Wichtigkeit oder erheblicher wirtschaftlicher Bedeutung. Der Einspruch hat aufschiebende Wirkung. Der gemeinsame Ausschuss muss dann erneut beschließen. Der Einspruch ist zurückgewiesen, wenn der neue Beschluss mit einer Mehrheit von zwei Dritteln der Stimmen der (in der Satzung) vertretenen Gemeinden, mindestens jedoch mit der Mehrheit aller Stimmen, gefasst wird (§ 60 Abs. 5).

Nach einer früheren Fassung des § 60 Abs. 4 und 5 hatte der gemeinsame Ausschuss lediglich die Verhandlungen des Gemeinderats der erfüllenden Gemeinde über die Wahrnehmung der Erfüllungsaufgaben vorzuberaten. Ferner bedurfte der erneute Beschluss des Gemeinderats der erfüllenden Gemeinde aufgrund eines Einspruchs wegen besonderer Wichtigkeit oder wirtschaftlicher Bedeutung durch eine beteiligte Gemeinde der Zustimmung des gemeinsamen Ausschusses. Der StGH hat durch Urteil vom 4.6.1976 (DÖV 1976, 599 = EKBW LV Art. 71 E 11) diese Vorschriften für nichtig erklärt, weil mit dem bei der vereinbarten Verwaltungsgemeinschaft vorgesehenen gemeinsamen Ausschuss die Mitwirkungsrechte der beteiligten Gemeinden bei der Wahrnehmung von Erfüllungsaufgaben nicht ausreichend gewahrt werden. Der StGH erachtete nur eine solche Regelung für verfassungsgemäß, die den Mitgliedsgemeinden eine unmittelbare und konstitutive Mitwirkung im Hauptorgan der Gemeinschaft zugesteht.

Mit dem Gesetz zur Ergänzung des Gemeindereformgesetzes vom 7.6.1977 (GBl. S. 171) hat der Gesetzgeber diese Forderung erfüllt. Nach der jetzigen Fassung des § 60 Abs. 4 und 5 ist der gemeinsame Ausschuss als Organ der erfüllenden Gemeinde an die Stelle ihres Gemeinderats getreten und ist das Hauptorgan der vereinbarten Verwaltungsgemeinschaft (StGH ESVGH 29, 151 = EKBW GemO § 60 E 4).

Hinsichtlich der Finanzierung, Änderung und Auflösung gelten die Regelungen zum Gemeindeverwaltungsverband entsprechend.

III. Bürgermeister in mehreren Gemeinden

347 Die Bestellung eines Bürgermeisters in mehreren Gemeinden ist nur in benachbarten kreisangehörigen Gemeinden zulässig (§ 63). Mit dieser Einrichtung will man kleinere Gemeinden für einen hauptamtlichen Bürgermeister attraktiver machen und damit die Verwaltungskraft dieser Gemeinden stärken. Die Ämter der Bürgermeister bleiben bei dieser Verwaltungsform getrennt. Es besteht lediglich eine Personalunion in der Person des Bürgermeisters. Diese Organisationsverflechtung ist verfassungsgemäß (StGH VBBlBW 1959, 138 = EKBW GemO § 63 E 1).

Die Wahlen sind in den einzelnen Gemeinden getrennt durchzuführen. Die jeweilige Amtszeit kann unterschiedlich sein. Der Bürgermeister erhält entsprechend der Gesamteinwohnerzahl der beteiligten Gemeinden einheitliche Dienstbezüge. Die Kostenverteilung ist von den Gemeinden durch Vereinbarung zu regeln. Kommt eine Einigung über die Verteilung des persönlichen Aufwands zwischen den Gemeinden nicht zustande, ist der Aufwand anteilmäßig im Verhältnis der Einwohnerzahlen von den einzelnen Gemeinden zu tragen (§ 12 DVO GemO).

Beabsichtigt ein Bürgermeister die Übernahme eines weiteren Bürgermeisteramtes, bedarf er hierzu der Genehmigung der Rechtsaufsichtsbehörde (§ 106 Abs. 2 i. V. m. § 134 Nr. 4 LBG).

IV. Nachbarschaftsverbände

348 In den verdichteten Räumen um Großstädte sollen die örtlichen Verwaltungseinheiten so viele Einwohner haben, dass sie aufgrund ihrer Leistungs- und Verwaltungskraft zu einer wirksamen Entlastung der Kernstadt beitragen und mit dieser partnerschaftlich zusammenarbeiten können. In besonders verdichteten Räumen ist daher eine Regeleinwohnerzahl von 20 000 vorgesehen.

Zur Ordnung der großstädtischen Verdichtungsräume sind anstelle von Verwaltungsgemeinschaften durch das Vierte Gesetz zur Verwaltungsreform (Nachbarschaftsverbandsgesetz) vom 9.7.1974 (GBl. S. 261) mit Wirkung vom 1.1.1976 sechs Nachbarschaftsverbände gebildet worden. Durch das Gesetz zur Stärkung der Zusammenarbeit in der Region Stuttgart vom 7.2.1994 (GBl. S. 92) hat sich die Zahl der Nachbarschaftsverbände infolge Auflösung des Nachbarschaftsverbands Stuttgart auf **fünf** ermäßigt (§§ 1, 2 NVerbG).

Der Nachbarschaftsverband hat unter Beachtung der Ziele der Raumordnung und Landesplanung die geordnete Entwicklung des Nachbarschaftsbereichs zu fördern und auf einen Ausgleich der Interessen seiner Mitglieder hinzuwirken. Der Nachbarschaftsverband ist daher insbesondere Träger der vorbereitenden Bauleitplanung. Für seine Organisation gelten die für den Zweckverband bestehenden Regelungen entsprechend.

V. Regionalverbände

349 Die Arbeit der örtlichen Verwaltungseinheiten und Nachbarschaftsverbände ist an die Ziele der Raumordnung und Landesplanung gebunden. Insoweit sind Träger der Regionalplanung die zehn Regionalverbände (§ 31 Abs. 1 LplG), die zwei länderübergreifenden Regionalverbände „Verband Region Rhein-Neckar" und „Verband Donau-Iller" (§ 31 Abs. 2 LplG). Ein Sonderstatus hat der durch Gesetz vom 7.2.1994 gebildete Verband Region Stuttgart, der Aufgaben des Regionalverbandes und des Nachbarschaftsverbandes übernimmt.

Die Regionalverbände sind ebenfalls Körperschaften des öffentlichen Rechts. Ihnen gehören kraft Gesetzes sämtliche Land- und Stadtkreise an.

Der Verband Region Stuttgart ist eine Körperschaft des öffentlichen Rechts, mit einer unmittelbar vom Volk gewählten Verbandsversammlung.

Er ist zuständig für die Regionalplanung und weitere durch Gesetz bestimmte regionale Planungsaufgaben.

VI. Kommunale Spitzenverbände

350 Die kommunalen Spitzenverbände sind eine besondere Form zwischengemeindlicher Zusammenarbeit. Sie sind Interessenverbände ihrer Mitglieder, die privatrechtlich organisiert sind. Ihre Aufgabe ist die Beratung und Betreuung ihrer Mitglieder, ferner deren Belange gegenüber der Öffentlichkeit, den Parlamenten, der Regierung und den staatlichen Stellen zu vertreten. Nach Art. 71 Abs. 4

LV sind die Kommunalen Landesverbände rechtzeitig zu hören, bevor durch Gesetz oder Verordnung allgemeine Fragen geregelt werden, welche die Gemeinden und Gemeindeverbände berühren. Dieses **Mitwirkungsrecht der Kommunen** hat seit Dezember 1997 eine wesentliche Verbesserung erfahren. Der Landtag hat in seine Geschäftsordnung einen neuen Passus aufgenommen, wonach den Kommunalen Landesverbänden auf ihr Verlangen in jedem kommunalrelevanten Fall Gelegenheit zur mündlichen Stellungnahme vor dem entsprechenden Ausschuss zu geben ist. Ein weiteres Mitwirkungsrecht der kommunalen Spitzenverbände ergibt sich aus der mit dem Land – nach Zustimmung des Landtags am 13.4.2000 in Kraft getretenen – „Vereinbarung über die Bildung einer Finanzverteilungskommission zur Gewährleistung prozeduralen Schutzes der kommunalen Selbstverwaltung" (GABl. 2000, 128 – siehe hierzu Rdnr. 34). Auf **Landesebene** gibt es den Städtetag Baden-Württemberg, den Gemeindetag Baden-Württemberg und den Landkreistag Baden-Württemberg. **Bundesverbände** sind der Deutsche Städtetag (= kreisfreie Städte), der Deutsche Städte- und Gemeindebund (= kreisangehörige Städte und Gemeinden) und der Deutsche Landkreistag.

Die Bundes- und Landesverbände sind in der **Bundesvereinigung der kommunalen Spitzenverbände** zusammengefasst.

Neben den Spitzenverbänden gibt es auch **kommunale Fachverbände** für spezielle Beratungsaufgaben wie z. B. die Kommunale Gemeinschaftsstelle für Verwaltungsvereinfachung in Köln (KGSt).

Auf **internationaler Ebene** sind zu erwähnen:
- die Weltunion der Kommunen „United Cities and Local Governments" (UCLG – der neue Weltverband ist das Ergebnis der im Mai 2004 in Paris stattgefundenen Fusion von drei kommunalen Weltverbänden, dem Internationalen Städte- und Gemeindebund IULA, dem Weltverband der Partnerstädte UTO und dem Weltverband der Millionenstädte Metropolis. Ziel dieses kommunalen Weltverbandes ist, kommunale Interessen zu bündeln und vor allem gegenüber den Vereinten Nationen mit einer Stimme aufzutreten.);
- den Rat der Gemeinden und Regionen Europas (RGRE – er ist unter dem Dach der EU in nationale Sektionen aufgegliedert);
- die Europäische Kommunalkonferenz (KGRE – ständige Konferenz der Gemeinden und Regionen Europas – ein im Jahr 1957 vom Europarat eingerichtetes Beratungsgremium);
- den Beratenden Ausschuss der regionalen und lokalen Gebietskörperschaften der EU gemäß Art. 198 der Maastrichter Novelle von 1992 zu den Römischen Verträgen;
- Ausschuss der Regionen (Vertrag von Nizza) Art. 263 EGV, 24 Vertreter aus der Bundesrepublik Deutschland, von denen 21 durch die Bundesländer und drei auf Vorschlag der kommunalen Spitzenverbände bestimmt werden.

N. Besondere Verwaltungsformen

I. Bezirksverfassung

Mit der Bezirksverfassung ist durch die Einrichtung von Gemeindebezirken (Stadtbezirken) und Bezirksbeiräten die Möglichkeit einer inneren Gliederung der Gemeinde gegeben. Die Schaffung einer örtlichen Verwaltung in den Gemeindebezirken ermöglicht organisatorische **Dekonzentration** der Verwaltung von Einheitsgemeinden. Dadurch soll eine ortsnahe Erfüllung von Aufgaben sichergestellt und ein gewisses örtliches (politisches) Gemeinschaftsleben gefördert werden.

Nach § 64 liegt es im Ermessen der Gemeinde, ob sie mit der Einrichtung von Gemeindebezirken Bezirksbeiräte bildet und örtliche Verwaltungen einrichtet. Ein Gemeindebezirk, der weder Bezirksbeirat noch örtliche Verwaltung hat, wäre jedoch praktisch sinnlos.

Mit dem Gesetz zur Änderung des Kommunalwahlrechts und des Kommunalrechts vom 8.11.1993 (GBl. S. 657) wurde zur Stärkung der Bürgerrechte und um den bestehenden Bezirken in Gemeinden mit mehr als 100 000 Einwohnern ein stärkeres kommunalpolitisches Gewicht zu verschaffen die Möglichkeit eingeräumt, durch die Hauptsatzung zu regeln, dass die Bezirksbeiräte direkt von den Bürgern gewählt werden. Auch Entscheidungsbefugnisse können den Bezirksbeiräten übertragen werden. Der hierdurch veränderten Bedeutung der Bezirksbeiräte ist durch die Bestellung eines Bezirksvorstehers Rechnung getragen, dessen Stellung derjenigen des Ortsvorstehers entspricht.

1. Bildung

Die Einrichtung der Bezirksverfassung erfolgt durch die Hauptsatzung (§ 64). **Gemeindebezirke** (Stadtbezirke) können eingerichtet werden
- in Gemeinden mit mehr als 100 000 Einwohnern,
- in Gemeinden mit räumlich getrennten Ortsteilen, wobei es möglich ist, mehrere benachbarte Ortsteile zu einem Gemeindebezirk zusammenzufassen.

2. Örtliche Verwaltung

In den Gemeindebezirken kann eine örtliche Verwaltung eingerichtet werden (§ 64 Abs. 3).
Die örtliche Verwaltung ist eine Geschäftsstelle oder Außenstelle der Gemeindeverwaltung. Zuständig für ihre Einrichtung und Aufhebung ist der Bürgermeister im Rahmen seines Organisationsrechts. Die GemO lässt freie Hand in der Ausgestaltung der örtlichen Verwaltung und in der Übertragung von Zuständigkeiten auf sie. Die uneingeschränkte Weisungsbefugnis des Bürgermeisters bleibt bestehen. Daher handelt es sich nur um eine Dekonzentration, nicht um eine Dezentralisation der Gemeindeverwaltung.
Wenn in Gemeinden mit mehr als 100 000 Einwohnern in der Hauptsatzung geregelt ist, dass die Bezirksbeiräte von den Bürgern gewählt werden mit der Folge, dass auch ein Bezirksvorsteher gewählt werden muss, ist dieser kraft Gesetzes Leiter der örtlichen Verwaltung. Ebenso obliegt ihm die Organisation

der örtlichen Verwaltung. Als Vertreter des Bürgermeisters ist er jedoch weisungsgebunden (§ 65 Abs. 4 i. V. m. § 71 Abs. 3). Ist keine örtliche Verwaltung eingerichtet, muss sich der Bezirksvorsteher beim Vollzug der Beschlüsse des Bezirksbeirats der zentralen Gemeindeverwaltung bedienen.

3. Bezirksbeiräte

354 In den Gemeindebezirken können Bezirksbeiräte gebildet werden (§§ 64 Abs. 2, 65).

Die Mitglieder des Bezirksbeirats (Bezirksbeiräte) werden – soweit die Hauptsatzung keine Direktwahl vorsieht – vom Gemeinderat zu dieser ehrenamtlichen Mitwirkung (§ 15) bestellt, also nicht unmittelbar von den Bürgern gewählt. Ihre Zahl wird durch die Hauptsatzung festgelegt. Die Bestellung erfolgt aus dem Kreis der im Gemeindebezirk wohnenden wählbaren Bürger. Sie ist nach jeder regelmäßigen Wahl der Gemeinderäte neu durchzuführen. Dabei soll das bei der Gemeinderatswahl im Gemeindebezirk von den im Gemeinderat vertretenen Parteien und Wählervereinigungen erzielte Wahlergebnis berücksichtigt werden. Eine Abweichung von den Mehrheitsverhältnissen im Gemeinderat ist daher möglich. Bei unechter Teilortswahl ist das Wahlergebnis für die Besetzung aller Wohnbezirke zugrunde zu legen. Im Übrigen schreibt die GemO keinen bestimmten Wahlmodus vor. In den Bezirksbeirat können durch den Gemeinderat sachkundige Einwohner widerruflich als beratende Mitglieder berufen werden; ihre Zahl darf die der Mitglieder in dem Bezirksbeirat nicht erreichen; sie sind ehrenamtlich tätig.

Wenn die Hauptsatzung eine Direktwahl der Bezirksbeiräte zulässt, gelten die Vorschriften über die Wahl der Ortschaftsräte entsprechend. Die Bezirksbeiräte werden dann von den im Stadtbezirk wohnenden Bürgern nach den Bestimmungen über die Gemeinderatswahl (GemO, KomWG, KomWO) gewählt.

Den **Vorsitz** im Bezirksbeirat führt – soweit kein Bezirksvorsteher bestellt ist – der Bürgermeister oder ein von ihm Beauftragter (z. B. Beigeordneter, Gemeinderat, Gemeindebediensteter – insbesondere der Leiter der örtlichen Verwaltung). Der Geschäftsgang richtet sich nach den Bestimmungen über beratende Ausschüsse (§ 41). Die Sitzungen sind daher in der Regel wegen § 41 Abs. 3 i. V. m. § 39 Abs. 5 Satz 2 nichtöffentlich.

Es müssen innerhalb eines Jahres mindestens drei Sitzungen durchgeführt werden (§ 65 Abs. 3).

In Stadtbezirken mit einem Bezirksvorsteher ist dieser Vorsitzender des Bezirksbeirats, nicht der Bürgermeister (§ 65 Abs. 4 i.V m. § 69 Abs. 3). Der Bürgermeister hat aber das Recht, an den Verhandlungen des Bezirksbeirats mit beratender Stimme teilzunehmen (§ 65 Abs. 4 i. V. m. § 69 Abs. 4 Satz 1). Der Bezirksbeirat kann – wenn seine Mitglieder unmittelbar durch die Bevölkerung gewählt wurden – neben sachkundigen Einwohnern aus dem Stadtbezirk auch Sachverständige zu seinen Verhandlungen zuziehen, ferner kann er beschließende und beratende **Ausschüsse** bilden (§ 65 Abs. 4 i. V. m. § 33 Abs. 3, § 72, § 39 Abs. 1 Satz 2 sowie §§ 40 und 41)

4. Aufgaben

In Gemeinden, in denen die Bezirksbeiräte nicht von der Bevölkerung gewählt werden, hat der Bezirksbeirat lediglich **beratende Funktion**. Ihm können durch die Hauptsatzung keine Beschlusszuständigkeiten übertragen werden. Insoweit ist hier nur eine verhältnismäßig bescheidene Form örtlicher Mitwirkung vorgesehen.

Der Bezirksbeirat übt seine beratende Tätigkeit insbesondere gegenüber dem Gemeinderat und dem Bürgermeister aus. Er ist zu **wichtigen Angelegenheiten, die den Gemeindebezirk betreffen, zu hören** (VGH BW EKBW GemO § 27 E 8). Im Übrigen hat er die Aufgabe, die örtliche Verwaltung des Gemeindebezirks in allen Angelegenheiten von Bedeutung zu beraten. Daneben hat der Bezirksbeirat das Recht, einen Vertreter in einen Ausschuss des Gemeinderats zur beratenden Mitwirkung zu entsenden, wenn wichtige Angelegenheiten des Gemeindebezirks behandelt werden (§ 65 Abs. 2).

Mit der Einführung der Direktwahl der Bezirksbeiräte kann der Gemeinderat dem Bezirksbeirat in der Hauptsatzung (§ 65 Abs. 4 i. V. m. § 70 Abs. 2) bestimmte Angelegenheiten, die ausschließlich den Stadtbezirk betreffen, zur Entscheidung übertragen. Die bei der Ortschaftsverfassung bestehenden Grenzen für die Übertragung von Entscheidungskompetenzen sind auch hier zu beachten. Um dies besonders zu betonen, ist in § 65 Abs. 4 ausdrücklich erklärt, dass die Entscheidung über den Haushaltsplan dem Gemeinderat vorbehalten bleibt, obwohl sich dies bereits aus § 65 Abs. 4 i. V. m. § 70 Abs. 2 Satz 2 und § 39 Abs. 2 Nr. 14 ergibt.

5. Bezirksvorsteher

Grundsätzlich ist bei Einführung der Bezirksverfassung die Wahl eines Bezirksvorstehers nicht möglich (§ 64). Wenn jedoch eine Gemeinde mit mehr als 100 000 Einwohnern durch die Hauptsatzung die Direktwahl der Bezirksbeiräte eingeführt hat, ist die Bestellung eines Bezirksvorstehers zwingend vorgeschrieben. Soweit die GemO keine Sonderregelung trifft, gelten dabei die Bestimmungen über den Bürgermeister sinngemäß (§ 65 Abs. 4 i. V. m. § 72). Hinsichtlich des Bezirksvorstehers gibt es **zwei Alternativen:** Der Bezirksvorsteher wird vom Gemeinderat auf Vorschlag des Bezirksbeirats gewählt (§ 65 Abs. 4 i. V. m. § 71 Abs. 1). Er muss im Stadtbezirk wohnen, unabhängig davon, ob er aus der Mitte des Bezirksbeirats oder aus dem Kreis der Bürger des Bezirks gewählt wird. Er wird zum **Ehrenbeamten** auf Zeit ernannt (§ 65 Abs. 4 i. V. m. § 71 Abs. 1 Satz 3). Die regelmäßige Amtszeit beträgt entsprechend der Amtszeit der Bezirksbeiräte fünf Jahre.

Für Stadtbezirke mit örtlicher Verwaltung kann die Hauptsatzung bestimmen, dass im Einvernehmen mit dem Bezirksbeirat vom Gemeinderat ein **Gemeindebeamter** für die Dauer der Amtszeit der Bezirksbeiräte zum Bezirksvorsteher bestellt wird (§ 65 Abs. 4 i. V. m. § 71 Abs. 2). Der Bezirksvorsteher ist Vorsitzender des Bezirksbeirats mit Stimmrecht, wenn er aus der Mitte des Bezirksbeirats gewählt wurde. Er vertritt den Bürgermeister, in Gemeinden mit Beigeordneten auch diesen ständig beim Vollzug der Beschlüsse des Bezirksbeirats und bei der Leitung der örtlichen Verwaltung.

Der Bürgermeister kann dem Bezirksvorsteher im Wege des § 53 weitere **Aufgaben** übertragen.
Der Bezirksvorsteher kann an den Sitzungen des Gemeinderats und seiner Ausschüsse mit beratender Stimme teilnehmen (§ 65 Abs. 4 i. V. m. § 71 Abs. 2).
Im Übrigen gelten die Vorschriften über den Ortsvorsteher für den Bezirksvorsteher entsprechend.

6. Aufhebung

357 Die Aufhebung der Bezirksverfassung ist durch Änderung der Hauptsatzung zur nächsten regelmäßigen Wahl der Gemeinderäte möglich. Wurde die Bezirksverfassung im Zusammenhang mit einer Gebietsänderung aufgrund einer Vereinbarung nach § 8 Abs. 2 und § 9 Abs. 4 für eine bestimmte Zeit eingeführt und wurde die Befristung nicht in die Hauptsatzung übernommen, bedarf die Aufhebung einer Änderung der Hauptsatzung.
Wurde im Zusammenhang mit einer Gebietsänderung (§ 8 Abs. 2 und § 9 Abs. 4) die Bezirksverfassung auf unbestimmte Zeit eingeführt, ist für die Satzungsänderung die Zustimmung des Bezirksbeirats erforderlich (Mehrheit der Stimmen aller Mitglieder). Außerdem kann die Aufhebung frühestens zur übernächsten regelmäßigen Gemeinderatswahl nach der Einführung der Bezirksverfassung erfolgen (§ 65 Abs. 4 i. V. m. § 73).

II. Ortschaftsverfassung

358 Die Ortschaftsverfassung wurde im Jahr 1970 durch das Zweite Gesetz zur Stärkung der Verwaltungskraft der Gemeinden vom 28.7.1970 (GBl. S. 419) in die GemO eingefügt.
Sie sollte eine stärkere Berücksichtigung und Beteiligung der Ortschaft bei der Verwaltung der besonderen örtlichen Angelegenheiten und damit eine **bürgernähere Verwaltung** ermöglichen. Dabei wurde insbesondere das Ziel verfolgt, Gemeinden, die im Zuge der Gemeindereform ihre Selbstständigkeit verlieren würden, weiterhin die Möglichkeit zu geben, die nur sie berührenden örtlichen Angelegenheiten durch Organe der Ortschaft (Ortschaftsrat, Ortsvorsteher) in bürgerschaftlicher Selbstverwaltung zu regeln. Für das drohende *Selbstverwaltungsdefizit* sollte damit ein Ausgleich geschaffen werden.
Wesentliches Merkmal der Ortschaftsverfassung ist, dass die Organisationsform der Einheitsgemeinde erhalten bleibt. Die Ortschaften haben keine Rechtspersönlichkeit. Dennoch können ihnen eigene Entscheidungsbefugnisse in örtlichen Angelegenheiten übertragen werden. Hierin liegt, neben dem Vorhandensein eines vom Volk gewählten Vertretungsorgans, der bedeutende Unterschied zur Bezirksverfassung.

1. Bildung

359 Die Einführung der Ortschaftsverfassung ist in allen Gemeinden mit räumlich getrennten Ortsteilen möglich (§ 67).
Sie ist also nicht beschränkt auf Gemeinden, die im Zuge von Reformmaßnahmen zusammengeschlossen oder eingemeindet werden.

Die Einrichtung von Ortschaften erfolgt durch Hauptsatzung (§ 68 Abs. 1). Mehrere benachbarte Ortsteile können zu einer Ortschaft zusammengefasst werden.
Eine Regelung in der Hauptsatzung ist auch dann notwendig, wenn die Ortschaftsverfassung durch einen Bürgerentscheid beschlossen oder in einer Eingemeindungsvereinbarung nach §§ 8 und 9 festgelegt wird.
Mit der Einführung der Ortschaftsverfassung entsteht die gesetzliche Verpflichtung, einen Ortschaftsrat zu bilden (§ 68 Abs. 2) und einen Ortsvorsteher zu bestellen (§ 68 Abs. 3). Die Einrichtung einer örtlichen Verwaltung ist dagegen freigestellt (§ 68 Abs. 4).

2. Örtliche Verwaltung

Die örtliche Verwaltung stellt (wie bei der Bezirksverfassung) eine Außenstelle der Gemeindeverwaltung dar, in die sie integriert bleibt. In der Ausgestaltung und Zuweisung örtlich abzuwickelnder Verwaltungsgeschäfte ist die Gemeinde nach der GemO frei. Diese Entscheidung sowie die über die Einrichtung und Aufhebung einer örtlichen Verwaltung obliegt dem Bürgermeister im Rahmen seines Organisationsrechts nach § 44 Abs. 1 Satz 2 (nach Anhörung des Ortschaftsrats). Zur Leitung der örtlichen Verwaltung ist allerdings der Ortsvorsteher kraft Gesetzes berufen. Ebenso obliegt ihm die Organisation der örtlichen Verwaltung. Als Vertreter des Bürgermeisters ist er jedoch weisungsgebunden (§ 71 Abs. 3). Ist eine örtliche Verwaltung nicht eingerichtet, wird sich der Ortsvorsteher beim Vollzug der Beschlüsse des Ortschaftsrats der zentralen Gemeindeverwaltung bedienen.

3. Ortschaftsrat

Der Ortschaftsrat ist als Organ in der Ortschaft obligatorisch. Er ist unmittelbar gewählte Vertretungskörperschaft und Beschlussorgan für die durch GemO und Hauptsatzung festgelegten Zuständigkeiten. Soweit in den §§ 67 bis 70 nichts anderes bestimmt ist, finden die Vorschriften der GemO über den Gemeinderat – mit Ausnahme des Ältestenrats (§ 33a) – entsprechende Anwendung (§ 72). Die Mitglieder des Ortschaftsrats (**Ortschaftsräte**), die in der Ortschaft wohnen müssen und deren Zahl durch die Hauptsatzung bestimmt wird, werden von den in der Ortschaft wohnenden Bürgern nach den Bestimmungen über die Gemeinderatswahl (GemO, KomWG, KomWO) **gewählt**. Wahlgebiet ist die Ortschaft.

Wenn die Ortschaft aus mehreren räumlich getrennten Ortsteilen besteht, ist auch bei der Wahl der Ortschaftsräte die *unechte Teilortswahl* zulässig (§ 72 i.V m. § 27 Abs. 2).

Die Hinderungsgründe des § 29 Abs. 2 und 3 betreffen die Beziehungen der Ortschaftsräte nur untereinander, nicht dagegen zu den Gemeinderäten. § 29 Abs. 4 findet auch auf Ortschaftsräte Anwendung, die in einem ein Hindernis begründenden Verhältnis zum Ortsvorsteher, dem Bürgermeister oder einem Beigeordneten stehen.
Wenn im Laufe der Amtszeit ein solches Verhältnis zum ehrenamtlichen Ortsvorsteher (§ 71 Abs. 1) entsteht, gilt auch hier § 29 Abs. 4 Satz 2 entsprechend.

Auch wenn der Ortsvorsteher zugleich Ortschaftsrat ist, geht in diesem Fall der Vorschrift des § 31 Abs. 1 Satz 2 die Bestimmung des § 29 Abs. 4 Satz 2 vor; d. h. derjenige Ortschaftsrat, der nicht Ortsvorsteher ist, muss ausscheiden.

363 Die Wahl findet grundsätzlich gleichzeitig mit der Gemeinderatswahl statt. Auf diese Weise deckt sich die Amtsdauer von Gemeinde- und Ortschaftsräten. Bei der Neueinrichtung einer Ortschaft während der laufenden Amtszeit des Gemeinderats werden die Ortschaftsräte erstmals nach Einrichtung der Ortschaft für die Dauer der restlichen Amtszeit der Gemeinderäte gewählt. Im Falle einer Eingemeindung kann in der Hauptsatzung bestimmt werden, dass zunächst die bisherigen Gemeinderäte der eingegliederten Gemeinde die Ortschaftsräte sind (§ 69 Abs. 1).

Die Ortschaftsräte sind ehrenamtlich tätig (§ 15 Abs. 1). Es ist möglich, gleichzeitig Mitglied des Gemeinderats und des Ortschaftsrats zu sein.

Der Ortschaftsrat kann gemäß §§ 72, 33 Abs. 3 **sachkundige Einwohner** aus der Ortschaft und Sachverständige zu seinen Verhandlungen zuziehen. Gemeinderäte, die in der Ortschaft wohnen, aber nicht Ortschaftsräte sind, können an den Sitzungen des Ortschaftsrats mit beratender Stimme teilnehmen. Das gleiche Recht haben Gemeinderäte, die im Falle der unechten Teilortswahl für einen Wohnbezirk gewählt wurden, der aus mehreren Ortschaften besteht, in den Sitzungen aller Ortschaftsräte im Wohnbezirk (§ 69 Abs. 4 Satz 2 und 3). Ein Antragsrecht haben sie nicht.

364 **Vorsitzender** des Ortschaftsrats ist der Ortsvorsteher, nicht der Bürgermeister (§ 69 Abs. 3). Der Bürgermeister hat jedoch das Recht, jederzeit an den Verhandlungen des Ortschaftsrats teilzunehmen. Auf Verlangen ist ihm das Wort zu erteilen (§ 69 Abs. 4 Satz 1). Stimmrecht hat er jedoch nicht. Auch der Ortschaftsrat kann beschließende und beratende **Ausschüsse** bilden (§ 72 i. V. m. § 39 Abs. 1 Satz 2 sowie §§ 40 und 41).

4. Aufgaben des Ortschaftsrats

365 Der Ortschaftsrat selbst ist kein Ausschuss des Gemeinderats. Seine Aufgabe ist es zunächst, die örtliche Verwaltung zu **beraten** (§ 70 Abs. 1 Satz 1). Dabei wendet er sich an den Ortsvorsteher als Verwaltungsleiter.
Bei wichtigen Angelegenheiten, die die Ortschaft betreffen, ist der Ortschaftsrat vom Gemeinderat und Bürgermeister **zu hören** (§ 70 Abs. 1 Satz 2). Gegenstand der Anhörung sind die wichtigen Angelegenheiten, die die Ortschaft betreffen. Das sind alle die Angelegenheiten, die erhebliche Auswirkungen auf das örtliche Gemeinschaftsleben haben und für den Bereich der Ortschaft von besonderer Bedeutung sind. Es genügt nicht, dass die Entscheidung einer bestimmten Angelegenheit auch Auswirkungen auf die Ortschaft hat, denn dies ist bei fast allen Entscheidungen der Fall. Vielmehr muss eine ganz konkrete, die Belange der Ortschaft in spezieller Weise berührende Auswirkung festzustellen sein. Der Umstand, dass eine Angelegenheit für die gesamte Gemeinde von besonderer Bedeutung ist, schließt nicht aus, sie zugleich als eine einzelne Ortsteile betref-

fende wichtige Angelegenheit i. S. des § 70 Abs. 1 Satz 2 zu bewerten (VGH BW BWVPr. 1981, 268 = EKBW GemO § 70 E 1).

Beispiele:
- Änderung der Hauptsatzung, durch die die Ortschaft unmittelbar berührt wird, z. B. Neuverteilung der Sitze im Gemeinderat im Rahmen der unechten Teilortswahl (VGH BW BWVPr. 1981, 268 = EKBW GemO § 70 E 1),
- Veranschlagung der Haushaltsmittel für wichtige Maßnahmen in der Ortschaft,
- Ausgestaltung, wesentliche Änderung, Aufhebung der örtlichen Verwaltung,
- Aufstellung, wesentliche Änderung, Aufhebung von Bauleitplänen im räumlichen Bereich der Ortschaft (EKBW GemO § 70 E 4).

Der Kreis der Anhörungsgegenstände kann durch die zuständigen Gemeindeorgane über den gesetzlichen Rahmen hinaus erweitert werden. Das Anhörungsrecht ist zwingend. Das zuständige Gemeindeorgan muss sich mit der Stellungnahme des Ortschaftsrats auseinandersetzen, aber nicht in seinem Sinne entscheiden. Das Unterlassen der Anhörung stellt einen wesentlichen Verfahrensfehler dar, der einen vom Gemeinderat gefassten Beschluss rechtswidrig macht (VGH BW BWVPr. 1981, 268 = EKBW GemO § 70 E 1).

In allen Angelegenheiten der Ortschaft hat der Ortschaftsrat gegenüber der Gemeinde ein **Vorschlagsrecht** (§ 70 Abs. 1). Dabei sind diese Vorschläge wie Stellungnahmen des Ortschaftsrats bei der Anhörung zu behandeln. Weitere sondergesetzliche **Mitwirkungsrechte** des Ortschaftsrats ergeben sich z. B. aus § 20 (Bürgerversammlung für die Ortschaft), § 71 Abs. 1 (Vorschlagsrecht bei Wahlen des Ortsvorstehers) und § 73 (Zustimmung zur Aufhebung der Ortschaftsverfassung).

Die GemO enthält daneben die Ermächtigung, durch die Hauptsatzung dem Ortschaftsrat bestimmte, ausschließlich die Ortschaft betreffende Angelegenheiten zur Entscheidung zu übertragen (§ 70 Abs. 2). Dadurch gewinnt der Ortschaftsrat **echte Beschlusszuständigkeiten**. Ob und in welchem Umfang diese Übertragung erfolgt, steht den Gemeinden nach dem Gesetz grundsätzlich frei.

Grenzen:
- Die Entscheidungsbefugnis muss auf Angelegenheiten der Ortschaft begrenzt bleiben. Eine Übertragung der planungsrechtlichen Einvernehmenserklärung i. S. des BauGB auf den Ortschaftsrat ist (auch wenn deren Auswirkung nicht über die Ortschaft hinausgeht) unzulässig, da die Verantwortung für eine geordnete städtebauliche Entwicklung kraft Natur der Sache der Gesamtgemeinde obliegt (VGH BW VB1BW 1984, 115 = EKBW GemO § 70 E 2).
- Der Ausschluss eines ehrenamtlich Tätigen aus der Freiwilligen Feuerwehr ist keine (nur) die Ortschaft betreffende Angelegenheit (VGH BW VBlBW 2000, 321 = EKBW GemO § 70 E 5).
- Vorlage- oder genehmigungspflichtige Beschlüsse können wegen ihrer besonderen Bedeutung nicht übertragen werden (§ 70 Abs. 2 Satz 2).
- Nicht übertragbar sind gemäß § 70 Abs. 2 Satz 2 Angelegenheiten, die gemäß § 39 Abs. 2 nicht auf beschließende Ausschüsse übertragen werden können.
- Angelegenheiten aus dem gesetzlichen Zuständigkeitsbereich des Bürgermeisters nach § 44 können ebenfalls nicht übertragen werden.

Da der Ortschaftsrat ein selbstständiges, aus unmittelbarer Wahl hervorgegangenes Vertretungsorgan ist, kann der Gemeinderat sich in der Hauptsatzung nicht das Recht vorbehalten, allgemein oder in Einzelfällen Weisungen zu erteilen oder Angelegenheiten an sich zu ziehen.

5. Ortsvorsteher

368 In jeder Ortschaft muss ein Ortsvorsteher bestellt werden. Die Bestimmungen über den Bürgermeister gelten sinngemäß, soweit die GemO keine Sonderregelung trifft (§ 72).

Hinsichtlich der Bestellung des Ortsvorstehers gibt es **drei Alternativen:**

369
- Der Ortsvorsteher sowie ein oder mehrere Stellvertreter werden nach jeder Wahl der Ortschaftsräte vom Gemeinderat auf Vorschlag des Ortschaftsrats aus dem Kreis der zum Ortschaftsrat wählbaren Bürger, die Stellvertreter aus der Mitte des Ortschaftsrats gewählt.
- Der Gemeinderat kann mit einer Mehrheit von zwei Dritteln der Stimmen aller Mitglieder beschließen, dass weitere Bewerber aus der Mitte des Ortschaftsrats in die Wahl einbezogen werden. In diesem Fall ist der Ortschaftsrat vor der Wahl anzuhören (§ 71 Abs. 1). Die Wahl eines Mitglieds des Ortschaftsrats zum Ortsvorsteher ist grundsätzlich auch ohne das Einverständnis des Betroffenen möglich, da nach § 15 Abs. 1 die Pflicht besteht, eine ehrenamtliche Tätigkeit in der Gemeinde anzunehmen und auszuüben (VG Stuttgart Fundstelle 2003 Rdnr. 340). Die Übernahme des Amts, die die beamtenrechtliche Ernennung (= mitwirkungsbedürftiger Verwaltungsakt) voraussetzt, kann allerdings gegen den Willen des Gewählten nicht erzwungen werden.
- Nach § 71 Abs. 2 können auch Beschäftigte der Gemeinde zum Ortsvorsteher bestellt werden, wenn in der Ortschaft eine Ortsverwaltung eingerichtet ist.

Bis zur Ernennung des gewählten Ortsvorstehers nimmt das an Lebensjahren älteste Mitglied des Ortschaftsrats die Aufgaben des Ortsvorstehers wahr, wenn nicht der Ortsvorsteher nach Freiwerden seiner Stelle die Geschäfte in entsprechender Anwendung des § 42 Abs. 5 weiterführt.

Nach Ablauf der Amtszeit des Ortsvorstehers und Nicht-Wiederwahl ist das älteste Ortschaftsratsmitglied zur Wahrnehmung der Amtsgeschäfte des Ortsvorstehers verpflichtet (VG Stuttgart Fundstelle 2003 Rdnr. 339).

Der Ortsvorsteher wird zum **Ehrenbeamten** auf Zeit ernannt (§ 71 Abs. 1 Satz 3). Die regelmäßige Amtszeit beträgt entsprechend der Amtszeit der Ortschaftsräte fünf Jahre.

Als Ehrenbeamter steht dem Ortsvorsteher eine Entschädigung nach § 19 zu. Durch Satzung kann eine Aufwandsentschädigung in einem Vomhundertsatz der Aufwandsentschädigung eines ehrenamtlichen Bürgermeisters festgesetzt werden (§ 19 Abs. 3 i. V. m. § 9 des Aufwandsentschädigungsgesetzes).

Der ehrenamtliche Ortsvorsteher kann Mitglied des Gemeinderats sein. Das Ehrenbeamtenverhältnis stellt keinen Hinderungsgrund i. S. von § 29 Abs. 1 Nr. 1a dar.

370 Werden bei der Neubildung einer Gemeinde oder bei einer Eingemeindung Ortschaften mit örtlicher Verwaltung eingerichtet, kann die Vereinbarung über diese Gebietsänderung bestimmen, dass der **bisherige Bürgermeister** bis zum Ablauf seiner Amtszeit Ortsvorsteher wird. Danach kann er nach § 71 erneut zum Ortsvorsteher (unter Wahrung seines Besitzstandes) gewählt werden. Diese Ortsvorsteher sind haupt- oder ehrenamtliche Beamte auf Zeit.

371 Für Ortschaften mit örtlicher Verwaltung kann die Hauptsatzung bestimmen, dass im Einvernehmen mit dem Ortschaftsrat vom Gemeinderat ein **Gemeindebeamter** für die Dauer der Amtszeit der Ortschaftsräte zum Ortsvorsteher bestellt wird (§ 71 Abs. 2). Das Einvernehmen des Bürgermeisters nach § 24 Abs. 2 ist nicht erforderlich.

6. Aufgaben des Ortsvorstehers

372 Der Ortsvorsteher ist **Vorsitzender des Ortschaftsrats** (§ 69 Abs. 3). Als Vorsitzender des Ortschaftsrats hat nur der Ortsvorsteher Stimmrecht, der zugleich Ortschaftsrat oder früherer Bürgermeister ist und damit wie die anderen Mitglieder des Beschlussgremiums durch eine Volkswahl unmittelbar demokratisch legitimiert ist. Kein Stimmrecht hat der Ortsvorsteher i. S. des § 71 Abs. 1, der aus dem Kreis der zum Ortschaftsrat wählbaren Bürger gewählt ist, ohne zugleich Ortschaftsrat zu sein, und der Ortsvorsteher i. S. von § 71 Abs. 2 (Gemeindebeamter – § 72 Satz 2).

373 Der Ortsvorsteher ist **ständiger Stellvertreter des Bürgermeisters,** in Gemeinden mit Beigeordneten auch der Beigeordneten, beim Vollzug der Beschlüsse des Ortschaftsrats und bei der Leitung der örtlichen Verwaltung. Soweit er diese vertritt, können ihm Bürgermeister und Beigeordnete allgemein oder im Einzelfall Weisungen erteilen (§ 71 Abs. 3).

In seiner Eigenschaft als Vorsitzender des Ortschaftsrats unterliegt der Ortsvorsteher nur hinsichtlich der Widerspruchsbefugnis und dem Eilentscheidungsrecht den Weisungen des Bürgermeisters.

Der Ortsvorsteher hat die Rechtsstellung wie ein Beigeordneter innerhalb seines Geschäftskreises.
Aufgrund der Einheit der Gemeindeverwaltung kann der Ortsvorsteher keine eigene Vollzugszuständigkeit haben. Der Vollzug der Beschlüsse des Ortschaftsrats wäre also grundsätzlich Sache des Bürgermeisters (Gemeindeverwaltung). Deshalb bestimmt die GemO, dass der Ortsvorsteher im Rahmen seiner Zuständigkeit den Bürgermeister vertritt, er also insoweit seine Befugnisse vom Bürgermeister ableitet (§ 71 Abs. 3).
Der Bürgermeister kann dem Ortsvorsteher im Wege des § 53 auch Sachentscheidungsbefugnisse übertragen.

Der Ortsvorsteher kann an den **Sitzungen des Gemeinderats** und seiner Ausschüsse **mit beratender Stimme** teilnehmen (§ 71 Abs. 4). Mit dieser Vorschrift sollen die Bindungen zwischen Gemeinde und Ortschaft gefestigt werden.

7. Aufhebung

374 Die Aufhebung der Ortschaftsverfassung ist durch Änderung der Hauptsatzung zur nächsten regelmäßigen Wahl der Gemeinderäte möglich. Wurde die Ortschaftsverfassung im Zusammenhang mit einer Gebietsänderung aufgrund einer Vereinbarung nach § 8 Abs. 2 und § 9 Abs. 4 für eine bestimmte Zeit eingeführt und wurde die Befristung nicht in die Hauptsatzung übernommen, bedarf die Aufhebung einer Änderung der Hauptsatzung.
Wurde im Zusammenhang mit einer Gebietsänderung (§ 8 Abs. 2 und § 9 Abs. 4) die Ortschaftsverfassung auf unbestimmte Zeit eingeführt, ist für die Satzungsänderung die Zustimmung des Ortschaftsrats erforderlich (Mehrheit der Stimmen aller Mitglieder). Außerdem kann die Aufhebung frühestens zur übernächsten regelmäßigen Gemeinderatswahl nach der Einführung der Ortschaftsverfassung erfolgen (§ 73).

O. Aufsicht über die Gemeinde

375 Selbstverwaltung als Vollzug öffentlicher Aufgaben bedingt eine staatliche Aufsicht (Art. 75 Abs. 1 Satz 1 LV). Die Aufsicht des Staates über die Gemeinden ist das notwendige Gegenstück der kommunalen Selbstverwaltung (VGH BW VB1BW 1989, 332 = EKBW GemO § 118 E 1); sie steht im Spannungsverhältnis zwischen der Sicherung einer ordnungsgemäßen Durchführung der von den Gemeinden zu erledigenden Aufgaben und deren Anspruch auf eigenverantwortliche Entscheidung im Rahmen kommunaler Selbstverwaltung. Die Aufsicht ist daher nach § 118 Abs. 3 so auszuüben, dass die Entschlusskraft und die Verantwortungsfreudigkeit der Gemeinde nicht beeinträchtigt werden. Die Aufsichtsbehörde soll nur bei gewichtigen Gründen eingreifen, und nur dann, wenn es im öffentlichen Interesse geboten ist. Sie entscheidet hierüber nach pflichtgemäßem Ermessen (**Opportunitätsprinzip**). Der Grundsatz der Verhältnismäßigkeit ist dabei stets zu beachten. Eine Folge davon ist das Recht und die Pflicht der Aufsichtsbehörde, zunächst und vornehmlich **beratend und betreuend** tätig zu werden. In der Praxis stellt die Beratung – ohne in der GemO ausdrücklich als Mittel der Rechtsaufsicht erwähnt zu sein – den Schwerpunkt aufsichtsbehördlicher Tätigkeit dar. Aber auch hier hat die Aufsichtsbehörde die in § 118 Abs. 3 geforderte Zurückhaltung zu wahren. Die Beratung darf nicht zu einer Einmischung führen, die die freie Entfaltung der Gemeindeorgane hemmt oder gar eine Bevormundung darstellt. Bei der Ausübung der Aufsicht haben die Aufsichtsbehörden die Grundsätze der Landesregierung über die Zusammenarbeit zwischen den Landesbehörden und den kommunalen Selbstverwaltungskörperschaften vom 2.3.1982 (GABl. S. 297) zu beachten. Soweit nicht ausdrücklich etwas anderes bestimmt ist, steht weder einzelnen Gemeindebürgern oder ihren Vereinigungen, noch der Gemeinde selbst, ihren Organen

oder Organteilen ein Anspruch auf Maßnahmen der Kommunalaufsichtsbehörde zu (BVerwG DÖV 1972, 723; OVG Rh.Pf. DÖV 1986, 152).
Zwei Arten der Aufsicht sind zu unterscheiden:
- Rechtsaufsicht und
- Fachaufsicht.

I. Rechtsaufsicht

376 Die Rechtsaufsicht beschränkt sich darauf, die Gesetzmäßigkeit der Verwaltung sicherzustellen. Sie gilt in allen **weisungsfreien Angelegenheiten** (§ 118 Abs. 1).

1. Umfang

377 Dem Inhalt nach handelt es sich um eine reine Rechtskontrolle. Ermessensfehlerhaftes Handeln der Gemeinde wird dabei erfasst. Eine Überprüfung der Zweckmäßigkeit ist im Rahmen der Rechtsaufsicht aber grundsätzlich nicht zulässig.

Ausnahmen lässt Art. 75 Abs. 1 Satz 2 LV über Genehmigungsvorbehalte als Form der Zweckmäßigkeitsaufsicht zu. Die GemO hat hiervon jedoch nur wenig Gebrauch gemacht (vgl. §§ 83 Abs. 2, 86 Abs. 4, 87 Abs. 2 und 4 bis 6, 88 Abs. 2 und 3, 89 Abs. 2, 92 Abs. 3).

Die Beschränkung der Rechtsaufsicht darauf, die Gesetzmäßigkeit der Verwaltung sicherzustellen, hat zur Folge, dass entsprechende aufsichtsbehördliche Maßnahmen nur soweit gehen dürfen, als es erforderlich ist, um dieses Ziel zu erreichen. Die Rechtsaufsichtsbehörde kann daher die Rückgängigmachung von Maßnahmen, die aufgrund gesetzwidriger Anordnungen einer Gemeinde getroffen wurden, nur verlangen, wenn für die Gemeinde ein anderer Weg, z. B. Heilung durch entsprechenden Gemeinderatsbeschluss, zur Beseitigung des Gesetzesverstoßes nicht gegeben ist oder von der Gemeinde offensichtlich nicht begangen wird (VGH BW DÖV 1973, 534 = EKBW GemO § 121 E 3).
Objekt der Rechtsaufsicht ist die gesamte Gemeindeverwaltung einschließlich der Eigenbetriebe und der von der Gemeinde verwalteten Stiftungen. Aus der Pflicht zur ordnungsgemäßen Ausübung der Aufsicht folgt, dass die Rechtsaufsichtsbehörde von Amts wegen tätig wird.

2. Rechtsaufsichtsbehörden

378 Rechtsaufsichtsbehörde ist das Landratsamt als untere Verwaltungsbehörde, für Stadtkreise und Große Kreisstädte das Regierungspräsidium. Für alle Gemeinden ist **obere Rechtsaufsichtsbehörde** das Regierungspräsidium. **Oberste Rechtsaufsichtsbehörde** ist das Innenministerium (§ 119). Die obere und die oberste Rechtsaufsichtsbehörde führen aber keine Aufsichtsmaßnahmen i. S. der §§ 120 bis 124 unmittelbar durch. Ihre Einwirkungsmöglichkeit beschränkt sich auf die Erteilung von Weisungen an die ihnen unterstellten Rechtsaufsichtsbehörden.

3. Mittel der Rechtsaufsicht

379 Neben der allgemeinen Beratung der Gemeinde stehen der Rechtsaufsichtsbehörde folgende förmliche Aufsichtsmittel zur Verfügung:
- das Informationsrecht (§ 120),
- das Beanstandungsrecht (§ 121),
- das Anordnungsrecht (§ 122),
- die Ersatzvornahme (§ 123),
- die Bestellung eines Beauftragten (§ 124).

Alle auf den §§ 121 bis 124 beruhenden Aufsichtsverfügungen sind von der Rechtsaufsichtsbehörde schriftlich mit Begründung und Rechtsmittelbelehrung zu erlassen und der Gemeinde gegen Empfangsbekenntnis zuzustellen (§ 5 Abs. 2 VwZG). Dies gilt nicht für Maßnahmen im Rahmen des Informationsrechts der Rechtsaufsichtsbehörde. Adressat ist die Gemeinde, nicht das einzelne Gemeindeorgan.

380 a) **Informationsrecht.** Das Informationsrecht (§ 120) ist notwendiger Bestandteil jeder Aufsicht. Soweit es zur Erfüllung ihrer Aufgaben erforderlich ist, kann sich die Rechtsaufsichtsbehörde über **einzelne** Angelegenheiten der Gemeinde in geeigneter Weise unterrichten. Das Informationsrecht bezieht sich also auf Einzelfälle aus dem Bereich der weisungsfreien Aufgaben. Die Rechtsaufsichtsbehörde darf sich nicht laufend über alle Entscheidungen und Beschlüsse der Gemeindeorgane unterrichten lassen.
Die Rechtsaufsichtsbehörde darf außerdem Informationen nur verlangen, soweit ein von ihr zu wahrendes öffentliches Interesse dies rechtfertigt. Es ist jedoch nicht Voraussetzung, dass der Verdacht gesetzwidrigen Handelns der Gemeinde besteht. Wie sich die Rechtsaufsichtsbehörde informiert, steht in deren Ermessen. Dies kann z. B. durch Vornahme von Prüfungen und Besichtigungen an Ort und Stelle, Anforderung von Berichten oder Einsicht in Akten geschehen.
Dem Informationsrecht der Rechtsaufsichtsbehörde steht die Informationspflicht der Gemeinde gegenüber. Informationen erhält die Rechtsaufsichtsbehörde auch aufgrund der gesetzlich vorgeschriebenen Anzeige- und Vorlagepflichten sowie Genehmigungsvorbehalte.

381 b) **Beanstandungsrecht.** Das Beanstandungsrecht (§ 121) setzt einen rechtswidrigen Beschluss oder eine rechtswidrige Anordnung der Gemeinde voraus. Beim bloßen Untätigsein kommt ein Einschreiten nach § 122 in Frage. Die Beanstandung stellt zunächst nur die Rüge der Gesetzwidrigkeit dar. Sie hat für den Vollzug aufschiebende Wirkung. Die Rechtsaufsichtsbehörde kann außerdem verlangen, dass derartige Entscheidungen der Gemeinde binnen einer angemessenen Frist aufgehoben werden. Wurden aufgrund rechtswidriger Beschlüsse oder Anordnungen bereits Vollzugsmaßnahmen getroffen, kann ferner bestimmt werden, dass diese rückgängig zu machen sind. Wenn die Gemeinde rechtlich oder tatsächlich nicht mehr in der Lage ist, eine vollzogene Maßnahme rückgängig zu machen (z. B. bei fehlender Widerrufsmöglichkeit eines begünstigenden Verwaltungsakts), kann dies die Rechtsaufsichtsbehörde auch nicht verlangen. So ist keine Beanstandung mehr möglich, wenn ein rechtmäßiger Zustand nicht wieder hergestellt werden kann (Bay VGH, NVwZ – RR 1993,

373). In diesem Fall können allerdings Haftungsfragen entstehen. Trotzdem kann in einem derartigen Fall eine Beanstandung geboten sein, um die Gemeinde auf ihr rechtswidriges Verhalten hinzuweisen (OVG Rh.Pf. VerwRspr. 27, 478, Fundstelle 1974 Rdnr. 928; VGH BW EKBW GemO § 121 E 6). Die Rechtsaufsichtsbehörde kann Beschlüsse oder Anordnungen beanstanden, auch wenn sie früher gegenüber der Gemeinde erklärt hat, sie wolle von einer Beanstandung absehen (VGH BW ESVGH 11, 88 = EKBW GemO § 121 E 2).

c) Anordnungsrecht. Ein Anordnungsrecht (§ 122) steht der Rechtsaufsichtsbehörde zu, wenn die Gemeinde die ihr gesetzlich obliegenden Pflichten nicht erfüllt. In diesem Fall kann, anders als beim Beanstandungsrecht, positiv angeordnet werden, dass die Gemeinde innerhalb angemessener Frist die notwendigen Maßnahmen trifft.

Die Rechtsaufsichtsbehörde kann eine Gemeinde z. B. anweisen, über Widersprüche gegen Erschließungsbeitragsbescheide unter Beachtung ihrer Rechtsauffassung zu entscheiden (VGH BW DÖV 1993, 969 = EKBW GemO § 122 E 3).

Zu den gesetzlichen Verpflichtungen i. S. von § 122 gehören nur öffentlichrechtliche Verpflichtungen der Gemeinde. Privatrechtliche Pflichten können nicht über § 122 durchgesetzt werden.

Die Rechtsaufsichtsbehörde verwirkt ihr Recht auf Erlass einer Anordnung auch dann nicht, wenn sie einen rechtswidrigen Zustand längere Zeit nicht beanstandet hat (VGH BW ESVGH 15, 6 = EKBW GemO § 122 E 1).

d) Ersatzvornahme. Im Wege der Ersatzvornahme (§ 123) kann die Rechtsaufsichtsbehörde für die Gemeinde tätig werden, wenn eine Anordnung nach §§ 120 bis 122 innerhalb einer bestimmten Frist nicht oder nicht vollständig erfüllt worden ist. Die Rechtsaufsichtsbehörde kann in diesem Fall die Anordnung an Stelle und auf Kosten der Gemeinde selbst durchführen (z. B. auch den Erlass einer Satzung – BVerwG DVBl. 1993, 886; VG Sigmaringen EKBW GemO § 4 E 28) oder – soweit die Gemeinde die Maßnahmen durch einen Dritten ausführen lassen könnte – die Durchführung einem Dritten übertragen. In der Regel bedarf es hierzu einer vorherigen schriftlichen Androhung. Eine Pflicht, die Anordnung im Wege der Ersatzvornahme durchzusetzen, besteht nicht.

Bei der Ersatzvornahme wird die Rechtsaufsichtsbehörde beschlussfassend für die Gemeinde tätig. Es handelt sich um einen Fall **gesetzlicher Vertretung.** Die hierbei der Rechtsaufsichtsbehörde entstehenden (ausscheidbaren) Kosten hat die Gemeinde zu tragen. Hierzu gehört jedoch nicht der allgemeine Verwaltungsaufwand der Rechtsaufsichtsbehörde (z. B. Beamtengehälter).

e) Bestellung eines Beauftragten. Die Bestellung eines Beauftragten (§ 124) ist das einschneidendste Mittel der Kommunalaufsicht. Sie ist daher nur bei Vorliegen außergewöhnlicher Verhältnisse zulässig (VG Dresden, Sächs. VBl. 1996, 284). Die Verwaltung muss in erheblichem Umfang nicht den Erfordernissen einer gesetzmäßigen Verwaltung entsprechen. Ferner müssen alle Aufsichtsmittel ausgeschöpft oder die §§ 120 bis 123 zur Wiederherstellung der Gesetzmäßigkeit der Verwaltung unzureichend sein. Der Gemeinde ist eine Maßnahme nach § 124 rechtzeitig vorher anzudrohen.

Der Beauftragte wird nicht für die Gemeinde, sondern für ein Gemeindeorgan oder auch für einen Beschäftigten (z. B. Fachbediensteten für das Finanzwesen) bestellt. Die Bestellung für einen Teil des Gemeinderats ist ebenso wenig möglich wie die Bestellung eines *Ersatzgemeinderats* im Wege der Beauftragung (OVG Saarland DÖV 1967, 794). Auf den Beauftragten gehen diejenigen Zuständigkeiten der Gemeindeorgane über, die in der Aufsichtsverfügung genannt sind. Der Beauftragte erhält insoweit die Stellung eines Organs der Gemeinde und hat damit in der Regel auch die **gesetzliche Vertretungsbefugnis**. Die durch die Beauftragung entstehenden Kosten (persönlicher Aufwand des Beauftragten) fallen der Gemeinde zur Last.

Das durch den Beauftragten ersetzte Gemeindeorgan verliert innerhalb des Aufgabenbereichs das Recht zur Erfüllung seiner bisherigen Aufgaben.

4. Weitere Rechte

385 a) **Mitwirkungsrechte.** Neben diesen Aufsichtsmitteln sind zahlreiche Mitwirkungsrechte der Rechtsaufsichtsbehörde in der GemO vorgesehen. Sie sind in der Regel im Zusammenhang mit dem jeweiligen Sachgebiet aufgeführt.

Beispiele:
- Mitwirkung bei Grenzänderungen (§§ 8 und 9),
- Genehmigung der Haushaltssatzung, soweit §§ 86 Abs. 4, 87 Abs. 2, 89 Abs. 2 vorliegen.

386 b) **Vorlagepflichtige Vorgänge.** Außerdem besteht zur Kontrolle der Gesetzmäßigkeit die gesetzliche Vorlagepflicht für einige wichtige oder rechtlich schwierige Beschlüsse der Gemeinde.

Beispiele:
- Haushaltssatzung (§ 81 Abs. 3)
- Veräußerung von Vermögensgegenständen unter Wert (§ 92 Abs. 3)
- Errichtung, Übernahme, Erweiterung und Veräußerung wirtschaftlicher Unternehmen sowie die Beteiligung daran, Energieverträge (§ 108)
- Beschlüsse über Verträge der Gemeinde mit dem Bürgermeister, Gemeinderäten, Ortschaftsräten, Ortsvorstehern, Bezirksbeiräten und Bezirksvorstehern (§§ 126 Abs. 2, 72, 65 Abs. 4)

Die vorlagepflichtigen Beschlüsse dürfen, obwohl sie in vollem Umfang wirksam (nicht wie bei der Genehmigungspflicht schwebend unwirksam) sind, erst vollzogen werden, wenn die Rechtsaufsichtsbehörde die Gesetzmäßigkeit bestätigt oder den Beschluss nicht innerhalb eines Monats beanstandet hat (§ 121 Abs. 2).

387 c) **Besondere Befugnisse.** Die GemO enthält im Übrigen noch einige besondere Befugnisse der Rechtsaufsichtsbehörde:
- **Ansprüche der Gemeinde gegen Gemeinderäte**, Ortschaftsräte, den Bürgermeister (Ansprüche gegen den *früheren* Bürgermeister sind dagegen vom am-

tierenden Bürgermeister geltend zu machen (VGH BW NVwZ 1983, 482 = EKBW GemO § 126 E 2)), den Ortsvorsteher (VG Karlsruhe, Urteil vom 16.6.2008, 6 K 3670/07), den Bezirksvorsteher (nicht aber die Beigeordneten) werden von der Rechtsaufsichtsbehörde geltend gemacht (§§ 126 Abs. 1, 65 Abs. 4, 72). Die Vorschrift des § 126 Abs. 1 umfasst die Durchsetzung von Ansprüchen aus dem weisungsfreien und dem weisungsgebundenen Bereich. Es ist auch gleichgültig, ob sich der Anspruch aus der Stellung als Gemeinderat oder als Staatsbürger ergibt (VGH BW VB1BW 1989, 27 = EKBW GemO § 126 E 3). Für die Geltendmachung von Kostenerstattungsansprüchen des Bürgermeisters gegen ein Mitglied des Gemeinderats aus einem vorangegangenen Kommunalverfassungsstreitverfahren ist die Zuständigkeit der Rechtsaufsichtsbehörde aber nicht gegeben, weil hier der Anspruch nicht der Gemeinde selbst als Gebietskörperschaft und juristischer Person des öffentlichen Rechts, sondern dem Bürgermeister als Gemeindeorgan zusteht (VGH BW ZKF 2003, 218 = EKBW GemO § 126 E 4).
- Die Einleitung der **Zwangsvollstreckung** gegen eine Gemeinde wegen einer schuldrechtlichen Geldforderung ist von einer Zulassung durch die Rechtsaufsichtsbehörde abhängig (§ 127 Abs. 1).
- Die Rechtsaufsichtsbehörde ist beim Verfahren zur **vorzeitigen Beendigung der Amtszeit eines Bürgermeisters** beteiligt (§ 128).

II. Fachaufsicht

Die Fachaufsicht geht wesentlich weiter als die Rechtsaufsicht. Sie besteht bei den Weisungsaufgaben nach den hierüber erlassenen Gesetzen (§ 118 Abs. 2). Die Unterschiede zwischen den beiden Arten der Aufsicht bestehen sowohl dem Umfang als auch der Behördenzuständigkeit nach.

1. Umfang

Der Umfang der Fachaufsicht ist dadurch gekennzeichnet, dass den Fachaufsichtsbehörden über die Gesetzmäßigkeitskontrolle hinaus im Rahmen des sondergesetzlich eingeräumten Weisungsrechts auch die Befugnis zur Überprüfung der **Zweckmäßigkeit** zusteht. Sie kann hierzu allerdings grundsätzlich nicht die Aufsichtsmittel einsetzen, die von der Rechtsaufsichtsbehörde gewählt werden könnten. Der Fachaufsichtsbehörde steht lediglich das Informationsrecht zu (§ 129 Abs. 2 i. V. m. § 120). Hält sie eines der Aufsichtsmittel gemäß §§ 121 bis 124 für erforderlich, um die ordnungsgemäße Durchführung der Weisungsaufgaben sicherzustellen, ist nur die Rechtsaufsichtsbehörde zuständig, deren sich die Fachaufsichtsbehörde dann insoweit bedienen kann. Über das Informationsrecht hinausgehende Befugnisse können der Fachaufsichtsbehörde jedoch sondergesetzlich eingeräumt werden. Im Umfang des vorbehaltenen Weisungsrechts hat die Fachaufsichtsbehörde jedoch ein Anordnungs- und Beanstandungsrecht, denn das Weisungsrecht bedeutet, dass der Gemeinde eine bestimmte Art der Erledigung vorgeschrieben werden kann.
Für die Fachaufsicht über die Stadtkreise und Großen Kreisstädte als untere Verwaltungsbehörde gilt § 21 LVG.

2. Bundesauftragsangelegenheiten

390 Hinsichtlich der Ausführung von Bundesgesetzen ist das fachaufsichtliche Weisungsrecht in der GemO geregelt:
Nach § 129 Abs. 3 kann die Fachaufsichtsbehörde auch im Einzelfall Weisungen erteilen, wenn ein Bundesgesetz vom Land im Auftrag des Bundes ausgeführt wird (Art. 85 GG) und dabei die Gemeinden vom Land eingeschaltet werden.
Das Weisungsrecht der Fachaufsichtsbehörde ist hierbei unbeschränkt (Ausnahme vom Grundsatz des Art. 75 Abs. 2 LV).
Ist der Bundesregierung mit Zustimmung des Bundesrats die Befugnis erteilt, zur Ausführung von Bundesgesetzen für besondere Fälle Einzelanweisungen zu erteilen (Art. 84 Abs. 5 GG), kann die Fachaufsichtsbehörde auch der Gemeinde insoweit Weisungen erteilen, als dies zum Vollzug von Einzelanweisungen der Bundesregierung erforderlich ist. Ein durch Landesgesetz begründetes weitergehendes Weisungsrecht bleibt unberührt. Weiterhin ist es möglich, ein Weisungsrecht vorzubehalten, wenn der Gemeinde aufgrund eines Bundesgesetzes durch Rechtsverordnung staatliche Aufgaben als Pflichtaufgaben auferlegt werden. In der Rechtsverordnung können der Umfang dieses Weisungsrechts sowie die Zuständigkeit zur Ausübung der Fachaufsicht geregelt werden.
Ausnahme vom Grundsatz, dass hierzu ein förmliches Gesetz notwendig ist (vgl. § 2 Abs. 3).
Schließlich kann durch die Rechtsverordnung bestimmt werden, dass für die Erhebung von **Gebühren** und Auslagen das KAG gilt. Der Gemeinde sind bei der Wahrnehmung von Weisungsaufgaben vom Land diejenigen **Kosten zu erstatten**, die infolge fehlerhafter Weisungen des Landes anfallen (§ 129 Abs. 5).

3. Fachaufsichtsbehörden

391 Die Behördenzuständigkeit ist bei der Fachaufsicht nicht in der GemO geregelt. Sie wird in den für die einzelnen Weisungsaufgaben geltenden Gesetzen bestimmt (§ 129 Abs. 1).

III. Rechtsschutz

1. Maßnahmen der Rechtsaufsicht

392 Alle Maßnahmen der Rechtsaufsicht sind Verwaltungsakte, also nicht nur die Aufsichtsmittel nach §§ 120–124. Die Gemeinde hat daher vollen Rechtsschutz vor den Verwaltungsgerichten. Nach erfolglosem Widerspruch kann sie Anfechtungs- oder Verpflichtungsklage erheben (§ 125). Richtiger Kläger ist die Gemeinde, nicht das Gemeindeorgan, das über die Maßnahme entschieden hat, gegen die sich die rechtsaufsichtliche Verfügung wendet (OVG NRW OVGE 35, 83).

Durch Ausübung der kommunalen Rechtsaufsicht können Amtspflichten der Aufsichtsbehörde gegenüber der beaufsichtigten Gemeinde als einem geschützten Dritten begründet werden. Schutzpflichten der Aufsicht gegenüber der Gemeinde können auch bei begünstigenden Maßnahmen bestehen, also solchen, die von der Gemeinde selbst angestrebt werden, etwa bei der Genehmigung eines von der Gemeinde abgeschlossenen Rechtsgeschäfts. Verletzungen dieser Pflichten können Amts- oder Staatshaftungsansprüche der Gemeinde gegen die Aufsichtsbehörde begründen (BGH NJW 2003, 1318).

2. Formlose Rechtsbehelfe

Daneben stehen der Gemeinde die formlosen Rechtsbehelfe (Gegenvorstellung, Dienstaufsichtsbeschwerde) zu.   **393**

3. Maßnahmen der Fachaufsicht

Gegen Maßnahmen der Fachaufsicht im Rahmen ihres gesetzlichen Weisungsrechts sind förmliche Rechtsbehelfe grundsätzlich nicht gegeben. Fachaufsichtliche Weisungen sind i. d. R. keine Verwaltungsakte gegenüber der Gemeinde (BVerwG NJW 1978, 1820; EKBW GemO § 129 E 5, da es an der Außenwirkung fehlt). Rechtsschutz besteht jedoch dann, wenn die Gemeinde in ihrer eigenen geschützten Rechtsstellung berührt ist (vgl. BayVGH DÖV 1978, 100; BVerwG DÖV 1982, 826). Dies ist z. B. immer dann der Fall, wenn es um das Bestehen oder den Umfang des Weisungsrechts geht.   **394**

Außerdem können fachaufsichtliche Weisungen der Straßenverkehrsbehörden die Planungshoheit der Gemeinde berühren. Der Gemeinde steht gegenüber der Straßenverkehrsbehörde ein Anspruch auf angemessene Berücksichtigung örtlicher Verkehrsplanung z. B. bei der Anordnung einer Tempo-30-Zone zu, den sie gegebenenfalls klageweise geltend machen kann. Das gilt auch, wenn die Gemeinde als untere Straßenverkehrsbehörde durch fachaufsichtliche Weisung an der Einrichtung einer Tempo-30-Zone gehindert wird (VGH BW VBlBW 1994, 191 = EKBW GemO § 129 E 4; BVerwG DÖV1995, 512).

Bedient sich die Fachaufsichtsbehörde nach unbeachtet gebliebener Weisung gemäß § 129 Abs. 3 der Rechtsaufsichtsbehörde, sind deren Maßnahmen nach §§ 121 bis 124 angreifbar. Auch wenn es hier insgesamt um den Bereich der Fachaufsicht geht, handelt es sich dann um Verwaltungsakte der Rechtsaufsichtsbehörden. Widerspruchs- und Anfechtungsrecht bestehen daher unabhängig von der GemO bereits kraft Bundesrechts. Unstreitig ist die Bestellung eines Beauftragten für die Erfüllung von Weisungsaufgaben nach § 125 angreifbar, denn die Schaffung der insoweit erforderlichen Organisation gehört zu den weisungsfreien Aufgaben der Gemeinde.

Dritter Teil: Landkreisrecht

P. Grundlagen des Landkreises

I. Geschichte

1. Württembergischer Raum

395 Im altwürttembergischen Raum gehen die Landkreise auf eine lange Geschichte zurück. Kennzeichnend ist die enge Verbindung zwischen Amtsstadt und dem umliegenden Amtsbezirk. „Stadt und Land" werden im Jahr 1849 erstmals als Zusammenschluss der Stadt mit benachbarten Dörfern zur gemeinsamen Abwehr der Feinde und zum Ausgleich von Kriegslasten genannt. Darüber hinaus bilden sie einen Verwaltungsbezirk und einen Gerichtssprengel. Die Ämter haben auch das Recht der Steuererhebung. Zur Abdeckung ihres eigenen Aufwands konnten sie einen sog. Amtschaden (Vorläufer der Kreisumlage) erheben. Der vom Landesherrn ernannte Vogt stand an der Spitze des Amtes. Er übte die Aufsicht über die Gemeinde- und Amtsverwaltung aus. In der Verfassung von 1819 wurde die Amtskörperschaft garantiert, deren Leiter (seit 1759 hatte er den Titel Oberamtmann) zugleich staatlicher Bezirksbeamter war. Im Jahr 1935 wurde die Bezeichnung Landkreis eingeführt.

2. Badischer Raum

396 Die Entwicklung im badischen Raum verlief anders. Im Jahr 1863 wurden mit den 11 Großkreisen Selbstverwaltungskörperschaften für mehrere staatliche Amtsbezirke geschaffen. Erst im Jahr 1939 wurden Landkreise heutiger Form mit der charakteristischen Identität von staatlichem Verwaltungsbezirk und Gebiet der Selbstverwaltungskörperschaft eingeführt.

3. Entwicklung nach dem 2. Weltkrieg

397 Nach dem 2. Weltkrieg entwickelte sich die Kreisverfassung in der amerikanisch und französisch besetzten Zone unterschiedlich. In der amerikanisch besetzten Zone vollzog sich eine starke Kommunalisierung. In der Kreisordnung von 1946 wurde der bisher staatliche Landrat vom Kreistag gewählter Beamter des Landkreises. In der französischen Zone blieb der Landrat Staatsbeamter.

4. Entwicklung des Landkreisrechts in Baden-Württemberg

398 Diese auseinanderlaufenden Entwicklungen wurden nach Bildung des Bundeslandes Baden-Württemberg mit der am 1.4.1956 in Kraft tretenden Landkreisordnung beendet. Der Landrat wurde im ganzen Land als gewählter Beamter des Landkreises eingeführt, allerdings eine Beteiligung des Landes bei der Vorauswahl festgelegt.
Mit der am 1.1.1973 in Kraft getretenen **Kreisreform** (Gesetz vom 26.7.1971, GBl. S. 314) wurde die Zahl der Landkreise von 65 auf 35 verringert. Die durchschnittliche Einwohnerzahl der Landkreise erhöhte sich dadurch von

112 000 auf 202 000 und die durchschnittliche Fläche von 553 qkm auf 961 qkm. Die innere Kreisverfassung wurde mit der Beseitigung des Kreisrats und der Einführung beschließender Ausschüsse umgestaltet. Weiterhin wurden durch die Funktionalreform Zuständigkeitsverschiebungen zwischen Regierungspräsidien, Landratsamt und Gemeinde mit dem Ziel einer „bürgernahen" Aufgabenerledigung vorgenommen.

Für das heutige Landkreisrecht, das weitgehend mit dem Gemeinderecht übereinstimmt, ist die
- **Landkreisordnung für Baden-Württemberg (LKrO) i. d. F. vom 19.6.1987** (GBl. S. 289), zuletzt geändert durch Gesetz vom 9.11.2010 (GBl. S. 793, 962) maßgebend.

Die Landkreisordnung sieht von den früher üblichen Verweisungen auf die GemO (mit Ausnahme der §§ 26 Abs. 5 und 32 Abs. 4 LKrO) ab, was zu einem besseren Verständnis des Gesetzestextes führt und auch einen Beitrag dazu leistet, das Landkreisrecht aus dem Schatten des Rechtsgebiets Gemeinderecht etwas herauszuheben. Bei den Regelungen über die Wirtschaft des Landkreises und die Aufsicht wird, von wenigen Ausnahmen abgesehen, nach wie vor auf die einschlägigen Bestimmungen des Gemeinderechts (§§ 48 und 51 Abs. 2 LKrO) verwiesen. Die Landkreisordnung wird ergänzt durch die
- **Verordnumg des Innenministeriums zur Durchführung der Landkreisordnung für Baden-Württemberg (DVO LKrO) vom 11.12.2000** (GBl. 2001, S. 5).

II. Begriff, Rechtsstellung

1. Wesen der Landkreise

Die LKrO enthält keine gesetzliche Begriffsbestimmung, sondern definiert in ihrem § 1 das Wesen des Landkreises von seiner Aufgabenstellung her. Der Landkreis fördert das Wohl seiner Einwohner, unterstützt die kreisangehörigen Gemeinden in der Erfüllung ihrer Aufgaben und trägt zu einem gerechten Ausgleich ihrer Lasten bei. Besondere Bedeutung bei den Landkreisaufgaben kommt der *Ausgleichsfunktion* des Landkreises zu. In ihr wird die Verbindung des Landkreises mit seinen kreisangehörigen Gemeinden deutlich. Er nimmt somit übergemeindliche, ergänzende und ausgleichende Aufgaben wahr, wie sie sich aus der Subsidiarität des Landkreises gegenüber den Gemeinden ergeben (§ 2 Abs. 1 LKrO). Die Ausgleichsfunktion erfolgt über die Kreisumlage, die nach Maßgabe der Steuerkraftsumme der kreisangehörigen Gemeinden (vgl. § 35 Abs. 1 FAG) erhoben wird. Daneben lässt die Ausgleichsfunktion aber auch zu, dass der Landkreis aktiv über die Förderung einzelner Vorhaben der Gemeinden (Förderprogramme) die Herstellung einheitlicher Lebensverhältnisse anstrebt (vgl. hierzu BVerwG BWGZ 1997, 462).

2. Gebietskörperschaft

Der Landkreis ist Körperschaft des öffentlichen Rechts (§ 1 Abs. 2 LKrO). Im Gegensatz zu § 1 Abs. 4 GemO wird in der LKrO offen gelassen, ob es sich um eine Personenkörperschaft (Gemeindeverband) oder um eine Gebietskörperschaft handelt. Das Vorhandensein von Kreisgebiet (§ 1 Abs. 4 LKrO) und Kreiseinwohnern (§§ 9 ff. LKrO), seine subsidiäre Allzuständigkeit (§ 2 Abs. 1 LKrO) und die Volkswahl der Kreisräte sprechen für eine Gebietskörperschaft. Lediglich die Kreisumlage ist ein Element des Gemeindeverbands, das aber gegenüber den Merkmalen der Gebietskörperschaft eindeutig zurücktritt. Der Landkreis besitzt Rechtsfähigkeit, Geschäftsfähigkeit, Partei- und Prozessfähigkeit, Deliktsfähigkeit und Dienstherrnfähigkeit nach dem Beamtenrecht.

3. Garantie der Selbstverwaltung

401 Nach Art. 28 Abs. 2 GG und Art. 71 Abs. 1 LV besitzen die Landkreise im Rahmen ihres gesetzlichen Aufgabenbereichs nach Maßgabe der Gesetze das Recht der Selbstverwaltung. Es handelt sich hierbei wie auch bei den Gemeinden um eine institutionelle Garantie und keine Bestandsgarantie jedes einzelnen Landkreises (StGH DÖV 1973, 163 = EKBW LV Art. 74 E 2, BVerfG NVwZ 2008, 183 ff.).

Das Selbstverwaltungsrecht der Landkreise beinhaltet keine unbeschränkte Allzuständigkeit wie sie grundsätzlich den Gemeinden nach § 1 GemO zusteht. Für den Landkreis gilt die sog. *subsidiäre Universalität* (§ 2 Abs. 1 LKrO). Weitere Wesensmerkmale der Selbstverwaltung der Landkreise sind die Autonomie, die eigenverantwortliche Verwaltung, Finanzhoheit, Personalhoheit und Planungshoheit.

Aufgrund des Gesetzesvorbehalts kann das Selbstverwaltungsrecht durch Gesetz eingeschränkt, abgeändert und fortentwickelt werden. Ein übergeordnetes öffentliches Interesse muss die Einschränkung jedoch erforderlich machen, zumindest nach sachgemäßer Abwägung rechtfertigen. In den Wesensgehalt und Kernbestand des Selbstverwaltungsrechts darf aber nicht eingegriffen werden. Bei Verletzung seines Selbstverwaltungsrechts kann der Landkreis die Verfassungsgerichte anrufen:
- Verfassungsbeschwerde beim BVerfG (Art. 93 Abs. 1 Nr. 4 b GG; § 91 BVerfGG),
- Anrufung des StGH (Art. 76 LV; § 8 Gesetz über den StGH).

4. Landratsamt

402 Das Landratsamt ist Behörde des Landkreises und zugleich untere Verwaltungsbehörde (§ 15 LVG). Die Aufgaben des Landratsamts als untere Verwaltungsbehörde sind anders als die Regelungen für die Wahrnehmung dieser Aufgaben durch die Stadtkreise und Großen Kreisstädte staatliche Aufgaben. Deshalb ist das Landratsamt als untere Verwaltungsbehörde Staatsbehörde (§ 1 Abs. 3 LKrO). Man spricht vom Landratsamt von einer *„kombinierten Einheitsbehörde"* (teilweise Kreis-, teilweise Staatsbehörde).

Diese Zusammenfassung zweier Behörden zeigt sich darin, dass der kommunale Landrat auch Leiter der staatlichen unteren Verwaltungsbehörde ist (= *Organleihe*). Im „Gegenzug" vertritt der Erste Landesbeamte den Landrat ebenfalls im Wege der Organleihe als Leiter des „kommunalen" Landratsamts. Der Landrat hat die Organisationshoheit nicht nur über das Landratsamt als Behörde des

Landkreises, sondern auch als staatliche untere Verwaltungsbehörde. Die Beamten können gegenseitig „ausgetauscht" werden (§ 56 LKrO). Das Gebiet des Landkreises ist deshalb auch deckungsgleich mit dem Bezirk der unteren Verwaltungsbehörde (§ 1 Abs. 4 LKrO).

403 Der Landkreis ist verpflichtet, die zur Erfüllung seiner Aufgaben erforderlichen **Bediensteten** einzustellen (§ 46 LKrO). Die für die Aufgaben der unteren Verwaltungsbehörde erforderlichen Beamten des höheren Dienstes werden vom Land, die übrigen Beamten sowie die Angestellten und Arbeiter vom Landkreis gestellt. Diese im Jahr 1988 durch Änderung des § 52 LKrO erfolgte Kommunalisierung der Landesbeamten ist verfassungsgemäß (StGH DÖV 1994, 163 = EKBW LV Art. 71 E 17). Jedem Landratsamt wird mindestens ein Landesbeamter mit der Befähigung zum höheren Verwaltungsdienst oder zum Richteramt zugeteilt (§ 52 Abs. 1 LKrO).

5. Wirkungskreis

404 Der Wirkungskreis des Landkreises ist durch seine *subsidiäre Universalität* (§ 2 Abs. 1 LKrO) geprägt. Er ist zuständig für alle Aufgaben, die die Leistungsfähigkeit der kreisangehörigen Gemeinden übersteigen. Ob eine Aufgabe die Leistungsfähigkeit der Gemeinden übersteigt und damit zur Aufgabe des Landkreises wird, ist nach verwaltungsorganisatorischen, wirtschaftlichen und technischen Gesichtspunkten zu beurteilen. Die Aufgaben des Landkreises beschränken sich darauf, die einheitliche Versorgung und Betreuung der Einwohner des ganzen Landkreises oder eines größeren Teils desselben zu garantieren. Damit soll ausgeschlossen werden, dass der Landkreis Einrichtungen vorhält, die nur für einzelne Gemeinden gedacht sind. Dies verbietet sich schon deshalb, weil alle Gemeinden über die Kreisumlage eine solche Einrichtung mitzufinanzieren hätten.

405 § 2 Abs. 2 LKrO räumt dem Landkreis gegenüber den Gemeinden eine **Kompetenz-Kompetenz** ein, d. h. er kann sich selbst neue Aufgaben zuordnen und entscheidet damit letztlich auch, ob bestimmte Aufgaben die Leistungsfähigkeit der kreisangehörigen Gemeinden übersteigen. Voraussetzung für deren Ausübung ist, dass der Landkreis für die Erfüllung einer Aufgabe ausreichende Einrichtungen geschaffen oder übernommen hat und der Kreistag mit einer Mehrheit von zwei Dritteln der Stimmen aller Mitglieder mit Wirkung gegen die Gemeinden beschließt, dass diese Aufgabe für die durch die Einrichtung versorgten Teile des Landkreises zu seiner ausschließlichen Zuständigkeit gehört. In der Praxis verbreitet sind Pflegeheime in der Trägerschaft des Landkreises.

406 Wie bei der Gemeinde ist der Wirkungskreis aufgeteilt in
- **Weisungsfreie Aufgaben**
  - Freiwillige Aufgaben
  - Pflichtaufgaben
- **Weisungsaufgaben.**

407 Bei den **Freiwilligen Aufgaben** (§ 2 Abs. 1 LKrO) entscheidet der Landkreis sowohl über das „*OB*" als auch das „*WIE*". Aufgrund des Selbstverwaltungsrechts ist dies die eigentliche Aufgabe der Landkreise; der hierfür zur Verfügung stehende Spielraum wird aber immer enger, da der Gesetzgeber zunehmend die Aufgabenbereiche der kommunalen Selbstverwaltung selbst regelt. Freiwillige Aufgaben liegen schwerpunktmäßig auf kulturellem (Bildungseinrichtungen, Büchereien usw.) und sozialem Gebiet sowie beim Öffentlichen Personennahverkehr.

408 Bei den **Pflichtaufgaben ohne Weisung** legt der Gesetzgeber das „*OB*" fest, das „*WIE*" der Aufgabenerledigung verbleibt beim Landkreis. Pflichtaufgaben können nur durch Gesetz auferlegt werden. Dabei sind Bestimmungen über die Kostendeckung zu treffen (Art. 71 Abs. 3 LV; § 2 Abs. 3 LKrO). Pflichtaufgaben ohne Weisung sind u. a. die Straßenbaulast für Kreisstrassen (§ 43 Abs. 2 Straßengesetz), die Trägerschaft für die Berufsschulen (§ 28 Abs. 3 Schulgesetz), die Abfallbeseitigung (§ 8 Landesabfallgesetz – LAbfG –; eine Übertragung dieser Aufgabe auf die Gemeinden ist möglich), örtlicher Träger der Sozialhilfe (§ 1 AGSGB XII – eine Delegation auf Gemeinden als Weisungsaufgabe ist möglich – § 3 AGSGB XII), die Errichtung eines Jugendamtes (§ 1 LKJHG), die Schülerbeförderungskostenerstattung (§ 18 FAG), die subsidiäre Trägerschaft für das Krankenhauswesen (§ 3 Abs. 1 LandeskrankenhausG).

409 **Pflichtaufgaben nach Weisung** (Weisungsaufgaben – § 2 Abs. 4 LKrO) sind dem Landkreis zur Pflicht auferlegt (keine Entscheidung über das „*OB*"). Im Rahmen des gesetzlich festgelegten Weisungsrechts hat der Landkreis auch nicht mehr die Entscheidung über das „*WIE*". Bei diesen Aufgaben sind ebenfalls Bestimmungen über die Kostendeckung zu treffen. Hierzu zählen die Unterhaltssicherung, das Wohngeld und die Ausbildungsförderung.

Die **Aufgaben der unteren Verwaltungsbehörde** zählen nicht zu den Aufgaben des Landkreises. Hierbei handelt es sich um Staatsaufgaben, die vom Landratsamt als staatliche untere Verwaltungsbehörde wahrgenommen werden (§ 15 Abs. 1 Nr. 1 LVG, § 1 Abs. 3 LKrO).

410 Innerhalb seines Wirkungskreises schafft der Landkreis im Rahmen seiner Leistungsfähigkeit die erforderlichen **öffentlichen Einrichtungen** (§ 16 Abs. 1 LKrO). Die Kreiseinwohner (und die ihnen nach § 16 Abs. 2 und 3 LKrO gleichgestellten Personen und Personenvereinigungen sowie juristische Personen) sind im Rahmen des geltenden Rechts berechtigt, die öffentlichen Einrichtungen des Landkreises nach gleichen Grundsätzen zu benutzen. Abweichend von § 11 GemO enthält die LKrO keine Vorschrift über den Anschluss- und Benutzungszwang (nach § 10 LAbfG ist ein Anschluss- und Benutzungszwang allerdings für Einrichtungen der Abfallbeseitigung möglich).

6. Satzungen

411 Der Landkreis kann weisungsfreie Angelegenheiten durch Satzung regeln, soweit die Gesetze keine Vorschriften enthalten. Er kann auch bei Weisungsaufgaben Satzungen erlassen, wenn dies gesetzlich ausdrücklich vorgesehen ist (§ 3 Abs. 1 LKrO). Zuständig für den Erlass von Satzungen ist der Kreistag.

Als Form der öffentlichen Bekanntmachung ist das Einrücken in das eigene Amtsblatt oder das Einrücken in eine bestimmte, regelmäßig, mindestens einmal wöchentlich erscheinende Zeitung möglich. Der Anschlag an der Verkündungstafel ist nicht zulässig (§ 1 DVO LKrO, siehe ergänzend auch Rdnr. 53 ff., 81 ff.).

7. Name, Sitz, Wappen, Siegel

Die Landkreise führen die in § 1 des Kreisreformgesetzes vom 26.7.1971 (GBl. S. 314) aufgeführten **Namen**. Sie richten sich entweder nach dem Kreissitz oder sind landschaftsbezogen. Der Name des Landkreises kann mit Zustimmung der Landesregierung geändert werden (§ 4 Abs. 1 LKrO). Der Name des Landkreises genießt den Schutz des § 12 BGB.
Der **Sitz** des Landkreises wird durch Gesetz bestimmt (§ 4 Abs. 2 LKrO). In § 3 des Kreisreformgesetzes ist dies geschehen.
Das Innenministerium als Rechtsaufsichtsbehörde kann einem Landkreis auf seinen Antrag das Recht verleihen, ein **Wappen** und eine Flagge zu führen (§ 5 Abs. 1 LKrO i. V. m. § 2 DVO LKrO). Allen 35 Landkreisen wurde ein Wappen verliehen.
Die Landkreise führen als **Dienstsiegel** entweder ihr eigenes Wappen oder das kleine Landeswappen (§ 5 Abs. 2 LKrO).

412

8. Gebiet

Als Gebietskörperschaft benötigt der Landkreis notwendigerweise ein Gebiet. Hierzu zählen nicht nur die kreisangehörigen Gemeinden, sondern auch die gemeindefreien Grundstücke. Das Gebiet soll so bemessen sein, dass die Verbundenheit der Gemeinden und der Einwohner des Landkreises gewahrt und die Leistungsfähigkeit des Landkreises zur Erfüllung seiner Aufgaben gesichert ist (§ 6 LKrO). Das Gebiet der einzelnen Landkreise wurde im Kreisreformgesetz vom 26.7.1971 (GBl. S. 314) festgelegt. **Gebietsänderungen** sind aus Gründen des öffentlichen Wohls zulässig (Art. 74 Abs. 1 LV, §§ 7 und 8 LKrO).

413

9. Kreiseinwohner

Die LKrO kennt nur Einwohner, aber keine Bürger des Landkreises. Einwohner ist, wer in einer Gemeinde oder in einem gemeindefreien Grundstück des Landkreises wohnt (§ 9 Abs. 1 LKrO). Aus der Stellung als Einwohner ergibt sich das Recht, die öffentlichen Einrichtungen des Landkreises zu benutzen, und die Pflicht, die sich aus der Zugehörigkeit zum Landkreis ergebenden Lasten zu tragen (§ 16 LKrO). Wahlberechtigte Kreiseinwohner im Rahmen der Gesetze sind Deutsche i. S. von Art. 116 GG oder solche, die die Staatsangehörigkeit eines anderen Mitgliedsstaates der EU besitzen (Unionsbürger), das 18. Lebensjahr vollendet haben und seit mindestens drei Monaten im Gebiet des Landkreises wohnen (§ 10 LKrO). Die wahlberechtigten Kreiseinwohner haben auch die Pflicht eine ehrenamtliche Tätigkeit anzunehmen und auszuüben (§§ 11 bis 15 LKrO).

414

Q. Organe des Landkreises

415 Verwaltungsorgane des Landkreises sind nach § 18 LKrO der Kreistag und der Landrat.

I. Kreistag

1. Rechtsstellung

416 Die Rechtsstellung des Kreistags ist in § 19 Abs. 1 LKrO festgelegt:
- Vertretung der Einwohner und
- Hauptorgan des Landkreises.

Der Kreistag ist das demokratisch legitimierte **Vertretungsorgan** des Landkreises (Art. 28 Abs. 1 GG und Art. 72 Abs. 1 LV). Der Kreistag ist durch Wahlen von den wahlberechtigten Kreiseinwohnern beauftragt, an ihrer Stelle die wichtigen Entscheidungen in der Verwaltung des Landkreises zu treffen. Die LKrO verwirklicht auf diese Weise den Grundsatz der mittelbaren (repräsentativen) Demokratie. Als Vertretung des Volkes hat der Kreistag zentrale Bedeutung in der Landkreisverwaltung. Im Verhältnis zum Landrat bezeichnet die LKrO den Kreistag als **Hauptorgan** des Landkreises. Ihm kommt die kommunalpolitische Führungsaufgabe zu.

2. Zuständigkeit

417 Die Zuständigkeit des Kreistags ist von seiner Stellung als Hauptorgan des Landkreises her bestimmt. Dem Kreistag kommen generelle und umfassende Befugnisse zu. Es spricht daher eine Vermutung für seine Zuständigkeit.

Die Zuständigkeiten des Landrats dagegen sind einzeln (enumerativ) festgelegt. Er müsste also im Streitfall beweisen, dass er kraft Gesetz oder gesetzlich zulässiger Übertragung durch den Kreistag zuständig ist.

Zur Festlegung der *Grundsätze der Verwaltung* ist (ausschließlich) der Kreistag zuständig. Besonderen Einfluss erlangt er über die Verabschiedung des Kreishaushalts.

Der Kreistag überwacht die Ausführung seiner Beschlüsse und sorgt beim Auftreten von Missständen in der Verwaltung des Landkreises für deren Beseitigung durch den Landrat. Hierdurch gewinnt der Kreistag ein beschränktes **Kontrollrecht** über die gesamte Landkreisverwaltung. Zur Ausübung seines Kontrollrechtes hat der Kreistag ein **Recht auf Information und Akteneinsicht** in allen Angelegenheiten des Landkreises und seiner Verwaltung (§ 19 Abs. 3 und 4 LKrO). Im Übrigen hat der Landrat den Kreistag über alle wichtigen, den Landkreis und seine Verwaltung betreffenden Angelegenheiten zu **unterrichten**, sofern diese nicht geheim zu halten sind (§ 41 Abs. 5 LKrO). Bei wichtigen Planungen ist der Kreistag möglichst frühzeitig über die Absichten und Vorstellungen des Landratsamts und laufend über den Inhalt der Planungsarbeiten zu unterrichten. Der Kreistag ist zuständig für die wichtigen **personalrechtlichen Entscheidungen**, hat sie jedoch im Einvernehmen mit dem Landrat zu treffen (§ 19 Abs. 2 LKrO).

3. Zusammensetzung

Der Kreistag besteht aus dem Landrat als Vorsitzendem und den von den wahlberechtigten Einwohnern gewählten Kreisräten (§ 20 LKrO). Wählbar sind auch Bürgermeister kreisangehöriger Gemeinden (VGH BW BWVPr. 1993, 113 = EKBW KomWG § 31 E 17). **418**

Stimmrecht kommt nur den Kreisräten zu. Der Landrat besitzt kein Stimmrecht (vgl. § 32 Abs. 6 und 7 LKrO). Dies hat seinen Grund in der fehlenden Direktwahl durch das Volk.

Die **Zahl** der Kreisräte ist in der LKrO vorgeschrieben. Sie beträgt nach § 20 Abs. 2 Satz 1 mindestens 24. In Landkreisen mit mehr als 50 000 Einwohnern erhöht sich diese Zahl bis zu 200 000 Einwohnern für je weitere 10 000 Einwohner und über 200 000 Einwohner für je weitere 20 000 Einwohner um zwei. Die Dauer der **Amtszeit** der Kreisräte beträgt fünf Jahre (§ 21 LKrO).

4. Rechtsstellung der Kreisräte

Die Rechtsstellung der Kreisräte ist dadurch geprägt, dass sie **ehrenamtlich** tätig sind (§ 26 LKrO). **419**
Die Kreisräte sind **Mandatsträger** (Träger eines durch Volkswahl erworbenen öffentlichen Amtes), die zum Landkreis in einem öffentlich-rechtlichen Treueverhältnis besonderer Art stehen.
Sie sind keine Ehrenbeamte, erhalten auch keine Ernennungsurkunde. Sie werden nicht nach Art. 78 LV vereidigt, sondern vom Landrat in der ersten Sitzung öffentlich auf die gewissenhafte Erfüllung ihrer Amtspflichten verpflichtet.
Der Inhaber eines Kreistagsmandats wird durch eine ausdrückliche Vorschrift zur **Mandatssicherung** geschützt (§ 26 Abs. 2 LKrO). Die Kreisräte haben ein **freies Mandat**, d. h. sie entscheiden im Rahmen der Gesetze nach ihrer freien, nur durch das öffentliche Wohl bestimmten Überzeugung. An Verpflichtungen und Aufträge, durch die diese Freiheit beschränkt werden könnte, sind sie nicht gebunden (§ 26 Abs. 3 LKrO).

5. Wahl des Kreistags

Die Grundlage für die Wahl zum Kreistag ergibt sich aus dem GG (Art. 28 Abs. 1) und der LV (Art. 72 Abs. 1). Danach müssen die Kreisräte in allgemeiner, unmittelbarer, freier, gleicher und geheimer Wahl von den wahlberechtigten Kreiseinwohnern gewählt werden. Die Verwirklichung der in der Verfassung enthaltenen Grundsätze erfolgt überwiegend in der LKrO *(materielles* Wahlrecht). Das Wahlverfahren selbst ist im KomWG und in der KomWO geregelt *(formelles* Wahlrecht). **420**

a) **Wahlrecht.** Nach § 22 Abs. 1 LKrO i. V m. § 10 Abs. 1 LKrO werden die Kreisräte von den wahlberechtigten Kreiseinwohnern gewählt *(aktives* Wahlrecht). Wählbar *(passives* Wahlrecht) ist jeder wahlberechtigte Einwohner des Landkreises (§ 23 LKrO).
Eine Bewerbung in mehreren Wahlkreisen ist zulässig (§ 22 Abs. 4 LKrO). **421**

Mit der Aufhebung der Wohnsitzbindung an den Wahlkreis und einer Zulassung der Mehrfachbewerbung bestehen für einen Bewerber folgende Möglichkeiten:
- Der Bewerber beschränkt sich auf die Bewerbung in dem Wahlkreis, in dem er wohnt;
- Der Bewerber bewirbt sich in einem beliebigen Wahlkreis des Wahlgebiets (Landkreis), wohnt aber in einem anderen Wahlkreis;
- Der Bewerber bewirbt sich in dem Wahlkreis, in dem er wohnt, und in einem beliebigen anderen Wahlkreis des Wahlgebiets;
- Der Bewerber bewirbt sich in zwei beliebigen Wahlkreisen des Wahlgebiets, wohnt aber in einem dritten Wahlkreis des Landkreises.

Mit dieser Regelung in § 22 Abs. 4 LKrO wird der Grundsatz durchbrochen, dass die Repräsentation bestimmter Gebietsteile des Landkreises im Kreistag durch die Bildung von Wahlkreisen, das Erfordernis des Wohnens der Bewerber im Wahlkreis und die dementsprechende Beschränkung des aktiven Wahlrechts der Wähler auf die Wahlvorschläge ihres Wahlkreises gewährleistet werden soll. Damit verschiebt sich das dem bisherigen Kreistagswahlrecht (wie dem gesamten baden-württembergischen Kommunalwahlrecht) zugrunde liegende Verhältnis von Persönlichkeitswahl und Verhältniswahl zulasten der Persönlichkeitswahl, indem ein Element der Listenwahl aufgenommen wird, das die Verbindung zwischen der Stimmabgabe des Wählers und dem von ihm gewählten Bewerber in bestimmten Fällen löst. Bei Bewerbungen in zwei Wahlkreisen können die Wähler nicht mehr davon ausgehen, dass ihre – möglicherweise kumulierte und panaschierte – Stimmabgabe für einen bestimmten Kandidaten im Wahlkreis tatsächlich zum Zuge kommt. Diese Regelung hat andererseits den Vorteil, dass beispielsweise Bewerber, deren politischer oder arbeitsmäßiger Lebensmittelpunkt nicht am Wohnort liegt, sich in dem Wahlkreis um ein Mandat bewerben können, in dem sie hauptsächlich aktiv sind.

422 b) **Wahlsystem.** Gewählt wird nach den Grundsätzen der **Verhältniswahl**, es sei denn, es wird nur ein gültiger oder kein Wahlvorschlag eingereicht (§ 22 Abs. 2 und 3 LKrO). Die Wahlvorschläge dürfen höchstens eineinhalb Mal soviel Bewerber enthalten, wie Kreisräte im Wahlkreis zu wählen sind. Jeder Wahlberechtigte hat soviel Stimmen, wie Kreisräte im Wahlkreis zu wählen sind. Er kann *panaschieren* und *kumulieren*.
Wenn kein oder nur ein Wahlvorschlag eingeht, findet **Mehrheitswahl** ohne Bindung an die vorgeschlagenen Bewerber und ohne das Recht der Stimmenhäufung auf einen Bewerber statt. Auch hier hat jeder Wahlberechtigte soviel Stimmen, wie Kreisräte zu wählen sind.

423 c) **Einteilung des Wahlgebiets in Wahlkreise.** Der Landkreis wird für die Wahl zum Kreistag als Wahlgebiet in Wahlkreise eingeteilt, innerhalb deren Wahlvorschläge einzureichen sind. Alle Gemeinden, auf die nach ihrer Einwohnerzahl mindestens vier Sitze entfallen, bilden einen Wahlkreis. Diese Wahlkreise können um kleinere, benachbarte Gemeinden erweitert werden, soweit sie mit der Hauptgemeinde eine Verwaltungsgemeinschaft bilden. Die restlichen Gemeinden werden zu Wahlkreisen mit mindestens vier und höchstens acht Sitzen zusammengefasst. Hierbei sollen neben der geographischen Lage und der Struktur der Gemeinden auch die örtlichen Verwaltungsräume berücksichtigt werden. Kein Wahlkreis erhält mehr als zwei Fünftel der Sitze (§ 22 Abs. 4 LKrO).

Beispiel für die Wahlkreiseinteilung:
Ein Landkreis mit 180000 Einwohnern hat 24 + 13 x 2 = 50 Kreisräte. Durch Teilung der Zahl der Einwohner durch die Zahl der Kreisräte (180000 : 50) wird festgestellt, dass auf je 3600 Einwohner ein Kreisrat entfällt. Jede Gemeinde mit mindestens (4 x 3600) 14400 Einwohner bildet somit einen Wahlkreis. Die übrigen Gemeinden werden zu Wahlkreisen mit einer Einwohnerzahl zwischen 14400 und 28800 Einwohnern zusammengefasst.
Die exakte Verteilung der Sitze auf die einzelnen Wahlkreise erfolgt nach dem *d'Hondt'schen Verfahren* (siehe Rdnr. 215). Dabei scheiden Wahlkreise von der weiteren Zuteilung aus, sobald auf sie zwei Fünftel aller zu besetzenden Sitze entfallen (§ 22 Abs. 5 LKrO).

d) Ermittlung und Feststellung des Wahlergebnisses. Die Verteilung der Sitze (§ 22 Abs. 6 LKrO) erfolgt zunächst innerhalb der einzelnen **Wahlkreise** im Falle der Verhältniswahl nach dem Verhältnis der auf die Wahlvorschläge entfallenden Gesamtstimmenzahlen, im Falle der Mehrheitswahl in der Reihenfolge der höchsten Stimmenzahlen. Innerhalb der einzelnen Wahlvorschläge sind die Bewerber mit den höchsten Stimmenzahlen gewählt. Die übrigen Bewerber sind Ersatzpersonen ihrer Partei oder Wählervereinigung (§ 26 Abs. 3 KomWG).

424

Im Rahmen der Mehrfachbewerbungen kann es zu folgenden Ergebnissen kommen (§ 26 Abs. 3a KomWG):
– Der Bewerber erhält bei der Erstzuteilung einen Sitz in beiden Wahlkreisen. Der Sitz ist dann in dem Wahlkreis zuzuteilen, in dem er die höhere gleichwertige Stimmenzahl (siehe Rdnr. 421) errungen hat. In dem anderen Wahlkreis wird der von diesem Bewerber errungene Sitz demjenigen Bewerber dieses Wahlvorschlags zugeteilt, der bisher noch keinen Sitz erhalten und der die nächst hohe Stimmenzahl dieses Wahlvorschlags erreicht.
– Der Bewerber erhält einen Sitz bei der Erstzuteilung in einem Wahlkreis; in dem anderen Wahlkreis, in dem er kandidiert hat, erhält der Wahlvorschlag einen Ausgleichssitz und dieser Ausgleichssitz fällt dem Mehrfachbewerber zu. Diesen dem Wahlvorschlag zustehenden Ausgleichssitz kann er dann nicht besetzen; er ist demjenigen Bewerber desselben Wahlvorschlags zuzuteilen, der die nächst hohe gleichwertige Stimmenzahl im gesamten Wahlgebiet errungen hat.
– Der Bewerber erhält keinen Sitz bei der Erstzuteilung. Der Wahlvorschlag, in dem der Bewerber in zwei Wahlkreisen aufgenommen worden ist, erhält jedoch zwei oder mehr Ausgleichssitze und diese Ausgleichssitze fallen beim Verhältnisausgleich jeweils diesem Bewerber zu. Dann erhält der Bewerber den Ausgleichssitz in dem Wahlkreis, in dem er die höhere gleichwertige Stimmenzahl erreicht hat. Der weitere Ausgleichssitz ist dem Bewerber dieses Wahlvorschlags zuzuteilen, der im gesamten Wahlgebiet die nächst hohe gleichwertige Stimmenzahl erhalten hat.

In einem weiteren Schritt erfolgt dann eine Sitzverteilung auf der **Landkreisebene.** Hierzu werden die von den Wahlvorschlägen in den einzelnen Wahlkreisen erreichten Gesamtstimmenzahlen durch die Zahl der in diesen zu wählenden Bewerber geteilt. Diese somit gleichwertig gemachten Stimmenzahlen der einzelnen Wahlvorschläge werden addiert. Dann wird die Gesamtzahl der Sitze im Kreistag nach dem *d'Hondt'schen Verfahren* auf die Wahlvorschläge verteilt.

425

Auf die danach den Parteien und Wählervereinigungen zukommenden Sitze werden die in den einzelnen Wahlkreisen erreichten Sitze angerechnet.

426 Erhält ein Wahlvorschlag in den Wahlkreisen mehr Sitze zugeteilt als ihm bei der Verteilung auf Landkreisebene zustehen, bleiben ihm diese **Mehrsitze** erhalten. Um aber die Verhältnismäßigkeit der Sitzverteilung herzustellen, wird mit der Aussonderung von Höchstzahlen nach dem *d'Hondt'schen Verfahren* und damit der Verteilung von Sitzen solange fortgefahren, bis die Mehrsitze auch aufgrund der weiteren Höchstzahlen zuzuteilen sind. Damit ist es möglich, dass auch andere Wahlvorschläge weitere Höchstzahlen und damit weitere (**Ausgleichs-)Sitze** zugeteilt erhalten. Durch die Zuteilung von Mehr- und Ausgleichssitzen darf die gesetzliche Zahl der Kreisräte nicht um mehr als 20 v. H. erhöht werden. Die Ausgleichssitze fallen den nicht zum Zuge gekommenen Bewerbern zu, welche innerhalb der Wahlvorschläge ihrer Partei oder Wählervereinigung auf der Landkreisebene die höchsten gleichwertigen Stimmenzahlen errungen haben. Damit fällt auch die Entscheidung, welchem Wahlkreis die Ausgleichssitze zufallen. Bewerber, auf die kein Ausgleichssitz entfällt, sind in der Reihenfolge der von ihnen erreichten gleichwertigen Stimmenzahlen als Ersatzpersonen ihrer Partei oder Wählervereinigung festzustellen (§ 26 Abs. 3 KomWG). Wegen der Zuteilung von Ausgleichssitzen bei Mehrfachbewerbungen siehe Rdnr. 409.

6. Kreistagssitzung

427 Der Kreistag kann nur in einer ordnungsmäßig einberufenen und geleiteten Sitzung beraten und beschließen (§ 32 Abs. 1 LKrO). Den Vorsitz im Kreistag führt der Landrat. Vertreten im Vorsitz des Kreistages wird er von einem oder mehreren aus der Mitte der Kreisräte gewählten (Verhinderungs-)Stellvertreter (§ 20 Abs. 1 LKrO).
Der ständige allgemeine Stellvertreter des Landrats (Erster Landesbeamter) ist berechtigt, an den Sitzungen des Kreistags teilzunehmen (§ 27 Abs. 1 LKrO). Im Übrigen gelten für den Geschäftsgang, die Einberufung und die Beschlussfassung im Kreistag die gleichen Regeln (§§ 27 bis 33 LKrO) wie im Gemeinderecht (siehe hierzu Rdnr. 220 ff.).

II. Ausschüsse

428 Der Kreistag kann beschließende und beratende Ausschüsse bilden (§§ 34 bis 36 LKrO).
Die Einrichtung **beschließender** Ausschüsse bedarf, soweit ihnen Daueraufgaben übertragen werden, einer Regelung in der Hauptsatzung. In der Hauptsatzung sind auch die Mitgliederzahl und die Zuständigkeiten des Ausschusses festzulegen. Ferner können durch Beschluss des Kreistags einzelne Angelegenheiten übertragen werden. Die in § 34 Abs. 2 LKrO aufgezählten, besonders wichtigen Aufgaben dürfen nicht auf einen beschließenden Ausschuss übertragen werden.

Den beschließenden Ausschüssen steht im Rahmen ihres Aufgabenbereichs – abweichend von der Regelung in der GemO – ein **Eilentscheidungsrecht** zu.
Zur Vorberatung seiner Verhandlungen oder einzelner Verhandlungsgegenstände kann der Kreistag **beratende** Ausschüsse bestellen.
Vorsitzender der Ausschüsse ist der Landrat. Er kann seinen ständigen allgemeinen Stellvertreter mit seiner Vertretung beauftragen (Rdnr. 241 ff.).

III. Landrat

1. Organstellung

Der Landrat ist neben dem Kreistag das **zweite selbstständige Organ** des Landkreises mit einem gesetzlich festgelegten Zuständigkeitsbereich. Dem Landrat stehen folgende Funktionen zu (§ 37 Abs. 1 LKrO):
– Vorsitzender des Kreistags
– Leiter des Landratsamts
– Vertreter des Landkreises.

2. Beamtenrechtliche Stellung

a) **Wahlbeamter auf Zeit.** Der Landrat ist kommunaler Wahlbeamter auf Zeit. Die **Amtszeit** beträgt acht Jahre. Sie beginnt mit dem Amtsantritt (§ 37 Abs. 2 LKrO). Es gelten für ihn die besonderen Bestimmungen des § 137 LBG. Als Folge der Doppelfunktion des Landrats zwischen Staats- und Selbstverwaltung hat sich das Land im LBG bestimmte Einwirkungsrechte vorbehalten. So wird anders als beim Bürgermeister das Beamtenverhältnis nicht unmittelbar durch die Wahl, sondern erst durch die Aushändigung der vom stellvertretenden Vorsitzenden des Kreistags ausgestellten Ernennungsurkunde begründet (§ 137 LBG). Der Landrat besitzt nur in den abschließend aufgezählten Fällen einen Dienstvorgesetzten. Oberste Dienstbehörde ist die Rechtsaufsichtsbehörde. Für den Eintritt des Landrats in den Ruhestand gelten ebenfalls Sonderregelungen (§ 137 LBG). Die Bestimmungen des Landesdisziplinargesetzes vom 14.10.2008 (GBl. 343) gelten für den Landrat ebenfalls. Auf den Landrat finden die Vorschriften über die Pflichten ehrenamtlich Tätiger und den Ausschluss wegen Befangenheit entsprechende Anwendung (§ 37 Abs. 5 LKrO).

b) **Besoldung, Versorgung.** Die Besoldung des Landrates richtet sich nach dem Landeskommunalbesoldungsgesetz vom 9.11.2010 (GBl. 793, 962).
Der Landrat erhält **Versorgung** nach den für Beamte auf Zeit geltenden Vorschriften.

3. Wahl

Die Wahl des Landrats erfolgt nach § 39 LKrO durch den Kreistag. Die Stelle ist innerhalb der in § 39 Abs. 1 LKrO festgelegten Fristen auszuschreiben. Zur Vorberatung der Wahl wird vom Kreistag ein besonderer beschließender Ausschuss gebildet. Dieser Ausschuss und das Innenministerium benennen gemeinsam mindestens drei für die Leitung des Landratsamts geeignete Bewerber, aus denen der Kreistag den Landrat wählt. Können sich Innenministerium und der Ausschuss auch nach einer erneuten Ausschreibung auf keinen gemeinsamen Vorschlag einigen, entscheidet die Landesregierung über die dem Kreistag vorzuschlagenden Bewerber (im Einzelnen vgl. § 39 Abs. 3 LKrO). Die Mitwirkung des Innenministeriums bei der Wahl des Landrats rechtfertigt sich aus der Doppelfunktion des Landrats in der Verbindung von Staats- und Selbstverwaltung (VGH BW VBlBW 1964, 43) und beschränkt nicht unzulässig die Personalhoheit der Landkreise (VGH BW VBlBW 1985, 14 = EKBW LKrO § 39 E 1; VGH BW, Urt. vom 16.9.2008, PL 155-533/08).

Den vorgeschlagenen Bewerbern ist Gelegenheit zu geben, sich dem Kreistag vor der Wahl vorzustellen (§ 39 Abs. 4 LKrO). Die Kreisräte wählen den Landrat in geheimer Wahl nach den Grundsätzen der **Mehrheitswahl**. Gewählt ist, wer mehr als die Hälfte der Stimmen aller Kreisräte auf sich vereinigt. Erhält auch in einer zweiten Wahl keiner der Bewerber die erforderlichen Stimmen, findet in der gleichen Sitzung ein dritter Wahlgang statt, bei dem der Bewerber gewählt ist, der die höchste Stimmenzahl erreicht. Bei Stimmengleichheit entscheidet das Los (§ 39 Abs. 5 LKrO).

Zum Landrat **wählbar** sind Personen, bei denen folgende Voraussetzungen vorliegen (§ 38 LKrO):
– Deutscher i. S. von Art. 116 GG,
– Vollendung des 30., aber noch nicht des 65. Lebensjahres am Wahltag,
– Gewähr für jederzeitiges Eintreten für die freiheitlich demokratische Grundordnung im Sinne des GG.

Die Wählbarkeit von Unionsbürgern, wie beim Bürgermeisteramt, ist in der LKrO bisher nicht erfolgt. Dies erscheint mit EU-Recht unvereinbar. Laufbahnvoraussetzungen sind nicht erforderlich.

4. Stellung im Kreistag und in den Ausschüssen

433 Der Landrat hat die Sitzungen des Kreistags und seiner Ausschüsse vorzubereiten, diese unter Aufstellung der Tagesordnung einzuberufen, sie zu leiten und die Beschlüsse zu vollziehen (§ 41 Abs. 1 LKrO). Als **Vorsitzender** des Kreistags (§ 37 Abs. 1 LKrO) und seiner Ausschüsse (§§ 35 Abs. 3, 36 Abs. 2 LKrO) hat er grundsätzlich **kein Stimmrecht** (§ 32 Abs. 6 und 7 LKrO).

Dem Landrat kann wegen Art. 28 Abs. 1 GG kein Stimmrecht zukommen, weil er nicht vom Volk gewählt ist.

Ausnahmen (d. h. Stimmrecht hat der Landrat):
– in beschließenden Ausschüssen, wenn Angelegenheiten des Kreistags vorberaten werden (§ 34 Abs. 5 Satz 4 LKrO),
– in beratenden Ausschüssen (§ 36 Abs. 3 LKrO),
– im Kreiswahlausschuss (§ 12 Abs. 3 KomWG).

Für den Widerspruch gegen Beschlüsse des Kreistages und seiner Ausschüsse, das Eilentscheidungsrecht, soweit dieses nicht einem beschließenden Ausschuss (§ 34 Abs. 4 Satz 2 LKrO) zusteht und das Ersatzbeschlussrecht wegen Beschlussunfähigkeit des Kreistags (§ 32 Abs. 4 LKrO), sowie Informationspflicht gelten die gleichen Regeln (§ 41 Abs. 2 bis 5 LKrO) wie im Gemeinderecht (Rdnr. 243 ff.).

5. Leiter des Landratsamts

434 Der Landrat **leitet das Landratsamt** als kreiskommunale Behörde und als staatliche untere Verwaltungsbehörde. Er ist Beamter des Landkreises (§ 37 Abs. 2 Satz 1 LKrO). Soweit er das Landratsamt als staatliche untere Verwaltungsbehörde leitet, ist er im Wege der Organleihe tätig.
Als Leiter des Landratsamts hat er folgende Aufgaben (§ 42 LKrO):
– Er ist für die sachgemäße Erledigung der Aufgaben und den ordnungsmäßigen Gang der Verwaltung verantwortlich.
– Er regelt die innere Organisation des Landratsamts.
– Er erledigt in eigener Zuständigkeit die Geschäfte der laufenden Verwaltung.
– Er erledigt die ihm vom Gesetz oder vom Kreistag übertragenen Aufgaben.
– Er erledigt die Weisungsaufgaben grundsätzlich in eigener Zuständigkeit.
– Er ist Vorgesetzter, Dienstvorgesetzter und oberste Dienstbehörde der Bediensteten des Landratsamts.
– Bei Personalentscheidungen räumt die LKrO (§ 19 Abs. 2) dem Landrat besondere Befugnisse ein.
Im Übrigen vgl. Rdnr. 270 ff.

6. Gesetzlicher Vertreter

435 Als gesetzlicher Vertreter des Landkreises (§ 37 Abs. 1 LKrO) vertritt der Landrat den Landkreis **nach außen**. Die sich unmittelbar aus der Organstellung ergebende Vertretungsmacht erstreckt sich auf alle Geschäfte öffentlichen wie privaten Rechts, auf gerichtliche wie außergerichtliche Erklärungen. Die **Vertretungsmacht** ist allumfassend und unbeschränkbar. Die **Vertretungsbefugnis**, d. h. die (interne) Berechtigung zur Abgabe von Willenserklärungen im Namen des Landkreises, ist jedoch teilweise gesetzlich eingeschränkt (Beispiele: Ausschluss bei Befangenheit, Mitwirkung der Rechtsaufsichtsbehörde bei Rechtsgeschäften usw.). Vgl. hierzu auch Rdnr. 278.

IV. Stellvertretung des Landrats

436 Stellvertreter des Landrats in seiner Funktion als Vorsitzender **des Kreistags** werden vom Kreistag aus dessen Mitte gewählt (§ 20 Abs. 1 LKrO). Bewerber um dieses Amt sind bei der Wahl nach § 14 Abs. 3 Satz 2 LKrO nicht befangen. Die Stellvertreter können aber nur im **Verhinderungsfalle** des Landrats tätig werden.
In der **Leitung der Verwaltung** und in der **Vertretung des Landkreises** wird der Landrat ausschließlich vom Ersten Landesbeamten (§ 42 Abs. 5 LKrO) vertreten. Er ist allgemeiner und ständiger Stellvertreter des Landrats.
Ist ein Bewerber zum Landrat gewählt, kann aber wegen eingelegter Rechtsbehelfe nicht bestellt werden, ist mit der Mehrheit der Stimmen aller Kreisräte seine Bestellung zum **Amtsverweser** möglich. Der Amtsverweser ist hauptamtlicher Beamter auf Zeit und in seiner Rechtsstellung im Wesentlichen dem Landrat gleichgestellt (§ 39 Abs. 6 LKrO).

Nach § 43 LKrO kann der Landrat ferner Beamte und Angestellte mit seiner Vertretung **beauftragen** oder Dritten **rechtsgeschäftliche Vollmacht** erteilen. Vgl. hierzu auch Rdnr. 293 f.

R. Aufsicht

437 Rechtsaufsichtsbehörde und obere Rechtsaufsichtsbehörde für den Landkreis ist das Regierungspräsidium, oberste Rechtsaufsichtsbehörde das Innenministerium (§ 51 Abs. 1 LKrO). Im Übrigen findet nach § 51 Abs. 2 LKrO der Vierte Teil der GemO über die Aufsicht (§§ 118 bis 129 GemO) entsprechende Anwendung (vgl. hierzu Rdnr. 359 ff.).

Stichwortverzeichnis

(Die Zahlen verweisen auf die Randnummern)

Abgeordnete 195
Ablehnung ehrenamtlicher Tätigkeit 149
Abstimmung im Gemeinderat 246
Abstimmungsreihenfolge 221
Abstrakte Normenkontrolle 78
Ältestenrat 221, 223
Änderung eines Beschlusses 252
– des Gemeindegebiets 115 ff.
– einer Satzung 71
Akteneinsicht durch Gemeinderat 192
– durch Kreistag 417
aktives Wahlrecht 200,421
Allzuständigkeit 20,31,401,404
Amtsblatt 83
Amtshaftung 28
Amtsverweser 194, 307, 436
Amtszeit
– des Amtsverwesers 307, 436
– des Beigeordneten 301
– der Bezirksbeiräte 354
– des Bezirksvorstehers 356
– des Bürgermeisters 275 f.
– des ehrenamtlichen Stellvertreters 295
– der Gemeinderäte 210
– der Kreisräte 418
– des Landrats 430
– der Ortschaftsräte 362
Anfragen durch Gemeinderäte 192, 221
Anhörung des Bezirksbeirats 355
– der Bürger bei Grenzänderung 117, 127, 163
– von Personen im Gemeinderat 134, 163, 221, 242
– der Landkreise bei Grenzänderung 116
– des Ortschaftsrats 361
Anordnungsrecht der Rechtsaufsichtsbehörde 382, 389
Anschlag an der Verkündungstafel 85
Anschluss- und Benutzungszwang 89 ff.
– Anschlusszwang 90
– Benutzungszwang 91
– Einrichtungen der Volksgesundheit 93
– Öffentliches Bedürfnis 94

– Wesen 90 ff.
– Zulässigkeitsgrenzen 96
Ansprüche gegen Gemeinderäte, Ortschaftsräte, Bürgermeister, Ortsvorsteher, Bezirksvorsteher 387
Anzeigepflicht 74
Arten von Gemeinden 107 ff.
Aufgaben der Ausschüsse 257 f., 264
– des Bezirksbeirats 355
– des Bezirksvorstehers 356
– des Bürgermeisters 182, 268, 279 ff.
– der Gemeinde 45 ff.
– des Gemeinderats 182, 191 ff.
– des Kreistags 417
– des Landrats 433 ff.
– des Landkreises 45, 404 ff.
– des Nachbarschaftsverbands 348
– des Ortschaftsrats 365 ff.
– des Ortsvorstehers 372 ff.
– des Regionalverbands 349
– der Verwaltungsgemeinschaft 337 ff.
– des Zweckverbands 320
Aufgabenübertragung siehe Übertragung
Aufhebung eines Beschlusses 252
– einer Satzung 71
Auflösung einer Gemeinde 115
– einer Verwaltungsgemeinschaft 343
– eines Zweckverbands 323
Aufsicht 375 ff., 437
Aufsichtsarten 375
Aufsichtsmittel 379 ff., 385
Auftragsangelegenheiten 46, 51 f., 390
Aufwandsentschädigung 162, 270, 307, 369
Aufwandssteuern 35
Auseinandersetzung bei Gebietsänderung 123, 127
Ausgleichssitz 216, 426
Ausländer 141
Auslagen bei ehrenamtlicher Tätigkeit 161
Ausschluss
– von der Gemeinderatssitzung 238
– von der Wählbarkeit 201, 271

177

Stichwortverzeichnis

- vom Wahl- und Stimmrecht 142
Ausschuss des Bezirksbeirats 354
Ausschuss des Gemeinderats
- beratender 262 ff., 364
- beschließender 257 ff., 364
- Bildung 257, 262
- Geschäftsgang 261, 265
- Zusammensetzung 259, 263
- Zuständigkeit 260, 264
Ausschuss des Kreistags 428
Ausschuss des Ortschaftsrats 364
Außerkrafttreten einer Satzung 65
Autonomie 7, 32, 53 f., 401

Bad 102
Beamte 29, 311 f., 403 f.
Beamtenrechtliche Zuständigkeiten des Bürgermeisters 290
Beanstandungsrecht 381, 389
Beauftragten, Bestellung eines – 245, 384
Beauftragung 308, 436
Bebauungsplan 55, 78, 158
Bedienstete siehe Gemeindebedienstete
Bedienstete des Landratsamts 403
Beendigung der Amtszeit des Bürgermeisters 276
Befangenheit 155 f.
- Ausnahmen 158
- Begriff 155
- Möglichkeit 157
- Rechtsfolgen 159
- unmittelbarer Vor- oder Nachteil 156
- Verfahren 159
begünstigende Satzungsregelung 61
Beigeordneter 298, 140, 193, 241
- allgemeiner Stellvertreter im Verhinderungsfall 306
- Geschäftskreis 183, 298, 304
- Rechtsstellung 299 ff.
- ständiger allgemeiner Stellvertreter 305
- ständiger Sondervertreter 304
- Wahl 299 ff.
Beirat für geheim zu haltende Angelegenheiten 284
Beiträge 95
Bekanntgabe eines Gemeinderatsbeschlusses 234
- ortsübliche 88, 229
Bekanntmachung siehe öffentliche
belastende Satzungsregelung 61

Benennung von Gemeindeteilen und Straßen 103
Benutzungsanspruch 137
Benutzungsgebühren 95, 138
Benutzungsverhältnis bei Einrichtungen 137
Benutzungszwang 91
beratender Ausschuss 256, 262 ff., 428
Beratung der Einwohner durch den Bürgermeister 292
- im Gemeinderat 220 ff., 243 ff.
beratende Stimme des Beigeordneten 303
- des Bezirksvorstehers 356
- des Ortsvorstehers 373
beschließender Ausschuss 256 ff., 428
Beschlussfähigkeit des Gemeinderats 245 f.
Beschlussfassung 243 ff.
Besoldung
- des Amtsverwesers 307
- des Beigeordneten 302
- des Bezirksvorstehers 356
- des Bürgermeisters 270
- des Landrats 431
- des Ortsvorstehers 369
besondere Verwaltungsformen 351 ff.
Bestandsschutz der Gemeinde 40, 114
Bestellung der Bezirksbeiräte 354
Bevollmächtigung 309, 436
Bewehrung von Satzungen siehe Ordnungswidrigkeiten
Bewohner 131 ff., 414
Bezirksbeiräte 354
Bezirksverfassung 113, 168, 351 ff.
- Aufgaben 355
- Aufhebung 357
- Begriff 351
- Bezirksbeiräte 354
- Bezirksvorsteher 356
- Bildung 352
- örtliche Verwaltung 353
Briefwahl 214
Bürger 131 ff.
- Begriff 139 ff.
- Rechte und Pflichten 143
Bürgerantrag 169 ff.; 231
Bürgerausschussverfassung 12, 180
Bürgerbegehren 176 ff.
Bürgerentscheid 117, 163, 172 ff.
Bürgerinitiative 163
Bürgermeister 268 ff.

Stichwortverzeichnis

- Amtszeit 275 ff.
- Besoldung, Versorgung 270
- gesetzlicher Vertreter 293
- Kontrollfunktionen 181, 184, 192
- Leiter der Gemeindeverwaltung 278, 285 ff.
- Organ 181, 268
- Rechtsstellung 278 ff.
- Unterrichtungspflicht 183, 192
- Verbindungen mit Gemeinderat 183
- Vorsitzender des Gemeinderats 183, 278 ff.
- Wahl 271 ff.
- Wahlbeamter auf Zeit 269
- Zuständigkeit 181 f., 191, 223, 236 ff., 268

Bürgermeister in mehreren Gemeinden 347
Bürgermeisterei 326
Bürgermeisterverfassung 10, 179
Bürgerversammlung 134, 165 ff.
Bundesauftragsangelegenheiten 52
Bundesvereinigung der kommunalen Spitzenverbände 350

Deliktsfähigkeit 28, 400
Demokratie 17
Deputation 7
Deutsche Gemeindeordnung 13
Deutscher Landkreistag 350
Deutscher Städtetag 350
Deutscher Städte- und Gemeindebund 350
d'Hondt'sches Verfahren 216, 423 ff.
Dienstbehörde, oberste 290, 434
Dienstherrnfähigkeit 29, 340
Dienstsiegel 106, 412
Dienstvorgesetzter 290, 434
Disziplinarrecht 276, 301
Dorf 3

ehrenamtliche Tätigkeit 143, 297, 354, 356, 362, 419
- Ablehnung 149
- Beendigung 150
- Begriff 146
- Bestellung 148
- Entschädigung 161
- Formen 147, 195
- Pflichten 151 ff.

ehrenamtlicher Bezirksvorsteher 360

- Ortsvorsteher 373
- Stellvertreter des Bürgermeisters 298 ff.

Ehrenbeamter 147, 269, 307, 356, 369
Ehrenbürger 144
Eigenbetriebssatzung 66, 163
eigenverantwortliche Verwaltung 32, 401
Eilentscheidungsrecht 68, 183, 282, 426
Einberufung der Bürgerversammlung 166
- des Gemeinderats 224 ff.

Eingliederung einer Gemeinde 115, 31, 194
Einheitsgemeinde 46, 327
Einrichtung siehe öffentliche
Einrichtungsgarantie 40
Einschränkung der Selbstverwaltung 41 ff., 50, 401
Einsichtnahme in Niederschriften 163, 255
Einspruchsrecht der Mitgliedsgemeinden einer vereinbarten Verwaltungsgemeinschaft 346
Einvernehmen zu Personalangelegenheiten 291, 434
Einwohner 131 ff., 240
- Begriff 132
- Gleichgestellte 133, 137
- Rechte und Pflichten 134 ff.
- sachkundige 240

Enteignung 96
Entgelte siehe Benutzungsgebühren
Entschädigung für ehrenamtliche Tätigkeit 161 f.
Entschädigungssatzung 66, 162
Entwicklung des Gemeinderechts in Baden-Württemberg 14
Erfüllende Gemeinde bei der vereinbarten Verwaltungsgemeinschaft 344 ff.
Erfüllungsaufgaben 339
Ergänzungswahl 194, 210
Erlaubnisvorbehalte 387
Erledigungsaufgaben 338
Ermächtigung für Satzungen 55, 411
Ersatzbekanntmachung 86
Ersatzbeschlussrecht des Bürgermeisters 68, 183, 245, 283
Ersatzpersonen bei der Gemeinderatswahl 210, 219
Ersatzvornahme 383

179

Stichwortverzeichnis

Erster Landesbeamter 402 f., 436
Erwerb
– des Bürgerrechts 140
– der Einwohnereigenschaft 132
Etathoheit 34
Europarecht 44

Fachaufsicht 46, 51, 375, 388 ff.
– Bundesauftragsangelegenheiten 390
– Fachaufsichtsbehörden 391
– Fachaufsicht – Umfang 389
Fachbediensteter 7, 312 f.
Finanzausgleich 34, 50 f.
Finanzhoheit 34, 401
Finanzverbund 34
Formelles Gesetz siehe Gesetz
Flächennutzungsplan 78, 158
Flaggen
– Führen von 105, 412
Flurbereinigung 116
Form der Gemeindeverwaltung 21
Fragerecht der Gemeinderäte 192
Fragestunde 134, 163, 221, 242
Fraktion 222 f.
Fraktionsausschluss 222
Fraktionsdisziplin 222
Fraktionszwang 197
freies Mandat 197, 419
freiwillige Aufgaben 18, 47 ff., 55, 407
Frist bei der Einberufung des Gemeinderats 227
Funktionsbereich
– des Bürgermeisters 278 ff.
– des Gemeinderats 190 ff.

Garantie der Selbstverwaltung 38 ff., 401
Gebietsänderung 58, 114 ff.
– Arten 115
– durch Gesetz 116, 127
– durch Rechtsverordnung 116, 128
– freiwillige 116 ff.
– Rechtsschutz 130
– Rechtswirkung 129
Gebiet des Landkreises 413
Gebietsgliederung, innere 113
Gebietshoheit siehe Gemeindegebiet
Gebietskörperschaft 22, 400
Gebietsreform 14, 111, 327
geheime Abstimmung 246
– Wahl 248

Geltendmachung von Ansprüchen siehe Ansprüche
Geltungsbereich von Satzungen 57 ff.
Gemeinde
– Arten 107 ff.
– Begriff 15
– Deliktsfähigkeit 28
– Dienstherrnfähigkeit 29
– Form der Verwaltung 21
– Gebiet 110 ff.
– Geschäftsfähigkeit 25
– Hoheitszeichen 104 ff.
– Name und Bezeichnungen 98 ff.
– Parteifähigkeit 27
– Prozessfähigkeit 27
– Rechtscharakter 22 f.
– Rechtsfähigkeit 24
– Wesen 16 ff.
Gemeindebeamter
– als Bezirksvorsteher 356
– Ortsvorsteher 371
Gemeindebedienstete 291, 311 f.
Gemeindebezirk 113, 352
Gemeindedienste 97
Gemeindefachbediensteter 312, 337
gemeindefreies Grundstück 112
Gemeindegebiet 57, 110 ff.
Gemeindegliedervermögen 145
Gemeindeordnung 14
Gemeinderat
– Amtszeit 210
– Anfrage- und Auskunftsrecht 192
– Hinderungsgründe 202
– Kontrollfunktionen 184, 192
– Rechtsstellung 181, 190, 195 ff.
– unechte Teilortswahl 209
– Vertretung der Bürger 190
– Wählbarkeit 201 f.
– Wahlgebiet 208 f.
– Wahlsystem 203 ff.
– Zusammensetzung 194
– Zuständigkeit 181 f., 191 ff.
Gemeinderatsverfassung 179 ff.
Gemeindereform 14, 111, 326 ff.
Gemeindetag Baden-Württemberg 350
Gemeindeverband 324 ff.
Gemeinde Verfassungssysteme 8 ff.
Gemeindeversammlung 21
Gemeindeverwaltungsverband
– Änderung 342
– Aufgaben 337 ff.

Stichwortverzeichnis

- Auflösung 343
- Bildung 331
- Finanzierung 341
- Organe 330
- Rechtscharakter 330

Gemeindewahlausschuss 215
Geschäftsordnungsantrag 221
Geschäftskreis der Beigeordneten 183, 286, 304
Geschichte 1 ff., 395 ff.
- Absolutismus 5
- Deutsche Gemeindeordnung 13
- Entwicklung des Gemeinderechts in Baden-Württemberg 14

Grundtypen der Gemeindeverfassung 8 ff.
- Mittelalter 2 f.
- Neuzeit 6

Gesetz im formellen Sinn 50 f., 127
- im materiellen Sinn 54

gesetzliche Vertretung 293, 435
Gesetzmäßigkeit der Verwaltung 46 ff., 375 ff.
Gesetzmäßigkeitskontrolle 46, 48, 51, 376 ff.
Gewerbesteuerumlage 34
Gewohnheitsrecht, örtliches 54
Grenzänderung siehe Gebietsänderung
Große Kreisstadt 107, 109
Grundbuchamt, Aufgaben des 51
Grundrechtsschutz 24

Haftungsfähigkeit 28
Handhabung der Ordnung 280
Hand- und Spanndienste 97, 134
Hauptorgan der Gemeinde 181, 190
Hauptsatzung 58, 64 ff., 81, 118, 194, 257, 299, 352 ff., 359 ff.
Haushaltssatzung 60, 64 ff., 75 f.
Hausrecht des Bürgermeisters 237, 285
Hausverbot 239
Heilung von Satzungsmängeln 80
Hinderungsgründe
- für Beigeordnete 300
- für Bürgermeister 274
- für Gemeinderäte 202
- für Ortschaftsräte 361
- für Ortsvorsteher 368

Höhenluftkurort 102
Hoheitszeichen 104 ff., 412

Informationsrecht
- des Gemeinderats 192
- des Kreistags 417
- der Rechtsaufsichtsbehörde 380

Inkrafttreten von Satzungen 60 ff.
innere Organisation siehe Organisationsrecht des Bürgermeisters
Internationale Gemeindeverbände 350
institutionelle Garantie 40, 401

Jugendgemeinderat 267
juristische Person, Gemeinde als 23 ff.

Kannsatzungen 66
Kernbereich der Selbstverwaltung 42, 401
Körperschaft 22, 400
Kommunalabgaben 95, 138
Kommunalaufsicht siehe Rechtsaufsicht
Kommunalverfassungsstreitverfahren 154, 159, 185 ff., 192, 233, 238, 252, 282, 285
- Begriff 185 f.
- Klageart 189
- Parteifähigkeit 188
- Rechtsgrundlage 187

Kompetenz-Kompetenz 405
Kompetenzvermutung für Gemeinderat 192
konkrete Normenkontrolle 79
Kontrahierungszwang 137
Kontrollkompetenz des Gemeinderats 192
Kreisstadt, Große 107, 109
Kreistag
- Amtszeit 418
- Rechtsstellung 416
- Sitzung 427
- Zusammensetzung 418
- Zuständigkeit 417
- Wahl 420

Kreisumlage 399, 404
kumulieren 206, 422

Landrat
- Amtszeit 430
- Besoldung, Versorgung 431
- gesetzlicher Vertreter 435
- Leiter des Landratsamts 434
- Rechtsstellung 429
- Vorsitzender des Kreistags 433

Stichwortverzeichnis

– Wahl 432
– Wahlbeamter auf Zeit 430
Landratsamt 402, 434
laufende Verwaltung siehe Geschäfte
Leitung der Gemeindeverwaltung 285 ff.
Listenverbindung 205

Magistrat 7
Magistratsverfassung 9
Mandat
– freies 195, 197, 419
– imperatives 197
– Mandatssicherung 197
Markt 4
materielles Wahlrecht 198 ff., 420
Mehrheit
– absolute 249, 271
– einfache 249, 271
– qualifizierte 81, 118, 174, 26
– relative siehe einfache Mehrheitswahl
– bei der Bürgermeisterwahl 271
– bei der Gemeinderatswahl 207, 218 f.
– bei der Kreistagswahl 422
– im Gemeinderat 249
– bei der Wahl des Landrats 432
Mehrsitze 216, 426
Minderheitenrechte 192
Missstände, Beseitigung durch den Gemeinderat 192
Mitwirkung der Bürgerschaft 21, 163 ff.
– ehrenamtliche 147
Mitwirkungsrechte der Rechtsaufsichtsbehörde 385
Mitwirkungsverbot bei Befangenheit 155 ff.
Mustersatzung 68

Nachbarschaftsverband 348
Name der Gemeinde 98
– des Landkreises 412
Namensschutz 99, 412
Neubildung einer Gemeinde 115, 124
Neuwahl 208, 271
nichtöffentliche Sitzung 233
Niederschrift 254 f.
Notbekanntmachung 87
Norddeutsche Ratsverfassung 11
Normenkontrolle 77 ff.
Notfall 230, 253
Nutzbürger 145

Oberbürgermeister 107, 269
obere Rechtsaufsichtsbehörde 378, 437
oberste Dienstbehörde 290
– Rechtsaufsichtsbehörde 378, 437
Observanz siehe Gewohnheitsrecht
öffentliche Bekanntmachung 70 siehe auch Satzung über die Form der öffentlichen Bekanntmachung 64, 66, 82 ff.
öffentliche Einrichtung
– Benutzungsgebühren/Entgelte 138
– Begriff 135
öffentliches Interesse 43
öffentliches Wohl 114
Öffentlichkeit der Sitzungen 232 ff.
öffentlich-rechtliche Vereinbarung bei Gebietsänderung 116 ff.
– bei kommunaler Zusammenarbeit 314
– beim Nachbarschaftsverband 314
– beim Regionalverband 314
– bei der Verwaltungsgemeinschaft 314, 344 ff.
– beim Zweckverband 314, 321
– örtliche Aufgaben 19
– Verwaltung 353, 360
– örtlicher Bezug 19, 42
offene Abstimmung 246
– Wahl 248
Offenlegung 220 f., 243, 254
Ordnung in Sitzungen 237 ff.
Opportunitätsprinzip 375
Ordnungsgeld 149
Ordnungsgewalt des Bürgermeisters 286
Ordnungswidrigkeiten 73, 138
Organe der Gemeinde 179, 181 ff.
– des Gemeindebezirks 351 ff.
– des Gemeindeverwaltungsverbands 332
– des Landkreises 415
– der Ortschaft 359 ff.
– des Zweckverbands 320
Organisationshoheit 33
Organisationsrecht des Bürgermeisters 193, 285 f.
Ortschaftsrat 361 ff.
Ortschaftsverfassung 113, 168, 358 ff.
– Aufhebung 378
– Bildung 359
– örtliche Verwaltung 360
– Ortschaftsrat 361 ff.
– Ortsvorsteher 368 ff.
Ortsrecht 54, 58, 118, 127, 160

Stichwortverzeichnis

Ortsteil 103, 352 ff.
ortsübliche Bekanntgabe, siehe Bekanntgabe
Ortsvorsteher 241, 368 ff.

Panaschieren 206, 422
Parteien, Benutzung öffentlicher Einrichtungen durch 137
Parteifähigkeit 26, 400
passives Wahlrecht 201, 421
Personalentscheidungen 183, 193, 291, 434
Personalhoheit 35, 401
Petition 181
Pflichtaufgaben 18, 46, 50 f., 55, 107, 176, 136, 408 f.
Pflichtausschuss 258
Pflichten der Bürger 143
– ehrenamtlich Tätiger 151 ff.
– der Gemeinderäte 195 ff.
Pflichtsatzung 66, 81
Planungshoheit 36, 401
Polizeiverordnung 183
Prozessfähigkeit 27, 400

räumlicher Geltungsbereich von Satzungen 58
Rat der Gemeinden und Regionen Europas 350
Rats Verfassung 11
Rauchverbot 237
Realsteuergarantie 34
Rechtsaufsicht 33, 47, 50, 375 ff., 437
– Behörden 378
– besondere Befugnisse 387
– Mitwirkungsrechte 385
– Mittel der 379 ff.
– Umfang 377
– vorlagenpflichtige Vorgänge 392
Rechtsaufsichtsbehörden 378, 437
Rechtsfähigkeit 24, 400
Rechtsfolgen bei Gebietsänderung 114 ff., 129
Rechtsnachfolge bei Gebietsänderung 122
Rechtsschutz der Gemeinden 392 ff.
Rechtsetzungshoheit 32, 53 ff.
Rechtsstellung
– des Amtsverwesers 308
– des Ausschusses 256
– des Beigeordneten 299

– des Bezirksvorstehers 356
– des Bürgermeisters 278 ff.
– des ehrenamtlichen Stellvertreters 297
– der Gemeinde 22 ff.
– des Gemeindebezirks 351
– des Gemeinderats 190
– der Gemeinderäte 195 ff.
– der Kreisräte 419
– des Kreistags 416
– des Landrats 429
– des Nachbarschaftsverbands 348
– der Ortschaft 358
– des Ortsvorstehers 373
– des Regionalverbands 349
– der Verwaltungsgemeinschaft 324, 330
– des Zweckverbands 317
Rechtsverordnung 54 f., 70
Redeordnung 221
Rederecht 221
Reichsstädteordnung 13
Reisekosten, Erstattung von
– für den Bürgermeister 270
– für ehrenamtlich Tätige 162
– für den Landrat 431
Regionalverband 349
Rheinische Städteordnung 10
Rückwirkung von Satzungen 61 ff.

sachkundige Einwohner 163, 240, 259, 354, 363
Sachverständige 240, 354, 363
Satzungsrecht 32, 53 ff., 95, 411
– Änderung 71
– Anzeige 74
– Aufhebung 71
– Ausfertigung 69
– Begriff 54
– Bekanntmachung 70
– Bewehrung 73
– Ermächtigungsgrundlage (Vorbehalt des Gesetzes) 55
– Erlass 67
– Geltungsbereich 57 ff.
– Genehmigung 76
– Heilung von Mängeln 80
– Initiativrecht 67
– Normenkontrolle 77 ff.
– Verwaltungszwang 72
– Vorlage 75
– Vorrang des Gesetzes 56

183

Stichwortverzeichnis

– Zuständigkeit 68
Satzungen im formellen Sinn 54, 81
Satzung über Anschluss- und Benutzungszwang 89 ff.
– über die Form der öffentlichen Bekanntmachung 64, 66, 82 ff.
– über Hand- und Spanndienste 97
Schriftform bei der Einberufung des Gemeinderats 225
– der Verpflichtungserklärung 310
schriftliches Verfahren 220, 243, 254
Selbstverwaltung, kommunale 6, 30 ff., 401
– Begriff 30
– Einschränkungen 42 ff.
– Inhalt 31 ff.
– verfassungsrechtlicher Schutz 38 ff.
Selbstverwaltungsangelegenheiten 46, 48
Selbstverwaltungsgarantie 38 ff., 51, 76, 317, 328, 401
Siegel, Führen von 106, 412
Sitzordnung 221
Sitzung des Gemeinderats 220 ff.
– Sitzungsbeginn, -ort und -tag 226
– Sitzungsleitung 236
– Sitzungstage 221
– Sitzungsunterlagen 228
Sonderbehörden 31
Sonderwahlbezirke 212
soziale Bindung 96
Spanndienste 97, 134
Spitzenverbände, kommunale 350
staatliche Aufgaben 46, 52, 402, 434
Staatsaufsicht 7, 375 ff.
Stadt 4, 101
Stadtbezirk siehe Gemeindebezirk
Stadtkreis 107 f.
Stadtrecht 4
Stadtverordnete 7
Städtetag Baden-Württemberg 350
ständige Vertretung des Bürgermeisters 304 f.
Stellenplan 311
Stellvertreter
– des Bürgermeisters 245, 294 ff., 308 f., 356, 373
– des Landrats 436
Stein, Freiherr vom 7
Stein'sche Städteordnung 7, 9
Stellung der Gemeinde im Staat 17
Steuerfindungsrecht 34

Steuerhoheit 7
Stimmenthaltung 246
Stimmenmehrheit 246
Stimmrecht des Beigeordneten 303
– des Bezirksvorstehers 356
– des Bürgers 143
– des Bürgermeisters 250, 280, 299
– des Landrats 433
– des Ortsvorstehers 372
Stichwahl 249
Straßen, Benennung von 103
Süddeutsche Ratsverfassung 11, 179
Subsidiaritätsprinzip 44, 399, 401, 404

Tagesordnung 224 ff.
Teilnahmepflicht an Sitzungen 218
Teilortswahl siehe unechte
Tonbandaufzeichnung 232
Totalität siehe Allzuständigkeit

Überprüfung von Beschlüssen 252
Übertragung von Aufgaben
– auf Bedienstete 308, 436
– auf den Beigeordneten 304
– auf den Bezirksvorsteher 356
– auf den Bürgermeister 288
– auf Dritte 309
– auf den Ortschaftsrat 367
– auf den Ortsvorsteher 373
– auf die Verwaltungsgemeinschaft 337 ff.
– auf den Zweckverband 317
Überwachung der Gemeindeverwaltung durch den Gemeinderat 184
Umgliederung von Gemeindeteilen 115
unechte Rückwirkung 63
– Teilortswahl 194, 201, 204, 206 f., 209 ff., 216 ff.
uneigennützige Geschäftsführung 152
Unionsbürger 140 ff., 198, 272
Universalität siehe Allzuständigkeit
unmittelbare Demokratie 163 ff.
untere Verwaltungsbehörde 51, 107, 340, 402, 434
Unterrichtung
– der Einwohner 134
– des Gemeinderats 183, 192
Unterrichtungspflicht des Bürgermeisters 284

Stichwortverzeichnis

verantwortungsbewusste Geschäftsführung 152
Verband Region Stuttgart 349
Verbandssatzung 318, 341
Verbandsversammlung 319, 332 f.
Verbandsvorsitzender 319, 332, 334
Verbrauchsteuer 34
Verdienstausfall 161
Vereinbarte Verwaltungsgemeinschaft 344 ff.
Vereinbarung bei Gebietsänderung 116 ff.
– Auseinandersetzung 123
– Bestimmung über das neue Ortsrecht 120
– Regelung über die neue Verwaltung 121
– durch Rechtsaufsichtsbehörde 126
– der Rechtsnachfolge 122
– Zeitpunkt der Rechtswirksamkeit 119
Vereinigung von Gemeinden 115
Verfahren
– in den Ausschüssen 261, 264
– im Gemeinderat 221, 224 ff.
Verfassungsbeschwerde 39
verfassungsrechtliche Stellung der Gemeinde 17
Verhältnisausgleich 194
Verhältnismäßigkeit, Grundsatz der 375
Verhältniswahl 203 ff., 209, 216 f., 219, 422
Verhinderungsvertretung 297, 306, 436
Verkündungstafel siehe Anschlag
Verletzung von Verfahrensvorschriften 253
Verlust des Bürgerrechts 142
Verpflichtung
– des Bürgermeisters 275
– der Gemeinderäte 196
Verpflichtungserklärung 310
Versicherungsschutz für Gemeinderäte 195
Versorgung
– des Bürgermeisters 270
– des Landrats 431
Vertreter
– einer aufgelösten Gemeinde 121
– der Bürger 190
– des Bürgermeisters 294 ff.
– der Gemeinde 293
– des Landrats 436

Vertretungsbefugnis
– des Bürgermeisters 293
– des Landrats 435
Vertretungsmacht
– des Bürgermeisters 293
– des Landrats 435
Vertretungsverbot 154
Verwaltungsformen siehe besondere Verwaltungsgemeinschaft 312, 324 ff.
– Arten 329 ff.
– Entstehung 326
– Gemeindeverwaltungsverband 330 ff.
– Organisationsziele 327
– Vereinbarte 344 ff.
– verfassungsrechtliche Zulässigkeit 328
Verwaltungsleihe 336
Verwaltungsrat 319, 332, 335
Verwaltungsreform 51, 409
Verwaltungszwang 72, 95
Verweis aus dem Sitzungsraum 238
Volksvertretung 37
Vollmacht 309, 436
Vollzug der Beschlüsse 280, 261, 433
Vorbehalt des Gesetzes 55
Vorbereitung der Sitzungen 224 ff., 280, 433
Vorgesetzter 290, 434
Vorlagepflicht 75, 386
Vorrang des Gesetzes 56
Vorschlagsrecht des Ortschaftsrats 366
Vorsitz
– im Ausschuss 259, 263
– im Bezirksbeirat 354, 356
– in der Bürgerversammlung 167
– im Gemeinderat 280
– im gemeinsamen Ausschuss 345
– im Kreistag 433
– im Ortschaftsrat 364, 372
– in der Verbandsversammlung 319, 334
vorzeitige Beendigung
– der Amtszeit des Bürgermeisters 276, 387

Wählbarkeit
– des Amtsverwesers 307
– des Beigeordneten 300
– des Bezirksvorstehers 356
– des Bürgermeisters 272
– des ehrenamtlichen Stellvertreters 295
– der Gemeinderäte 201

Stichwortverzeichnis

– des Landrats 432
– der Kreisräte 421
– der Ortschaftsräte 361 f.
– des Ortsvorstehers 369 ff.
Wählerverzeichnis 213 f.
Wahl des Amtsverwesers 307
– des Beigeordneten 299
– der Bezirksbeiräte 353 f.
– des Bezirksvorstehers 356
– des Bürgermeisters 271
– des ehrenamtlichen Stellvertreters 295
– der Gemeinderäte 198 ff.
– im Gemeinderat 247 ff.
– des Landrats 432
– der Kreisräte 420 ff.
– der Ortschaftsräte 361 f.
– des Ortsvorstehers 369 f.
Wahlbezirk 212 ff.
Wahlbeamter 269, 430
Wahlberechtigung 143, 200, 414
Wahlgebiet 208 ff., 423
Wahlprüfung 211
Wahlrecht
– aktives 200, 422
– Ausländer 141
– formelles 198, 211 ff., 420
– materielles 198 ff., 420
– passives 201, 422
Wahlschein 213 f.
Wahlvorschlag 204 f.
– gemeinsamer 205
Wahlvorstand 215
Wappen, Führen von 105, 412
Weisungsaufgaben 18, 46 f., 51, 55, 57, 289, 392, 406
weisungsfreie Aufgaben 18, 46 ff., 55, 57, 287, 376, 406 ff.
Weisungsrecht 46, 51
– des Bürgermeisters 304, 307, 373
Weiterführung der Geschäfte durch den Bürgermeister 277
Wesen der Gemeinde 16 ff.
Wesen der Landkreise 399

Wesensgehalt des Selbstverwaltungsrechts siehe Kernbereich
wiederholte Behandlung eines Verhandlungsgegenstandes 251
Wiederholungswahl 208
Wiederwahl des Bürgermeisters 275
Widerspruch des Bürgermeisters 184, 281
Wirkungskreis siehe Aufgaben
Wohnsitzbegriff 132

zeitlicher Geltungsbereich von Satzungen 59 ff.
Zeitpunkt der Einberufung des Gemeinderats 231
Zeitung 85
Zitiergebot von Satzungen 55
Zulassungsanspruch 137
Zulassungszwang 137
Zusammensetzung
– des Ausschusses 259, 263
– des Bezirksbeirats 354
– des Gemeinderats 194
– des gemeinsamen Ausschusses 345
– des Kreistags 418
– des Ortschaftsrats 361 ff.
– der Verbandsversammlung 320, 333
Zuständigkeit siehe Aufgaben
Zwangsmittel 72, 95, 149
Zwangsvollstreckung 387
Zweckmäßigkeitskontrolle 46, 48, 51, 376, 389
Zweckverband 315 ff.
– Änderung, Auflösung 322
– Arten 316
– Aufgaben 320
– Bildung 318
– Finanzierung 321
– Organe 319
– Rechtscharakter 317
zwischengemeindliche Zusammenarbeit 313 ff.